Anton Prock

Innsbrucker Stadtspaziergänge
Geschichte und Kunst hautnah erleben

Anton Prock

Innsbrucker Stadtspaziergänge

Geschichte und Kunst hautnah erleben

Tyrolia-Verlag · Innsbruck-Wien

INHALTSVERZEICHNIS

Vorwort 9

Entwicklung des Innsbrucker Stadtgebiets
Entstehung, Entwicklung bis ins 21. Jh. 10

Innsbruck als mittelalterliche Stadt
Aussehen, Leben im Mittelalter 17

Die Tiroler Linie der Habsburger
Erste und zweite Linie im Überblick 20

Kaiser Maximilian I. und Innsbruck
Leben, Bedeutung, Bauwerke, Erinnerungen 22

Maria-Theresien-Straße
Geschichte, Funktion, Bauten, Barock 24

Zeittafel zur Geschichte Innsbrucks
Wichtigste Ereignisse der Stadtgeschichte 28

1 **Die Brücke und das Kreuz**
Brücken, Inntor, Ottoburg, Andechshof, Wach-Christus 30

2 **Denkmal „anno neun" – Freiheitskämpfe 1809**
Freiheitskämpfe 1809 und Innsbruck 33

3 **Unterer Stadtplatz – Verkehr, Straßen, Wirtschaft**
Aussehen, Funktion, Ballhaus, Nord-Süd-Verkehr, Fernstraßen, Rodfuhr, Niederlagsrecht, Fuhrwerke, Reisen 36

4 **Altes Regierungsgebäude – Tirol und die Vorlande**
Tirol und die Vorlande (Oberösterreich) 40

5 **Gasthof Goldener Adler – Vielerlei zu entdecken**
Fassadenmalereien, Marmortafeln, Andreas-Hofer-Lied, hl. Georg 42

6 **Wappenstein – Sigmund mit den vielen Kindern**
Erzherzog Sigmund der Münzreiche und Tirol 44

7 **Jakob Huter – verfolgt und getötet – Tiroler Wiedertäufer**
Tiroler Wiedertäufer, Religion 47

8 **Neuhof und Goldenes Dachl – als die Erde bebte**
Kaiser Maximilian I., Goldenes Dachl, große Erdbeben in Innsbruck 1670, 1689 48

9 **Helblinghaus – bewegter barocker Stuck**
Barock und Rokoko, Stuck 52

10 **Margarete, Friedl, Sigmund und Maximilian – vier starke Persönlichkeiten**
Margarete Maultasch, Herzog Friedrich IV. 54

11 **Katzunghaus – Treffpunkt Stadtplatz**
Stadtplatz in früherer Zeit 57

12 **Schöpferhaus – Wohnen in der Inn-Salzach-Stadt**
Drei Wappen, Inn-Salzach-Stadt, Stadthaus 59

13 **Altes Rathaus – Relief Stadtwappen 1239–1939**
Stadtwappen, Bewohner Innsbrucks früher 62

14 **Stadtturm – der Turmwächter hält Ausschau**
Stadtturm, Turmwächter und Stadtwächter 66

15 **Die Pest in Innsbruck – Voglsangerhaus**
Pest in Tirol, Pestheilige 68

16 **Trautsonhaus – Gotik und Renaissance**
Wappen und Malereien, Gotik und Renaissance, Familie Trautson, Wappenwesen 70

17 **Brunnen – Wasser in früherer Zeit**
Brunnen in der Altstadt, Wasserversorgung früher 73

18 **Sirenen heulen – Bomben fallen – Zweiter Weltkrieg**
Bombenabwürfe im Zweiten Weltkrieg, Wiederaufbau 75

19 **Quaternionenadler – der Kaiser und das Heilige Römische Reich**
Quaternionenadler, Heiliges Römisches Reich, Kaiser, Kronen 77

20 **Rosenprinz – Nachkriegskünstler Hans Andre**
Hans Andre und seine Werke in Innsbruck 80

21 **Vorstadttor – Hochzeit in Innsbruck 1765**
Vorstadttor, Maria Theresia – 1765 Hochzeit ihres Sohnes Leopold, hl. Florian 82

22 **Pickentor – Markttag in der Stadt**
Märkte, Marktrecht, Marktplätze 84

23 **Gumpphaus – barocker Prunkbau**
Platzgranate Erstürmung der Innbrücke 1809, Hans Munding, hl. Christophorus, Mariahilfbild, Reliefköpfe Tiroler Freiheitskämpfer 1809, Schlossergasse – zwei Bilder Marmeladenherstellung, Sarner Brünnl, Wappen Schurff, Marmortafel Familie Gumpp, Barock 86

24 **Maria-Theresianische Normalschule**
Schulwesen in Innsbruck im Überblick 90

25 **„Vier-Viecher-Eck" – Gasthäuser und Hotels**
Gasthöfe, Hotels und Beherbergung 92

26 **Riesengasse – Altinnsbrucker Berufsleben**
Familie Riss, Gasthaus- und Handwerksschilder, Zünfte, Bruderschaften, Berufe und Handwerk 94

27 **Wappenturm – Maximilians „Ewige Gedechtnus"**
Wappenturm, Kaiser Maximilian I. – „Ewige Gedechtnus", Propaganda 97

28 **Thomele und Niklas – ein Zwerg und ein Riese – Flüsterbogen**
Hofzwerg Thomele, Burgriese Niklas Haidl, Flüsterbogen, Burgriesenhaus 99

29 **Deutschordenshaus – Deutscher Orden**
Wappen und Malereien, Deutscher Orden 101

30 **St.-Jakobs-Kirche vor 1713 – Religion bestimmt das Leben**
Religiöses Leben früher, religiöse Orden in Innsbruck 104

31 **Prechthaus – erste Buchhandlung Wagner**
Wappen, Buchhandlung Wagner 107

32 **Muttergottes von Stift Ettal – Maria beschütze unser Land**
Marienverehrung in Tirol, Maria von Genazzano (vom Guten Rat), Mariahilfbild von Lucas Cranach 108

33 **Ettlhaus – Antonio Cesti – Innsbruck als Residenz der Alten Musik**
Innsbruck und die Alte Musik 111

34 **Rund um den Domplatz – Innsbruck wird Diözese**
Domplatz, Brixner- bzw. Stamserhaus, Kräuterhaus, Kräuterturm, Gefängnis, Kaiserliches Hofspital, Wohnhaus des Bischofs, Entstehung der Diözese Innsbruck 113

35 **Dom zu St. Jakob – Heilige an der Fassade – Höttinger Breccie**
Geschichte des Doms (Jakobskirche), hl. Jakobus der Ältere, Plastiken an der Hauptfassade, Höttinger Breccie 116

36 **Dom zu St. Jakob – geografische Koordinaten**
Erinnerungstafel, geografische Koordinaten des Südturms 119

37 **Die Stadtmauer – Schutz und Sicherheit**
Durchbruch Domplatz zur Herrengasse, Stadtmauer, -graben 120

38 **Restaurant Fischerhäusl - Jagd und Fischerei als Vergnügungen des Adels**
Jagd und Fischerei als Sport des Adels 122

39 **Gestapo-Zentrale in Innsbruck – Schreckensherrschaft der Nazis**
Gestapo, Gedenktafel Robert Moser, Rosa Hirschegger 124

40 **Badstube – Sauberkeit, Gesundheit und Vergnügen**
Stadtarchiv, Badewesen, Gesundheit, Viersäftelehre 126

41-54 **Nördlich der Innbrücke – Mariahilf-St. Nikolaus**
Geschichte, Innstraße von der Innbrücke bis Nr. 21, Waltherpark; Mariahilf von der Innbrücke bis zur Mariahilfkirche 128

55 **Innrain – einstiges Schulkloster der Ursulinen**
Innrain, einstiges Ursulinenkloster, Herz-Jesu-Darstellung 134

56 **Der hl. Johannes Nepomuk und das Hochwasser**
Hl. Johannes Nepomuk, Johanneskirche, Hochwasser in Innsbruck 137

57 **Die Amerikaner kommen – Befreiung Tirols 1945**
Franziskanerplatz mit Kloster und Adeligem Damenstift, Befreiung Tirols 1945 und letzte Kriegstage 139

58 **Des Kaisers letzter Besuch – die Hofkirche**
Letzter Besuch Kaiser Maximilians I. 141

59 **Jesuitenkirche und Theologische Fakultät – die Jesuiten und Innsbruck**
Einstiges Gymnasium, Jesuiten allgemein und Innsbruck, hl. Petrus Canisius 143

60 **Leopoldsbrunnen – Bauten und Denkmäler am Rennweg**
Erzherzog Leopold V., Titel Erzherzog von Österreich, Graf von Tirol, Bauten 147

61 **Hofburg – zwei Wappen erzählen Geschichte**
Hofburg, Maria Theresia 1765, zwei Wappen an der Rennwegfassade 151

62 **Stadtspital – Sorge um Körper und Seele – Spitalswesen in Innsbruck**
Spitalswesen in früherer Zeit, Spitäler in Innsbruck 153

63 **Mosaik von Max Weiler – Moderne Kunst**
Mosaiksäule „Landschaft", Max Weiler und Innsbruck 156

64 **Diana Budisavljević – Ustascha-Regime und Völkermord**
Diana Budisavljević und ihr Wirken – Ustascha-Regime 158

65 **Annasäule – „Boarischer Rummel" 1703**
Annasäule, Spanischer Erbfolgekrieg und Boarischer Rummel 1703 159

66 **Rathausgalerien – großstädtisches Konzept**
Rathausgalerien, Adolf-Pichler-Platz 162

67 **Maria Theresia – Leben der Erzherzogin**
Maria Theresia als Person und als „Kaiserin" 164

68 **Kaufhaus Tyrol – jüdische Familien Bauer & Schwarz**
Kaufhaus Tyrol, Kaufhaus Bauer & Schwarz 166

69 **Palais Trapp – Tiroler Adel im Barock**
Familie Trapp, Wappen, Tiroler Adel im Barock, Barockpalais 168

70 **Altes Landhaus – Embleme der Landstände**
Die vier Landstände, Tiroler Landtag, Palais Fugger-Taxis 171

71 **Prof. Dr. Franz Mair – Tod für die Rettung Innsbrucks**
Prof. Dr. Franz Mair, Widerstand im Zweiten Weltkrieg 174

72 **„In Memoriam den Gestaltern des Maximilian Grabmals"**
Künstler und Guss der Figuren des Grabmals in der Hofkirche 176

73 **Servitenkloster – von der Landesfürstin zur Nonne**
Servitenorden, Anna Caterina Gonzaga und Innsbruck 178

74 **Triumphpforte – Hochzeit und Tod**
Tod von Kaiser Franz I. Stephan von Lothringen, Wappenstein nahe der Triumphpforte 181

75 **Eduard-Wallnöfer-Platz – Landhaus – Betonwüste mit Denkmälern**
Landhaus 1 (Neues Landhaus), Eduard Wallnöfer, Denkmal „Tirol 600 Jahre bei Österreich", Vereinigungsbrunnen, Eingemeindungen 184

76 **Pogromdenkmal – November 1938 in Innsbruck**
Juden in Innsbruck, Reichskristallnacht 187

77 **Befreiungsdenkmal – befreit und doch wieder besetzt**
Zeit der französischen Besatzung 1945 bis 1955 189

78 **Rudolfsbrunnen am Bozner Platz – Tirol kommt 1363 zu Österreich**
1363 – Tirol kommt zu Österreich, Margarete Maultasch 191

79 **Wilten – Basilika – Stift - Bergisel**
Römerlager Veldidena, Basilika und Stift Wilten, Bergisel mit Tirol-Panorama, Sprungschanze und Denkmälern 194

80 **Ambras – ein Schloss als Liebesbeweis – Erzherzog Ferdinand II. und Philippine Welser**
Schloss Ambras, Erzherzog Ferdinand II. und Philippine Welser 200

Ansicht von Innsbruck (19. Jh.), Gemälde von Gustav Wilhelm Kraus

VORWORT

Innsbruck, eine Stadt eingerahmt von einer herrlichen Bergwelt, zentral zwischen Deutschland und Italien gelegen, Ausgangspunkt für zahlreiche sportliche Aktivitäten, war von 1420 bis 1665 mit Unterbrechungen auch Regierungssitz der Tiroler Habsburger. Handel und Verkehr, stolze Bürgerhäuser, prunkvolle Bauwerke der katholischen Kirche sowie des Adels und der Habsburger bestimmen heute noch entscheidend das Stadtbild.
In besonderem Maße ist die Siedlung am Inn mit Kaiser Maximilian I. um 1500 verbunden, der vor allem das Bild der Altstadt am Übergang von der Gotik zur Renaissance geprägt hat. Barocke Prunkbauten, die meisten von ihnen von Mitgliedern der Baumeisterfamilie Gumpp, sind vor allem in der Maria-Theresien-Straße zu finden. Aber auch zahlreiche Bauwerke aus dem 19. Jahrhundert im Stil des Historismus bestimmen das Stadtbild in erster Linie um den alten Stadtkern herum. Dazu kommen bedeutende Bauten aus dem 20. Jahrhundert, von denen gar nicht wenige in den letzten 30 bis 40 Jahren entstanden sind und internationale Aufmerksamkeit erregen konnten.
Ziel der hier zusammengestellten „Stadtspaziergänge" ist ein Rundgang durch die Straßen und Gassen ohne Innenbesichtigungen. Dadurch ist man an keine Öffnungs- bzw. Schließzeiten gebunden. Der aufmerksame Besucher entdeckt immer wieder Wappen, Malereien, Inschriften, Hinweisschilder, Figuren etc., die auf verschiedene Ereignisse in der Geschichte der Stadt und auch auf historische Personen hinweisen. Neben einer kurzen Beschreibung dieser Objekte wird Hintergrundinformation geboten, etwa zu den Wappen beim Goldenen Dachl, dem Stuck beim Helblinghaus, einer Marmortafel in Mariahilf mit den Namen von Tiroler Freiheitskämpfern in 1809, den Emblemen der Tiroler Landstände beim Alten Landhaus, einer Hinweistafel bei der Johanneskirche am Innrain über Hochwasserkatastrophen in Innsbruck etc.
Nehmen Sie sich Zeit, lassen Sie sich auf eine interessante und informative Reise durch die Altstadt, Mariahilf und St. Nikolaus, den Innrain, die Maria-Theresien-Straße ein und entdecken Sie einige ausgewählte Objekte der Innenstadt.
Ich bin in dieser wunderbaren Stadt geboren und aufgewachsen, habe meine Schul- und Studienzeit (Pädagogische Akademie und Universität) hier verbracht und viele sehr schöne Erinnerungen. Als Kunsthistoriker und Fremdenführer bin ich immer wieder fasziniert von Innsbruck und entdecke stets Neues. Besonders positiv sind auch die Erinnerungen an meine Eltern, die es ausgezeichnet verstanden haben, das Interesse für diese Stadt in mir zu wecken. Ihnen möchte ich in großer Dankbarkeit dieses Buch widmen.
Ich wünsche Ihnen alles Gute bei der Entdeckungsreise durch „meine" Stadt, die nicht nur von ihrer Lage und von der Vergangenheit profitiert, sondern sich auch bereitwillig den Herausforderungen der Gegenwart und Zukunft stellt.

Jenbach, im Februar 2022
Anton Prock

ENTWICKLUNG DES INNSBRUCKER STADTGEBIETS

VOR DER MARKTGRÜNDUNG

In **vorgeschichtlicher Zeit** siedelten die ersten Menschen im Innsbrucker Becken an den hochwassergeschützten Hängen sowie auf den Schuttkegeln der Seitenbäche. Im Jahr 15 v. Chr. kamen die **römische Truppen** und errichteten im heutigen Stadtteil Wilten das Militärlager Veldidena (> 79), dessen Niedergang um 600 n. Chr. u. a. mit dem Einfall der Bajuwaren im Zuge der **Völkerwanderung** in Verbindung steht. 1027 übertrug Kaiser Konrad II. das „Land im Gebirge" an die **Bischöfe von Brixen und Trient**. Zur Verwaltung ihrer Gebiete belehnten sie verschiedene Grafenfamilien damit. Im mittleren Inntal und im Wipptal betraf dies die südbayerischen **Grafen von Andechs**. Diese errichteten ihre Burg Ambras im Süden des Tals.

GRÜNDUNG VON MARKT UND STADT

Die Zerstörung der Burg Ambras durch Herzog Heinrich von Bayern im Jahre **1133** war der Anlass für die Andechser zur Gründung einer kleinen Straßensiedlung auf der **Nordseite des Inns** im Bereich des heutigen Stadtteils Mariahilf-St. Nikolaus (> 41–54). Das genaue Gründungsjahr ist unbekannt. Wirtschaftliche Grundlagen boten Verkehr und Handel. Vermutlich entstand im Zeitraum 1165–70 eine Brücke (> 1). In einem Tausch-

Die Innsbrucker Altstadt, der Inn und Mariahilf-St. Nikolaus aus der Vogelperspektive

vertrag mit dem Kloster Wilten erwarb Markgraf Berchtold V. (III.) von Andechs **1180** Land auf der südlichen Innseite. Dort entwickelte sich die heutige **Altstadt**, umgeben von Stadtmauer und Stadtgraben (> 37). Die Stadterhebung erfolgte zwischen 1187 und 1204, die Bestätigung des Stadtrechts 1239 durch Herzog Otto II. von Andechs.

Pfarrkirche St. Nikolaus

STADTERWEITERUNGEN BIS INS 19. JAHRHUNDERT

Außerhalb der Altstadt entwickelte sich in einer **ersten Stadterweiterung** entlang der Hauptstraße nach Süden die **Neustadt** (> „Maria-Theresien-Straße"), **1281** erwähnt. Zur Kontrolle der Landstraße errichtete man das Georgentor, woran am Palais Trapp eine Tafel erinnert. Im Laufe des 15. Jahrhunderts wurde die Neustadt bis in den Bereich der heutigen Triumphpforte verlängert.

1420 verlegte Herzog Friedrich IV. mit der leeren Tasche (> 10) den **Regierungssitz** von Meran nach Innsbruck. Unter Kaiser Maximilian I. (um 1500, > „Kaiser Maximilian I. und Innsbruck") wurde die Stadt mit rund 5000 Einwohnern Zentrum seines Reiches und erlebte eine außergewöhnliche Blüte.

Mitte des 15. Jahrhunderts betraf die **zweite Stadterweiterung** die Ausdehnung nach Osten und Westen. 1453 wurde der Saggen integriert. Im **Osten** entstand entlang der heutigen Universitätsstraße, der Sillgasse und des Stadtteils Dreiheiligen ein Gewerbeviertel mit der Bezeichnung **„Kohlstatt"** bzw. **„Silbergasse"**. Der Name „Kohlstatt" dürfte von den Köhlern stammen, die Holzkohle für die landesfürstliche Schmelzhütte im Bereich des heutigen Zeughauses herstellten. Gegen **Westen** wurde langsam der **Innrain** (> 55), erstmals 1454 genannt, entlang der Straße in Richtung Völs besiedelt.

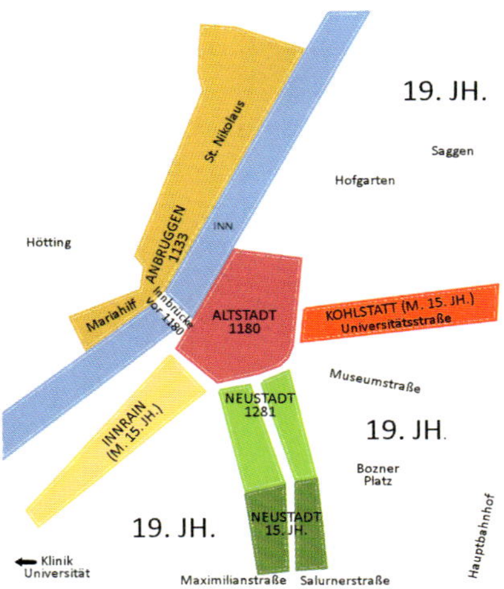

Übersicht Stadtentwicklung

19. JAHRHUNDERT UND ANFANG 20. JAHRHUNDERT

Die **dritte Erweiterung des Stadtgebiets** fällt in das **19. Jahrhundert** und die **Zeit bis zum Ersten Weltkrieg**, verbunden mit starkem Bevölkerungszuwachs, der Ansiedlung von Industrie- und Gewerbebetrieben sowie dem Bau der Eisenbahnlinien (um 1858). Der Schwerpunkt betraf den Bereich östlich und westlich der Maria-Theresien-Straße (Pläne ab 1855).

Der vorherrschende Baustil ab etwa 1830 war der **Historismus**. Dabei wurden vergangene Baustile neu interpretiert und in modernem Kontext verwendet: Neu- oder Neoromanik, -gotik, -renaissance, -barock etc. Entlang ganzer Straßenzüge, vor allem im Saggen, wurden meist viergeschossige Miethäuser mit oft üppiger Dekoration errichtet. Ein sehenswertes Ensemble des Historismus hat sich am Adolf-Pichler-Platz erhalten. Zu den repräsentativen öffentlichen Bauten zählen die ehemalige Hauptpost (1905–1908), das Gerichtsgebäude (1884–1888), das Tiroler Landesmuseum Ferdinandeum (1842–1845, 1884–1889) sowie Klöster und Kirchen (ehemaliges Kloster der Redemptoristen mit Herz-Jesu-Kirche 1896–1898, Kloster und Kirche der Barmherzigen Schwestern 1881–1884, Kloster und Kirche zur Ewigen Anbetung 1869/70). Dazu kamen die Pfarrkirchen St. Nikolaus (1882–1886), Pradl (1905–1908) und Hötting (1909–1911). Westlich der Stadt entstanden der Westfriedhof (ab 1855), das Klinikareal (ab 1882) und die Universität (1914–1924).

Um 1900 ist bei manchen Häusern **Jugendstilornamentik** vertreten. Der **Heimatstil** brachte Elemente des ländlichen Bauens, etwa beim Winklerhaus an der Ecke Leopoldstraße/Maximilianstraße.

Zuerst entstand ab 1839 die Museumstraße mit ihren Nebenstraßen **östlich der**

Wohnhäuser im Stadtteil Saggen

Maria-Theresien-Straße bis zur Universitätsstraße. Um 1850 ist der Bozner Platz genannt. Danach folgte der Ausbau **westlich der Maria-Theresien-Straße** ab den späten 1860er-Jahren. Die Hauptverbindungen nach Westen stellten die Anichstraße (1877) und die Maximilianstraße (1887) mit ihren Verbindungsstraßen dar. Mit der Eingemeindung von Wilten im Jahre 1904 wurde das Stadtgebiet erheblich erweitert. Eine weitere Vergrößerung brachte die Bebauung des **Saggens** (ab den 1880er-Jahren) bis zur Mühlauer Brücke. Pläne dafür gab es schon in den 1850er-Jahren.
Erstrecken sich westlich der Claudiastraße und südwestlich der Conradstraße zum Inn hin Gärten mit teils repräsentativen kleineren und größeren Villen (**Villensaggen**), so ist das Gebiet östlich bzw. nordöstlich davon meist von vierstöckigen, geschlossenen Miethausblöcken mit großen begrünten Innenhöfen gekennzeichnet (**Blocksaggen**).

Einstige Hauptpost in der Maximilianstraße

VIERTE ERWEITERUNG – ZWISCHENKRIEGSZEIT BIS ZWEITER WELTKRIEG

Eine deutliche Zäsur der Stadtentwicklung brachte der **Erste Weltkrieg**. Danach stieg die Wohnungsnot an. Die Stadtverwaltung begann mit der Errichtung großer Wohnblocks. Dabei standen breite Straßen, geräumige und begrünte Innenhöfe, Grünanlagen, Kinderspielplätze etc. im Fokus. Gesundes Wohnen mit Licht, Sonne, Verbindung zur Natur sowie Möglichkeiten der sportlichen Betätigung waren weitere Ziele. In den 1920er-Jahren entstanden neben Kleinhaussiedlungen, wie jener zwischen der Rossegger- und Dr.-Glatz-Straße und nördlich der Premstraße, ausgedehnte Blockbauten mit eingeschlossenen begrünten Höfen und Spielanlagen. Dazu gehören etwa der Schlachthofblock und die Häuser an der Amthor- und Pembaurstraße.
Die 1920er-Jahre waren geprägt vom Stil der **Neuen Sachlichkeit**, der sich durch kubische Formen, glatte Wände, scharfe Kanten, viele und große Fenster sowie wenig Verzierung auszeichnete. Hier sind bei den öffentlichen Bauten vor allem die Namen Lois Welzenbacher („Hochhaus" an der Salurnerstraße 1926/27, ehemaliges Adambräu am Bahnhof 1926–1931), Franz Baumann (Universitätsbrücke – 1929–1931, Stationen der Nordkettenbahn 1927/28, Umbau Weinhaus Happ in der Altstadt 1928 und 1937, Doppelhauptschule für Knaben und Mädchen am Höt-

Erstes „Hochhaus“ Innsbrucks in der Salurnerstraße

tinger Fürstenweg 1929–1931), Fritz Konzert (Dampfbad in der Salurnerstraße 1926/27, Städtisches Hallenbad in der Amraser Straße 1928/29), Jakob Albert und Theodor Prachensky (Haupt- und Volksschule für Knaben in Pradl, Pembaurstraße und Gabelsbergerstraße 1928–1936), Siegfried Mazagg (Hotel Mariabrunn auf der Hungerburg 1931/32) und Siegfried Thurner (Theresienkirche auf der Hungerburg 1931/32) zu nennen. Für Wohnbauten schufen J. Albert und Th. Prachensky zahlreiche Pläne.

Theresienkirche auf der Hungerburg

Von den großen Bauvorhaben während des **Zweiten Weltkriegs** wurde nur wenig verwirklicht: Gauhaus bzw. Neues Landhaus (1938, Pläne von Walther Guth, >75), ein Erweiterungsbau des Rathauses in der Fallmerayerstraße sowie die „Südtirolersiedlungen“ in den Stadtteilen Pradl, Wilten und dem Pradler Saggen für die Südtiroler Auswanderer nach Österreich. Im Zweiten Weltkrieg wurden durch **Luftangriffe** (>18) vom 15. Dezember 1943 bis zum 20. April 1945 zahlreiche Bauten beschädigt bzw. zerstört, wobei die meisten Bombardierungen das Zentrum um den Haupt- und den Westbahnhof zum Ziel hatten. Dies betraf auch einige Altstadthäuser, den Dom, das Servitenkloster mit -kirche, die Spitalskirche, das Theater am Rennweg, die Palais Sarnthein

und Troyer-Spaur, Teile des Alten Landhauses, das Adelige Damenstift südlich der Hofburg u. a.
Eine umfangreiche Vergrößerung des Stadtgebiets brachten die **Eingemeindungen** der umliegenden Dörfer: 1904 Wilten und Pradl, 1938 Amras, Hötting und Mühlau, 1940 Arzl, 1942 (Igls und Vill).

FÜNFTE STADTERWEITERUNG – NACH DEM ZWEITEN WELTKRIEG

Als Folge der Bombenschäden des Zweiten Weltkriegs lag der Schwerpunkt der Bautätigkeit danach zunächst im **Wiederaufbau**.
Bedingt durch den wirtschaftlichen Aufschwung ab den **1960er-Jahren** stand die Schaffung von **modernem Wohnraum** im Vordergrund. Große Wohnanlagen entstanden in der Reichenau, in Neu-Arzl (zwei Olympische Dörfer als Folge der Olympischen Winterspiele 1964 und 1976), im Bereich des Mariahilfparks und der Technischen Fakultät, in Sadrach, auf den Peerhofgründen u. a.
Weitere **Großbauten**: Gerichtshochhaus, Klinikbauten, Universitätsbauten am Innrain, Technische Fakultät der Universität Innsbruck, ORF Landesstudio Tirol, AC Hotel Marriott Innsbruck (ehemals Hilton), Flughafen Kranebitten, Neues Ursulinenkloster und Schule, HBLA-West u. a.
Ab 1945 erhielt Innsbruck auch eine Reihe **kirchlicher Neubauten**: Schutzengelkirche Pradl-Ost, Priesterseminarkirche Hötting, Heilige Familie Wilten-West, Guter Hirte beim Flughafen, Hl. Pius X. Neu-Arzl, Landesgedächtniskirche St. Paulus Reichenau, Maria am Gestade Sieglanger, Allerheiligen, Liebfrauenkirche Saggen, Hl. Petrus Canisius Höttinger Au, Hl. Norbert Südring. Im Bereich des **Verkehrs** sind vor allem die Inntal- und Brennerautobahn sowie die Errichtung des Südrings mit der Olympiabrücke zu nennen.

Erstes Olympisches Dorf

MODERNES INNSBRUCK – AB ETWA 2000

Gerade der **Wohnbau** stellt heute eine große Herausforderung dar, wobei der Trend eher zu kleineren Wohnungen geht. Einige Beispiele dazu: Bauten am Lohbachufer (mehrere Ausbaustufen bis 2009), Wohnen am Tivoli (2008) sowie das Lodenareal in der Reichenau (2009). In den letzten Jahrzehnten ist das Stadtbild von verschiedenen **Großbauten** geprägt worden (Jahreszahlen bedeuten die Fertigstellung): SOWI-Fakultät und MCI (1999), Sprungschanze am Bergisel (2002, >79), Rathausgalerien (2004, >66), Hauptbahnhof (2004), Hungerburgbahn (mit Stationen) und Nordkettenbahn (2005, 2007), drei PEMA-Türme (2012, 2017, dritter Turm im Bau), BTV (2006), HYPO (2009), Kaufhaus Tyrol (2010, >68), Landhaus 2 (2005), Centrum für Chemie und Biomedizin (2012), Tirol Panorama am Bergisel (2011, >79), Haus der Musik (2018, >60), Kloster Karmel St. Josef (2003), Patscherkofelbahn (2017) u. a.

Sprungschanze auf dem Bergisel

Hauptbahnhof und PEMA-Turm 1

INNSBRUCK ALS MITTELALTERLICHE STADT

Innbrücke und Altstadt (16. Jh.)

Namensgebend für die Stadt war die **Innbrücke** (> 1). Für die **Erhebung** einer bedeutenden Siedlung **zur Stadt** waren zwei Voraussetzungen nötig. Einerseits musste ein Landesfürst den Willen zur Stadterhebung bekunden, andererseits der Bau einer Befestigung (> 37) mit Stadtmauer, -graben und -toren erfolgen. Zwischen 1187 und 1204 wurde Innsbruck zur Stadt erhoben, das Stadtrecht 1239 bestätigt. Eine Stadt war wirtschaftlicher Mittelpunkt bzw. Warenumschlagplatz für die Umgebung, Hauptstandort für Gewerbe und Handwerk sowie Station für den durchziehenden Verkehr. Für die Unterbringung von Behörden gab es das Rathaus, Regierungsämter, das Gericht, das Finanzamt etc.

Innsbruck besaß vier befestigte **Stadttore**: Das Inntor zur Innbrücke, das Frauen- oder Pickentor am Ausgang der Seilergasse nach Westen zum Innrain, das Vorstadt- oder Spitalstor nach Süden zur Neu- oder Vorstadt (heutige Maria-Theresien-Straße) und das Rumer- oder Saggentor mit dem Wappenturm (aufgegangen im barocken Umbau der Hofburg) am Ausgang der Hofgasse nach Osten. Dazu kam noch das kleine Tränkertörl am Ausgang der Badgasse zum Inn als Viehtränke. Ab 1765 begann man mit dem Abriss der Stadttore.

Die beim Vorstadttor im Süden in die Stadt einmündende Hauptstraße erweiterte sich bis zum Neuhof zum weiten **Stadtplatz** (> 11). Die **Laubenvorbauten** entstanden im 15. Jahrhundert.

In den engen **Gassen** befanden sich mit Steinplatten zugedeckte Vertiefungen oder Kanäle, die sogenannten Ritschen. Sie dienten zur Straßenreinigung und Ableitung der Regenwässer. Küchenabfälle, Schmutzwasser, Unrat etc. wurden einfach in die Gassen gegossen bzw. geworfen.

Ritschen

Blick in die Herzog-Friedrich-Straße

Viele Stadtbewohner hatten Nutztiere und deshalb auch Misthaufen hinter den Häusern. Die Folgen waren Gestank und Brutstätten für Krankheitserreger. Noch im 16. Jahrhundert sollen von rund 130 Bürgern etwa 400 Kühe und von 40 Bürgern 100 Pferde gehalten worden sein. Zum Ausspülen der Ritschen und Gassen wurde Wasser vom Sillkanal eingeleitet. Das Schmutzwasser landete im Inn. Erst unter Kaiser Maximilian I. begann die Pflasterung der Gassen.

Zahlreiche **Gasthöfe** (> 25) dienten der Unterbringung der Reisenden bzw. der Fuhrleute sowie der Pferde. Im einstigen **Ballhaus** (> 3) an der Ecke Herzog-Friedrich-Straße/Kiebachgasse mussten die transportierten Waren abgeladen, gewogen und verzollt werden.

Zu den Einrichtungen der **Marktaufsicht** (> 22) gehörten die öffentliche Waage sowie Brot-, Fleisch- und Fischbänke. In Innsbruck gab es drei Fleischbänke: neben der Innbrücke, westlich der Innbrücke am Beginn des Innrains und am Ausgang der Badgasse zum Inn. Die Brotbank war im ebenerdigen Gewölbe des Rathauses untergebracht, der Fischkalter bzw. die Fischtruhen im Erdgeschoss des Alten Regierungsgebäudes in der Herzog-Otto-Straße.

Brunnen (> 17) zur Trinkwasserversorgung bestanden zuerst in Form von Zieh- oder Schöpfbrunnen zum Fördern des Grundwassers. Um 1440 sind zwei öffentliche Brunnen genannt. Dort wurden u. a. Wäsche, Windeln, Fleisch, Gemüse, Obst etc. gewaschen. Zum Wäschewaschen diente auch der Inn, wozu Flöße am Ufer befestigt wurden.

Der Inhalt der **Aborte** wurde grundsätzlich in Senkgruben gesammelt und zusammen mit dem Stallmist als Dünger auf die Felder geführt. Die Senkgruben fungierten zusätzlich als Abfallgruben der Hauswirtschaft. Das betraf etwa Kehricht, zerbrochenes Geschirr, Speisereste, Tierknochen etc.

An die zahlreichen **Handwerker** (> 26) erinnern heute noch Gassennamen wie Seilergasse und Schlossergasse. Lärm- und geruchsintensive Handwerksbetriebe wie etwa Schmieden, Metzgereien sowie Gerbereien ließen sich eher am Stadtrand oder außerhalb der Stadt nieder.

Direkt südlich der Innbrücke, an der Stelle des heutigen Andechshofs (> 1), stand die **Stadtburg** der Grafen von Andechs. Als Herzog Friedrich IV. mit der leeren Tasche im Jahre 1420 seinen Regierungssitz von Meran nach Innsbruck verlegte, ließ er als Residenz zwei Häuser am Stadtplatz zum **Neuen Hof** adaptieren. Dort fügte Kaiser Maximilian I. um 1500 das **Goldene Dachl** (> 8) an. Friedrichs Sohn Erzherzog Sigmund der Münzreiche begann mit dem Bau der **Hofburg**. Innsbruck war von 1420 bis 1665 Residenzstadt der Tiroler Linie der Habsburger, wurde aber erst 1849 Tiroler Landeshauptstadt. Am repräsentativen **Rathaus** (> 13) und dem mächtigen **Stadtturm** (> 14) kann man den Stolz und das Selbstbewusstsein des schon früh erstarkten Bürgertums erkennen.

Die **Bürgerhäuser** waren ursprünglich schmal und niedrig, bestanden meist aus dem Erdgeschoss und zwei Stockwerken. Charakteristisch für den in Tirol vertretenen **Inn-Salzach-Typus** (> 12) sind Erker, ein Lichtschacht, hochgezogene Seiten- und Frontmauern sowie ein Graben- oder Muldendach. Auffallend in Innsbruck sind die Stützmauern aus Höttinger Breccie (> 35), die als Reaktion auf die heftigen Erdbeben 1670 und 1689 angebaut wurden.

Eine **Pfarrkirche zum hl. Jakobus** (> 30, 32) ist erstmals 1270 erwähnt. Die barocke Kirche (1717–1724) wurde 1964 mit der Errichtung der Diözese Innsbruck zum Dom erhoben. Maximilian I. ließ den dortigen Friedhof 1509/10 zum Spitalsfriedhof verlegen.

Innsbruck besitzt keine mittelalterlichen **Klöster** (> 30), was sehr ungewöhnlich ist. Die Prämonstratenser im Kloster Wilten übten lange Zeit das kirchliche Monopol in Innsbruck aus. Erst 1561 ließen sich auf Wunsch Kaiser Ferdinands I. als erster Orden die Jesuiten (> 59) hier nieder.

Dom von St. Jakob

Ein **Stadtspital** (> 62) ist 1307 jenseits des Stadtgrabens am Beginn der Neustadt erwähnt. Dazu kamen 1313 das **Leprosenspital** in St. Nikolaus und im 16. Jh. ein **Pestspital** (> 15) im Bereich des heutigen Einkaufszentrums „Sillpark".

Als wichtige städtische Einrichtung galt das **Badhaus** (> 40). Badhäuser bestanden etwa in der Badgasse in der Altstadt und in der Maria-Theresien-Straße.

DIE TIROLER LINIE DER HABSBURGER

Im Jahre 1363 übergab Margarete Maultasch (> 10, 78), Gräfin von Tirol, ihr Land an den Habsburger Herzog Rudolf IV. den Stifter.

Die **Habsburger** haben ihren Ursprung in der **Schweiz**. Mit der Wahl Graf Rudolfs IV. von Habsburg zum römisch-deutschen König im Jahre 1273 erlebte die Familie den Aufstieg an die Spitze Europas.

Als 1246 die Babenberger ausstarben, beanspruchte König Ottokar II. Przemysl von Böhmen deren Erbe. Es handelte sich um Reichslehen, die an den deutschen König zurückgegeben werden mussten. Ottokar weigerte sich jedoch und wurde 1278 von Rudolf im Marchfeld geschlagen. Somit gingen die einst babenbergischen Gebiete an die Habsburger über. Die von ihnen regierten Gebiete umfassten die **Stammlande** in der Schweiz und die **Erblande** im Osten (Herzogtümer Österreich, Steiermark, Krain, später auch Kärnten u. a.). Tirol und die Vorlande (Streubesitz der Habsburger westlich des Arlbergs, in der Schweiz, in Südwestdeutschland und im Elsass) stellten ab 1363 die Verbindung zwischen beiden Länderkomplexen her. Der Hauptzweig der Familie residierte in Wien. Zusätzlich bestanden die steirische Linie in Graz sowie die Tiroler Linie in Innsbruck.

Die **ältere Tiroler Linie** bilden **Herzog Friedrich IV. mit der leeren Tasche** (regiert 1406–1439, > 10) und sein Sohn **Erzherzog Sigmund der Münzreiche** (regiert 1439 bzw. 1446–1490, > 6). Sigmund dankte ab und übergab das Land an Kaiser Maximilian I. (> „Kaiser Maximili-

Erzherzog Sigmund der Münzreiche (links), Herzog Friedrich IV. mit der leeren Tasche (rechts)

Erzherzog Ferdinand II. (links), Kaiser Maximilian I. (rechts)

an I. und Innsbruck"), der jedoch nicht als eigener Tiroler Landesfürst gezählt wird, da Tirol nur eines seiner regierten Länder darstellte.

Die **jüngere Tiroler Linie** umfasst **Erzherzog Ferdinand II.** (regiert 1564–1595, > 80), **Erzherzog Maximilian III. der Deutschmeister** (regiert 1602–1618), **Erzherzog Leopold V.** (regiert 1619–1632, > 60), **Claudia de' Medici** (Regentin 1632–1646 für ihre unmündigen Kinder), **Erzherzog Ferdinand Karl** (regiert 1646–1662) und **Erzherzog Sigismund Franz** (regiert 1662–1665). Der Tod von Sigismund Franz im Jahre **1665** brachte das **Ende der Tiroler Linie der Habsburger**. Der Kaiser in Wien schickte verschiedene Statthalter nach Tirol.

Erzherzog Maximilian III. der Deutschmeister (links), Erzherzog Leopold V. (rechts)

KAISER MAXIMILIAN I. UND INNSBRUCK

Aufgrund der günstigen **Lage Innsbrucks** im Schnittpunkt der Verkehrswege von Deutschland nach Italien und von Ostösterreich nach Westen machte Maximilian die Stadt mit ca. 5000 Einwohnern zum Zentrum seiner habsburgischen Erbländer und des Heiligen Römischen Reiches. Hier siedelte er verschiedene **Behörden** an, denen auch jene in Wien unterstellt waren. Maximilian war ein **„Wanderkaiser" ohne Hauptstadt**. Er hielt sich nie länger in Tirol auf, meist nur einige Wochen oder wenige Monate. Befand sich der Kaiser auf Reisen, umfasste sein Hofstaat mindestens 450 Personen vom einfachsten Angestellten bis zum höchsten Adeligen. Dazu kam noch umfangreiches Wachpersonal. Die zahlreichen Jagd- und Klettergebiete (etwa im Karwendel) sowie die Fischgewässer (etwa Achen- und Plansee) boten Möglichkeit zu körperlicher Betätigung für den begeisterten Sportler. Sein Aufenthalt war stets Gelegenheit für höfische Repräsentation und Machtentfaltung bei **Festen**, **Turnieren**, **Tanzveranstaltungen** etc. Am Hof tummelten sich zahlreiche Adelige und ausländische Gesandte.

Maximilian wollte sich zu Lebzeiten ein **„gedechtnus"** schaffen, der Nachwelt in aller Ewigkeit in Erinnerung bleiben. Das erreichte er durch das Anbringen von Wappen, die Errichtung von Bauwerken (Goldenes Dachl > 8, Wappen-

Maria von Burgund (links), Bianca Maria Sforza (rechts)

turm > 27, Umbau zahlreicher Altstadthäuser, Plan einer Grabeskirche etc.), den Auftrag zu **literarischen Werken** (Freydal, Weißkunig, Theuerdank) und **Ehrenwerken** (Ehrenpforte, Triumphzug) sowie die Darstellung in **Porträts**. Dafür beschäftigte er berühmte Künstler wie Albrecht Dürer und Bernhard Strigel.

Großes Interesse zeigte der Herrscher an **Turnierharnischen**. So begründete er eine eigene Hofplattnerei an der Stelle des heutigen Alten Landhauses. Konrad Seusenhofer produzierte dort Prunkharnische, die sich an den europäischen Fürstenhöfen großer Beliebtheit erfreuten. Eine weitere Plattnerwerkstätte bestand in Mühlau.

Aufgrund der zahlreichen Kriege förderte Maximilian die Herstellung von **Geschützen**. Gusshütten bestanden in Büchsenhausen in St. Nikolaus sowie in Mühlau. Zur Lagerung dienten das Zeughaus am Inn, die einstige Andechser Burg, sowie das Zeughaus an der Sill. Neben dem Geschützguss spielte auch der Kunstguss eine herausragende Rolle. Großartiges Beispiel dafür sind die „Schwarzen Mander" in der Hofkirche.

- › 1459 Geburt in Wiener Neustadt, Vater Kaiser Friedrich III., Mutter Eleonore von Portugal
- › 1486 Wahl zum römisch-deutschen König
- › 1477–1482 Ehe mit Maria von Burgund (Sohn Philipp der Schöne und Tochter Margarete)
- › 1490 Übernahme Tirols von Erzherzog Sigmund dem Münzreichen
- › 1494–1510 Ehe mit Bianca Maria Sforza von Mailand
- › 1508 Proklamation in Trient zum „Erwählten Römischen Kaiser"
- › 1518 letzter Aufenthalt in Innsbruck
- › 1519 Tod in Wels, bestattet in der Georgskapelle der Burg von Wiener Neustadt

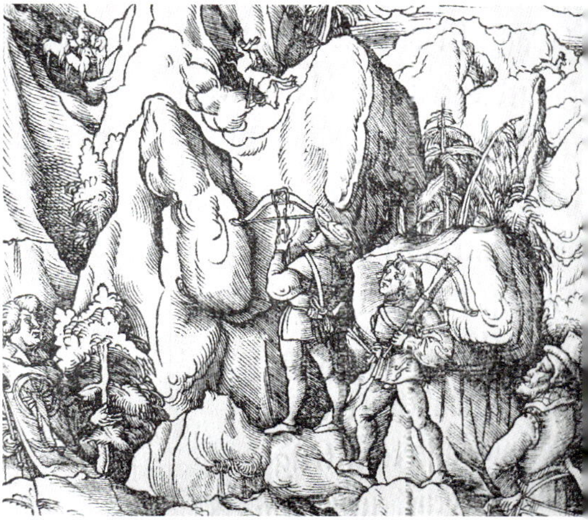

Kaiser Maximilian I. auf der Jagd

Ein weiteres Anliegen war Maximilian eine hochentwickelte **Musikkultur**. Er besaß eine eigene Hofkapelle. Bedeutende Musiker seiner Zeit waren Heinrich Isaak, Ludwig Senfl und Paul Hofheimer.

Maximilian konnte **Tirol beträchtlich vergrößern**. So übernahm er 1500 Teile Osttirols als Erbe der Görzer Grafen, brachte 1504 die Gerichtsbezirke Kufstein, Rattenberg und Kitzbühel zu Tirol und in den Venezianerkriegen Cortina, Rovereto, Ala und Riva.

Zeitlebens verfolgte der Kaiser die Idee eines großen **Grabmals**, legte allerdings nie fest, wie dieses aussehen und wo es stehen sollte. Es war sein Enkel Kaiser Ferdinand I., der von 1553 bis 1563 die **Hofkirche** (> 27, 58, 72) mit dem leeren Grabmal seines Großvaters und das Franziskanerkloster errichten ließ.

MARIA-THERESIEN-STRASSE – GESCHICHTE, BEDEUTUNG

Mit einer Länge von rund 490 Metern stellt die einstige Ausfallstraße die Fortsetzung der Herzog-Friedrich-Straße aus der ehemals ummauerten Altstadt gegen Süden bis fast zur Triumphpforte dar. Im 1180 gegründeten Innsbruck wurde es innerhalb der Stadtmauern bald zu eng. **1281** erfolgte die Erweiterung nach Süden, bezeichnet als **Neustadt** oder Vorstadt. Graf Meinhard II. von Tirol-Görz schloss am 5. Juni 1281 einen Tauschvertrag mit dem Kloster Wilten. Die Grenze zwischen Wilten und der Stadt Innsbruck verlief zunächst in der Höhe des heutigen Nordtrakts des Alten Landhauses bzw. östlich und westlich hinter den Häusern und Gärten der Neustadt. Das „Obere Tor der Neustadt" findet 1350 seine erste Nennung und wird später als Georgentor (> 69) bezeichnet. Die Neustadt war nie von einer Mauer umgeben, das genannte Tor diente vor allem der Kontrolle der Landstraße.

Die lockere Verbauung bestand zuerst aus Holz- und Riegelbauten. Steinbauten erfolgten erst im 14./15. Jahrhundert. Es gab Gast- und Handwerksbetriebe. Wagner, Schmiede, Sattler etc. hatten vorrangig mit dem Fuhrwesen zu tun. 1307 ist im nördlichen Bereich nahe dem Marktgraben ein Stadtspital genannt.

Das **15. Jahrhundert** brachte die Erweiterung der Neustadt vom Georgentor bis ungefähr zur heutigen Triumphpforte.

Zu **Beginn des 16. Jahrhunderts** wurde unter Kaiser Maximilian I. an der Stelle des heutigen Alten Landhauses (> 70) die Hofplattnerei eingerichtet. Konrad Seusenhofer erlangte mit seinen Kunstharnischen internationalen Ruf und machte

Marktgraben – Vorstadttor und Maria-Theresien-Straße

Die 1706 errichtete Annasäule erinnert an den Einfall der Bayern in Tirol während des Spanischen Erbfolgekrieges.

Innsbruck zu einem europäischen Zentrum der Plattnerkunst.
Unter Erzherzog Ferdinand II. (> 80) stieg in der **zweiten Hälfte des 16. Jahrhunderts** die Vorstadt zum beliebten Wohngebiet des Adels und der höheren Beamten auf. Die Zahl der dort ansässigen Bürger und Handwerker nahm stetig ab. Der Erzherzog ließ 1567 die Hofplattnerei auflösen und dort einen Palast für seine beiden Söhne Andreas von Österreich und Karl von Burgau errichten. Dafür wurde das Georgentor abgerissen. Dieser Teil der Stadt galt nun als nobel und vornehm. Das zeigt sich auch am Servitenkloster (1614–1616, > 73).
Der **Großbrand von 1620** machte den Weg für Neubauten frei. Das betraf auch das Servitenkloster. Im Laufe des 17. und 18. Jahrhunderts entstanden zusammenhängende Häuserfluchten.
Der Tod des letzten Tiroler Habsburgers Erzherzog Sigismund Franz im Jahre **1665** brachte das **Ende Innsbrucks als Residenzstadt**. In den folgenden Jahrzehnten siedelten sich Adelige an und bestimmten das Stadtbild durch barocke Palais. Aufträge dazu erhielt Johann Martin Gumpp d. Ä. (> 23), auf den etwa das Palais Fugger-Taxis (> 70), das Palais Troyer-Spaur, das Palais Trapp (> 69) und vielleicht das Palais Sarnthein zurückgehen. Von ihm stammt auch die Spitalskirche (> 62). Sein Sohn Georg Anton Gumpp (> 23) zeichnet für das Alte Landhaus (> 70) verantwortlich. 1681 entstand an der Stelle der heutigen Annasäule ein neuer Marmorbrunnen mit einer Marienstatue. Der 1700 in der Mitte der inneren Vorstadt aufgestellte Josefsbrunnen und der nahe Joachimsbrunnen (> 47), errichtet 1709, wurden entfernt. Heftige Erdbeben im Inntal, vor allem 1689, bedingten umfangreiche Ausbesserungsarbeiten an zahlreichen Gebäuden. An den **„Boarischen Rummel"**, den Einfall und die Vertreibung der mit Frankreich verbündeten Bayern in Tirol im Jahre 1703 im Zuge des Spanischen Erbfol-

gekriegs, erinnert die **Annasäule** (> 65) von 1706.

1765 heiratete Erzherzog Leopold, der dritte Sohn Maria Theresias, in Innsbruck die spanische Prinzessin Maria Ludovica (> 21). Dieses Ereignis war Anlass für den Beginn der Entfernung der Stadttore und das Zuschütten des Stadtgrabens. Die Quader des Vorstadttores am südlichen Ende der Herzog-Friedrich-Straße fanden in der neu errichteten **Triumphpforte** (> 74) im Süden der Vorstadt Verwendung.

Im **19. Jahrhundert** gelangten fast alle Adelspaläste in bürgerliche Hand. Neben diesen Prunkbauten bestanden nach wie vor Vorstadthäuser, von deren Hinterseiten sich westlich und östlich Gärten ausdehnten. Die geschlossene westliche Häuserflanke wies keine Seitengassen auf. Die Ostflanke war einerseits durch die Postgasse, später als Fuggergasse bezeichnet, durchbrochen. Diese stellte die Verbindung vom Palais Fugger-Taxis zum Margarethenplatz (Bozner Platz, > 78) her, der in den 1850er-Jahren angelegt worden war. Andererseits führte die nur wenige Meter südlich von der Fuggergasse gelegene Welsergasse (Heidengassl) durch die Gärten in südöstlicher Richtung nach Wilten und mündete in die heutige Salurnerstraße.

In der **zweiten Hälfte des 19. Jahrhunderts** verschwanden die meisten Vorstadtgärten. Zahlreiche Gebäude wurden umgebaut, vergrößert bzw. neu errichtet. Die Vorstadt wandelte sich zu einer großstädtischen Geschäftsstraße mit Gasthäusern und Hotels. Die Eisenbahn brachte viele Touristen, die Bevölkerungszahl nahm ebenfalls zu. Innsbruck erlebte eine entscheidende Vergrößerung (> „Entwicklung des Innsbrucker Stadtgebiets“) zu beiden Seiten der Straße in Richtung Osten und Westen: Neue Straßen im Bereich des Bozner Platzes, aber auch nach Westen zur Universität und zum Klinikareal

Blick auf die Südseite der Triumphpforte, an der Marmorreliefs an die Hochzeit Leopolds mit Maria Ludovica erinnern.

Blick in die Maria-Theresien-Straße mit der Nordkette

wurden gebaut. Um 1858 entstand die Meraner Straße, 1877 die Anichstraße, weiters im Süden die Maximilianstraße und die Salurnerstraße. Das Stadtspital wurde 1889 an den neuen Standort am westlichen Ende der Anich- und Maximilianstraße verlegt. Auch das im Palais Fugger-Taxis beheimatete Postamt übersiedelte in die neue „Hauptpost" in der Maximilianstraße. Der Verkehr nahm ständig zu. So fuhr die 1891 eröffnete dampfbetriebene Lokalbahn Innsbruck-Hall durch die Vorstadt. Seit 1897 ist im ehemaligen Palais Künigl das Rathaus untergebracht.

Im **20. Jahrhundert** entwickelte sich die Maria-Theresien-Straße, seit 1873 so benannt, zum Mittelpunkt des Geschäfts- und Stadtlebens. Im Haus Nr. 12–14 waren verschiedene Volksbühnen untergebracht, zuletzt von 1966 bis 2005 die Volksbühne Blaas („Breinössl-Bühne" nach dem Hausnamen). 1905 gelangte das Palais Taxis an das Land Tirol, das den Barockbau für Ämter adaptierte. 1908 entstand ein modernes Kaufhaus der Firma Bauer & Schwarz (> 68), Vorgänger des Kaufhaus Tyrol.

Im Zuge der **Bombenabwürfe** (> 18) alliierter Flugzeuge im **Dezember 1943** gab es in der Maria-Theresien-Straße schwerwiegende Schäden. Das betraf neben anderen Gebäuden etwa das Rathaus, das Servitenkloster mit der Kirche und die dem Kloster gegenüberliegenden Häuser mit dem Palais Sarnthein. Die Jahre nach dem Zweiten Weltkrieg waren durch den Wiederaufbau geprägt.

1989/90 konnte mit der Einführung einer **Fußgängerzone** eine starke Belebung erreicht werden. Heute ist der nördliche Teil ab der Einmündung der Anichstraße gänzlich verkehrsfrei. Zu den modernsten Gebäuden zählen die Rathausgalerien von Dominique Perrault (Eröffnung 2004, > 66) sowie das Kaufhaus Tyrol (Eröffnung 2010, > 68) mit der Fassade des englischen Architekten David Chipperfield.

ZEITTAFEL ZUR GESCHICHTE INNSBRUCKS

Vor 1133	Burg Ambras der Grafen von Andechs, 1133 zerstört
1133–1180	Entstehung eines Marktortes am linken Innufer und Bau der ersten Innbrücke
1180	Gründung der Altstadt durch Markgraf Berchtold V. von Andechs-Meranien
1187–1204	Stadterhebung und Verleihung des Stadtrechts
1239	Bestätigung des Stadtrechts durch Herzog Otto II. von Andechs-Meranien
1267	Erstes Auftreten von Stadtsiegel und Stadtwappen
1281	Erste urkundlich genannte Stadterweiterung: Neustadt gegen Süden
1363	Gräfin Margarete Maultasch übergibt Tirol an den Habsburger Herzog Rudolf IV.
1390	Letzter großer Stadtbrand (als Folge Häuserbau in Stein)
1420	Innsbruck wird unter Herzog Friedrich IV. mit der leeren Tasche Residenzstadt
1406–1490	Erste (ältere) Tiroler Linie der Habsburger mit Herzog Friedrich IV. mit der leeren Tasche (1382–1439, regiert 1406–1439) und dessen Sohn Erzherzog Sigmund der Münzreiche (1427–1496, regiert 1439/1446–1490)
1490–1519	Regierung von Kaiser Maximilian I. in Tirol (Graf von Tirol)
1564–1665	Zweite (jüngere) Linie der Tiroler Habsburger mit Erzherzog Ferdinand II. (1529–1595, regiert 1564–1595), Erzherzog Maximilian III. der Deutschmeister (1558–1618, regiert 1602–1618), Erzherzog Leopold V. (1586–1632, regiert 1619–1632), Claudia de' Medici (1604–1648, Regentin 1632–1646), Erzherzog Ferdinand Karl (1628–1662, regiert 1646–1662), Erzherzog Sigismund Franz (1630–1665, regiert 1662–1665)

1643	Erhebung Innsbrucks zur selbständigen Pfarre (vorher bei Wilten)
1665	Aussterben der Tiroler Linie der Habsburger und Ende Innsbrucks als Residenzstadt
1669	Gründung der Universität durch Kaiser Leopold I.
1670/1671	Heftige Erdbeben
1689	Erneut heftige Erdbeben
1703	„Boarischer Rummel“ im Zuge des Spanischen Erbfolgekriegs
1765	Hochzeit von Erzherzog Leopold, Sohn von Maria Theresia und Kaiser Franz I., Letzterer stirbt während der Feierlichkeiten
1805–1814	Tirol bei Bayern – 1809 Freiheitskämpfe (4 Bergiselschlachten)
Ab ca. 1840	Beginn der Stadterweiterung in Richtung Osten und Westen
1849	Innsbruck wird nach Meran Landeshauptstadt
1858–1884	Eröffnung der Eisenbahnlinien durch das Unterinntal (1858), über den Brenner (1867) und den Arlberg (1884) – Stadterweiterung
1904	Eingemeindung der Dörfer Wilten und Pradl
1914–1918	Erster Weltkrieg
1938	Eingemeindung der Dörfer Amras, Hötting und Mühlau
1939–1945	Zweiter Weltkrieg
1940	Eingemeindung des Dorfes Arzl
1942	Eingemeindung der Dörfer Igls und Vill
1943–1945	22 Bombenangriffe auf die Stadt – große Zerstörung
1945–1955	Französische Besatzung
1964	IX. Olympische Winterspiele; Entstehung der Diözese Innsbruck
1976	XII. Olympische Winterspiele
2012	Erste Olympische Jugend-Winterspiele

I

DIE BRÜCKE UND DAS KREUZ

An der Fassade des Andechshofs (Innrain Nr. 1) gegenüber der Ottoburg erinnert eine **Marmortafel** an das 1790 abgetragene **Inntor**. Dabei erkennt man auf dem vorspringenden Turm eine Kreuzigungsszene mit mehreren Wappen sowie eine große Uhr. Rechts schließt die Burg der Grafen von Andechs an, links die Ottoburg. Beim niederen Gebäude links auf der Brücke handelt es sich um die Fleischbank für die landesfürstlichen Beamten. Lebendvieh wurde dort geschlachtet und der Inn diente zur Entsorgung der Abfälle.
Die **Ottoburg** (Herzog-Friedrich-Straße Nr. 1), ein seit 1476 urkundlich nachweisbarer spätgotischer Wohnturm, war Teil der Stadtbefestigung. Im 16./17. Jahrhundert stand das Gebäude jahrzehntelang leer und wurde als „Ödburg" (leere Burg) bezeichnet. Daraus entstand die Bezeichnung „Ottoburg" als Erinnerung an Otto von Andechs, der früher als Stadtgründer galt. Links vom Eingang zum heutigen Gasthaus ist noch ein Rest der einstigen Stadtmauer vorhanden.
Beim **Andechshof** handelt es sich um die einstige Stadtburg der Grafen von Andechs, die sie bald nach 1180 errichteten. Im Innenhof befindet sich ein modernes **Wandbild** mit einer vereinfachten Darstellung der Innbrücke und der Ansicht Innsbrucks von Norden. Unter Kaiser Maximilian I. war hier das städtische Zeughaus, im Gegensatz zum landesfürstlichen Zeughaus an der Sill, untergebracht. Im 18. Jahrhundert fand der Bau als Kaserne Verwendung. Von 1851 bis 1854 erfolgte die Vergrößerung zur Innkaserne, wobei von der ursprünglichen Burg der Grafen von Andechs praktisch nichts mehr vor-

Der Andechshof, die einstige Stadtburg der Grafen von Andechs

Innbrücke mit Altstadt – Dom, Ottoburg, Andechshof

handen ist. Die „Dankl-Kaserne“, so die letzte Bezeichnung der Innkaserne, wurde 1978 aufgelassen und 1986 als Amtshaus für den Tiroler Landesschulrat adaptiert. Seit 2019 sind dort verschiedene andere Ämter der Tiroler Landesregierung untergebracht.

Als 1133 die Burg Ambras der Grafen von Andechs auf der südlichen Talseite zerstört wurde, gründete Graf Otto II. von Andechs ab 1133 auf der Nordseite des Tals einen Markt im Bereich des heutigen Stadtteils Mariahilf-St. Nikolaus (> „Entwicklung des Innsbrucker Stadtgebiets“).

Eine **Innbrücke** wurde vermutlich zwischen 1165 und 1170 errichtet, vorher bestand eine Fähre bzw. eine Furt. Ab 1485 führte die erste Wasserleitung aus Hötting über die Brücke in die Stadt. Die heutige Spannbetonbrücke auf zwei kräftigen Flusspfeilern aus Stahlbeton entstand von 1981 bis 1983.

Bis zum Bau der **Mühlauer Brücke** 1581 war die Innbrücke der einzige Flussübergang in Innsbruck. Erzherzog Ferdinand II. ließ Erstere im Zusammenhang mit der 1585 angelegten Haller Straße durch die Au im Talboden erbauen. 1838 bis 1843 entstand eine moderne Kettenbrücke. An beiden Ufern stand je ein Torturm mit den Widerlagern und der Aufhängung der beiden tragenden Ketten, die sich beiderseits aus je 54 frei sichtbaren Kettengliedern

Innbrücke und Inntor

Das Wach-Kreuz auf der Innbrücke

zusammensetzten. Von den Kettengliedern hingen beiderseits je 51 schmiedeeiserne Stangen zum Tragen des Unterbaus der Brücke und des Straßenkörpers. Wegen des zunehmenden Verkehrsaufkommens wurde diese einzigartige Kettenbrücke 1939 durch die noch bestehende Stahlbetonkonstruktion ersetzt.
Weitere **Brücken** im Bereich von Innsbruck für den öffentlichen Verkehr bzw. Fußgänger: Emile-Béthouart-Steg (früher Innsteg, 1874/75), Kranebitter Brücke (1907), Universitätsbrücke (1929–1931), Grenobler Brücke (früher Reichenauer Brücke, 1940), Hans-Psenner-Steg (1944), Sieglangersteg (1977), Freiburger Brücke (1981), New-Orleans-Brücke (1983).

INNBRÜCKE – CHRISTUS AM KREUZ VON RUDI WACH

Kreuz- und Heiligendarstellungen auf Brücken waren früher durchaus üblich. Sie sollten Bauwerke und Bevölkerung vor Hochwasser und Muren schützen. Besonders beliebt war der hl. Johannes Nepomuk.
Das 1515 von der Kreuzbruderschaft St. Jakob auf der Brücke aufgestellte große Holzkreuz wurde beim Hochwasser 1789 von den Fluten mitgerissen. Die heute noch bestehende Bruderschaft gab in den 1980er-Jahren ein neues Kreuz beim in Mailand lebenden Tiroler Bildhauer **Rudi Wach** (geb. 1934 in Hall in Tirol) in Auftrag. Er wählte die Form eines Lebensbaums. Christus ist nicht als Leidender, sondern in einem Übergangszustand als Mensch und Gott zugleich dargestellt, nackt und ohne Wundmale. Seine Füße ruhen auf der Weltkugel, sein Kopf wird von einem Heiligenschein umrahmt.
Zu Christi Himmelfahrt 1986 war die Aufstellung der 4,5 m hohen **Bronzeskulptur** geplant, jedoch kam es aufgrund der nackten Darstellung zu heftigen Protesten in der Bevölkerung. Tausende Unterschriften der Gegner wurden gesammelt. Bischof Reinhold Stecher und fast der gesamte Innsbrucker Gemeinderat entschieden sich aber für die Aufstellung. Aufgrund des starken Gegenwinds verweigerte der Bischof jedoch dann die Weihe. Nach der 21 Jahre dauernden Unterbringung im Innenhof des Volkskunstmuseums ordnete die damalige Bürgermeisterin Hilde Zach die **Aufstellung** auf der Brücke im September **2007** an. Sie begründete ihre Entscheidung mit dem Dank dafür, dass Innsbruck beim Hochwasser 2005 weitgehend verschont geblieben war.

2

DENKMAL „ANNO NEUN“ – FREIHEITSKÄMPFE 1809

Vor der **Ottoburg** (Herzog-Friedrich-Straße Nr. 1, > 1) am Eingang zur Altstadt steht das **Denkmal „anno 9“** als Erinnerung an die Tiroler Freiheitskämpfe des Jahres 1809. Der Imster Künstler Christian Plattner (1869–1920) schuf die 1914 aufgestellte Bronzeplastik zweier Freiheitskämpfer. Voll innerer Unruhe spähen ein Vater und ein junger Mann in geduckter Haltung, den Stutzen schussbereit, von einer Felserhöhung nach dem Feind. Genau genommen schauen die beiden in die falsche Richtung, denn der Feind befand sich damals in der Stadt und der Tiroler Landsturm eilte von Hötting herunter über die Innbrücke in die Altstadt.

Weitere Erinnerungen an diese Kämpfe von 1809 im Stadtbereich sind eine Platzgranate und Medaillons mit den nachgebildeten Köpfen einiger Freiheitskämpfer beim Café Munding in der Kiebachgasse (Seite Schlossergasse, > 23), zwei Marmortafeln mit Reden Andreas Hofers unter den Lauben beim Gasthof Goldener Adler in der Herzog-Friedrich-Straße (> 5), eine Kanonenkugel unter dem linken Fenster im zweiten Stockwerk beim Haus Innstraße Nr. 3 (> 41) sowie eine Marmortafel mit den Namen verschiedener Kämpfer des Gefechts um die alte Innbrücke am 12. April 1809 beim Haus Mariahilf Nr. 12 (> 51).

Pater Joachim Haspinger in den Freiheitskämpfen von 1809

DIE FREIHEITSKÄMPFE VON 1809 UND INNSBRUCK

Im Verlauf der Eroberungszüge des französischen Kaisers **Napoleon Bonaparte** verlor auch Österreich seine Selbständigkeit. **Tirol** fiel von **1805 bis 1814** an das mit den Franzosen verbündete **Bayern**.
Als Folge des österreichisch-französischen Waffenstillstands 1801 wurden rund 300 französische Soldaten für vier Monate in Innsbruck stationiert. Am 5. Oktober 1805 rückte der französische Marschall Ney in Innsbruck ein, zog jedoch bald wieder ab. Im Frieden von Pressburg musste Österreich Tirol und Vorarlberg an das mit Frankreich verbündete Bayern abtreten.
Die Bayern machten sich in Tirol sehr unbeliebt. Sie richteten die Verwaltung straff zentralistisch aus, schafften die alte Landesverfassung mit all ihren Privilegien ab und erhöhten die Steuern. Besonders arg traf das gläubige Volk der Eingriff in das religiöse Leben. Verschiedene Prozessionen sowie das Geläute der mitternächtlichen Christmette wurden verboten. Im Landlibell von 1511 hatte Kaiser Maximilian I. festgelegt, dass die Tiroler nur ihre eigene Heimat verteidigen und nicht in anderen Gebieten des Reiches kämpfen mussten. Die Bayern jedoch führten die allgemeine Dienstpflicht beim Militär ein. Das alles ließ Widerstand aufkeimen. Überall im Land wurde durch das Läuten der Sturmglocken und das Anzünden von Bergfeuern der Landsturm mobilisiert, der gegen Innsbruck eilte. Am **12. April 1809** gelang zahlreichen Landstürmern vom Dorf Hötting aus die **Erstürmung der Innbrücke** und der Altstadt. Überall in den Gassen und im Bereich um die Stadt wurde gekämpft, die Wohnungen bayernfreundlicher Bürger geplündert. Gegen Abend traf eine französisch-bayerische Abteilung von 4600 Mann in Wilten ein. Martin Teimer, der Anführer der Oberinntaler Schützen, konnte in Verhandlungen erreichen, dass der Feind angesichts der von Tirolern besetzten Stadt und Berghänge in der Umgebung kapitulierte. Innsbruck war damit befreit. Am 16. April traf das österreichische Militär unter General Chasteler ein. Josef Freiherr von Hormayr übernahm die Führung als Vertreter der zivilen Gewalt in Innsbruck.

Andreas Hofer als Anführer der Kämpfe von 1809

Es dauerte nicht lange, bis die französischen Truppen zurückkehrten. Am 15. Mai standen Schwaz und mehrere Dörfer in der Umgebung in Flammen. General Lefebvre konnte Innsbruck praktisch ohne Widerstand einnehmen. Aufgrund der starken Lebensmittelknappheit zog Lefebvre mit rund der Hälfte der Truppen schnell wieder ab. Mit der anderen Hälfte blieb General Deroy zurück.
Am 25. Mai 1809 brachen erneut Kämpfe aus. Der Gastwirt und Pferdehändler **Andreas Hofer** aus dem Passeiertal war Anführer der Tiroler, die sich auf dem **Bergisel** (> 79) verschanzt hatten. Damals umfasste der Bergisel das gesamte Gelände zwischen Sillschlucht und Mentlberg. Die

Denkmal „anno 9" – Vater und Sohn halten Ausschau nach dem Feind

erste Bergiselschlacht dauerte nur wenige Stunden und wurde durch ein heftiges Gewitter beendet. Schon am 29. Mai 1809 folgte eine zweite Bergiselschlacht. General Deroy zog in der Nacht heimlich ab, Innsbruck war wieder frei. Doch durch die Niederlage Österreichs bei Wagram gab der Kaiser im Waffenstillstand von Znaim Tirol neuerlich dem Feind preis. General Lefebvre marschierte am 30. Juli ohne Widerstand abermals in Innsbruck ein.

Erneut wehrten sich die Tiroler. Von Volders bis Kranebitten standen über 15.000 Mann. Lefebvres Truppen zählten ebenfalls 15.000 Kämpfer, bayerische und sächsische Soldaten mit zahlreichen französischen Offizieren. Österreichische Truppen nahmen keine teil. Die dritte Bergiselschlacht am 13. August 1809 begann um fünf Uhr morgens. Die Tiroler Schützen konnten ihre Stellungen auf der Anhöhe halten. Der Feind verlor, Lefebvre marschierte in der Nacht vom 14. auf den 15. August ab. Andreas Hofer zog als militärischer Oberkommandant und Führer der zivilen Verwaltung in die Hofburg ein. Als tiefreligiöser Mensch vertrat er einen stark konservativen Kurs und war gegen die Ideen der Aufklärung. Im Tirol Panorama am Bergisel ist diese dritte Schlacht malerisch dargestellt.

Am 25. Oktober 1809 besetzten wieder bayerische Soldaten die Stadt. Andreas Hofer ließ sich widerwillig zu einem vierten Kampf (1. November 1809) überreden, welchen die Tiroler jedoch verloren. Er selbst wurde verraten und in Mantua erschossen. Nordtirol blieb bis 1814 bei Bayern. Erst mit der Niederringung Napoleons 1813/14 ging auch in Tirol die Fremdherrschaft allmählich zu Ende.

3

UNTERER STADTPLATZ – VERKEHR-STRASSEN-WIRTSCHAFT

Auf dem **„Unteren Stadtplatz“** am Eingang von der Innbrücke in die heutige Herzog-Friedrich-Straße herrschte buntes Treiben, wie dieses **Bild von Josef Michael Schmutzer aus dem Jahre 1762** zeigt. Neben dem „Oberen Stadtplatz“ vor dem Goldenen Dachl und dem kleinen Platz an der Kreuzung der Seilergasse mit der Kiebachgasse bestand im mittelalterlichen Innsbruck nur noch dieser Platz zwischen Ottoburg, Altem Regierungsgebäude, Gasthof Goldener Adler und Andechshof als größere freie Fläche. Der heutige Domplatz war bis zum Bau der barocken St.-Jakobs-Pfarrkirche (1717–1722, Weihe 1724) als Verlängerung der Pfarrgasse mit Häusern verbaut.

Bei der **Innbrücke** kamen die Straßen aus dem Unter- und Oberinntal zusammen und führten weiter über die Brücke in Richtung Süden nach Italien. Italien wiederum stellte vor allem mit seinen zwei wichtigen Häfen Venedig und Genua das Tor nach Asien, vor allem nach Indien und China, dar. Zahlreiche Fuhrwerke transportierten verschiedenste Waren über den Brenner- und Reschenpass durch Tirol weiter nach Mittel-, West- und Nordeuropa.

Dieser Fuhrverkehr war vom 13. Jahrhundert bis ins 18. Jahrhundert landesfürstlich genau geregelt und wurde als **Rodfuhr** bezeichnet. Darunter versteht man eine in mehr oder weniger kurze Abschnitte unterteilte Kurzstreckenfrächterei, an deren Anfang bzw. Ende sich jeweils eine Niederlagsstätte bzw. ein Ballhaus befand. Der Name leitet sich vom lateinischen Wort „rota“ (Rad) ab, denn zu jeder Rodfuhrstation gehörte eine gewisse Anzahl lokaler Frächter. Diese waren in einer festgelegten Reihenfolge oder „Rod“ verpflichtet, die von der letzten Rodstation im Ballhaus eingelagerten Waren zur nächsten zu transportieren. Die Händler wiederum waren gezwungen, die Waren in bestimmten Ortschaften „niederzulegen“ (Stapel- oder Niederlagsrecht bzw. -zwang), um sie wiegen zu lassen und neuen, ortsansässigen Frächtern zum Weitertransport zu übergeben. Meist war der Aufenthalt mit einer Nächtigung verbun-

Fuhrwerk in früherer Zeit

Unterer Stadtplatz mit Altem Regierungsgebäude und Ballhaus

den, wovon die ortsansässigen Gasthöfe profitierten. Wurden flüssige Stoffe wie Wein, Öl etc., aber oft auch Salz, vor allem in Fässern transportiert, so geschah das bei trockenen Waren in Kisten oder Ballen, deshalb die Bezeichnung „Ballhaus".
Die von Innsbruck aus nächstgelegenen Rodfuhrstationen befanden sich in Mittenwald, Telfs und Matrei am Brenner, später kamen noch Zirl und Seefeld dazu. Meist betrug die Distanz von einer Rodfuhrstation zur anderen eine Tagesreise, im Durchschnitt 30 km. Der Warentransport von Augsburg nach Venedig dauerte sechs bis acht Wochen, hin und zurück also bis zu vier Monate. Laut heutigem Routenplaner handelt es sich um etwa 520 km, doch früher verliefen die Straßen anders, die zurückzulegenden Strecken waren viel länger.
Rechts im Bild ist das **Innsbrucker Ballhaus** an der Ecke Herzog-Friedrich-Straße/Kiebachgasse zu erkennen, aus dem gerade ein Fuhrwerk herausfährt. Der dortige Betrieb ist erstmals urkundlich 1386 genannt. 1870 wurde es durch einen Neubau ersetzt. Im Erdgeschoss befand sich eine Halle mit je einem großen Tor im Norden und im Süden. Neben dem nördlichen Einfahrtstor sitzt in einem ebenerdigen Erkervorbau der Zöllner zum Einheben des Brückenzolls, der Lagerungsgebühr im Ballhaus und der Rodfuhrgebühr für den Frächter. Der weite Saal im ersten Stock diente zur Warenniederlage. Da es sich um einen der größten

Einstiges Ballhaus

Räume in der Stadt handelte, fanden hier auch Tanzveranstaltungen und Bälle statt, wodurch eine Doppelbedeutung des Wortes „Ballhaus“ besteht. Solche Ballhäuser sind entlang der Rodfuhrstationen immer wieder zu finden.

NORD-SÜD-VERKEHR – FERNSTRASSEN IM RAUM INNSBRUCK

Schon die Römer legten die berühmte **Via Claudia Augusta** von Altinum nahe Venedig an der oberen Adria über Feltre, das Valsugana nach Trient und weiter über Bozen, den Vinschgau, Reschenpass und Fernpass nach Füssen und von dort nach Augsburg und weiter bis zur Donau an. Mit dem Ausbau der Brennerroute ab Bozen über Innsbruck, Zirl, den Zirler Berg und Scharnitz ebenso nach Augsburg verlor die Strecke über den Reschenpass an Bedeutung. Die späteren Fernstraßen folgten großteils den Römerstraßen. Dabei gab es zwei Möglichkeiten: Entsprach der **Obere Weg** weitgehend dem oben genannten Verlauf der Via Claudia Augusta über den Reschen- und Fernpass, so führte der **Untere Weg** über das Cadore, Pustertal, den Brennerpass, Innsbruck, Zirl und Scharnitz nach Augsburg. Zwischen beiden Hauptwegen bestanden Verbindungen. Ein Großteil des Verkehrs über den Brennerpass und weiter ins Unterinntal verlief jedoch nicht über Innsbruck, sondern über Hall, wo sich das westliche Ende der Innschifffahrt befand. Als Sitz der Tiroler Landesfürsten hatte Innsbruck in der Verwaltung des Landes Bedeutung, in wirtschaftlicher Hinsicht war Hall jedoch bis ins 19. Jahrhundert bedeutender. Im späten Mittelalter und in der frühen Neuzeit benutzten vor allem Händler, Pilger, Soldaten, Studenten, Diplomaten und fahrendes Volk die Hauptverkehrsrouten. Der einfache Mensch reiste zu Fuß und trug seine Lasten selbst. Für schwere Güter boten sich Esel, Maultiere und Pferde an. Ein Saumtier (Lasttier) konnte etwa 150 kg tragen, was einer Saumlast entsprach. Bevor die Wege zu Straßen ausgebaut wurden, bestanden enge Saumpfade. **Fuhrwerke** transportierten zwischen 500 und 1000 kg. Eine Tagesstrecke betrug im Durchschnitt 30 km, egal ob Wagen, Saumtier oder zu Fuß, abhängig jedoch von der Geländebeschaffenheit. Immer wieder gab es Zoll- und Mautstellen, wo die Fuhrwerke anhalten und bezahlen mussten. Kutschen setzten sich erst im 18. Jahrhundert durch.

Flussaufwärts gestaltete sich der Warentransport am Inn mühselig.

Bei den transportierten Waren muss zwischen Fernverkehr und Binnenverkehr unterschieden werden. Im Fernhandel wurden vor allem Luxusgüter wie Stoffe, Schmuck, Teppiche, Tee, Gewürze, Ölfrüchte und Öl transportiert. Im Binnenverkehr dominierten Wein, Salz aus Hall, Lebendvieh etc.

Welche **Straßenzüge** bestanden bis Mitte des 19. Jahrhunderts als Hauptstraßen durch das Inntal?

Richtung **Süden** über den Brennerpass nach Italien: Vorstadttor – heutige Maria-Theresien-Straße – Leopoldstraße – Haymongasse – vorbei an der Wiltener Basilika – steiler Hohlweg am Bergisel – Sonnenburgerhof und weiter zum Brennerpass.

Gegen **Westen**: Innbrücke – Höttinger Gasse – Schneeburggasse – Kranebitten – Zirl. Erst 1595 wurde die neue Landstraße durch Mariahilf und die Höttinger Au angelegt. Die Straße von Innsbruck nach Völs durch den Innrain wurde nur lokal benutzt.

Nach **Osten** bzw. nach Hall: Innbrücke – Innstraße – Sankt-Nikolaus- und Weiherburggasse bis etwa zum ehemaligen Gasthof Schönegg unterhalb der Villa Blanka – Mühlauer Brücke – Anstieg zu den sogenannten MARTHA-Dörfern (Mühlau-Arzl-Rum-Thaur-Absam) – Hall. Um 1500 wurde am felsigen Nordufer des Inns der „Neue Weg“ von St. Nikolaus entlang der Innstraße bis zur Mühlauer Brücke ausgebrochen. Erst ab 1585 führte die Landstraße von der Mühlauer Brücke im Talboden bis Hall. Ab dem 16. Jahrhundert bestand auch die Möglichkeit, durch die Silbergasse (heutige Universitäts- und Dreiheiligenstraße) über Amras und Ampass nach Hall zu gelangen. Mit dem Ausbau des Rennplatzes vor der Hofburg zum Rennweg bot sich auch die Gelegenheit, auf der Südseite des Inns die Mühlauer Brücke zu erreichen.

4

ALTES REGIERUNGSGEBÄUDE – TIROL UND DIE VORLANDE

Das **Alte Regierungsgebäude** (Herzog-Friedrich-Straße Nr. 3) ist aus fünf Vorgängerbauten erwachsen. Die innseitigen Gebäudeteile wurden an die alte Stadtmauer angebaut und weisen Mauerstärken bis zu 170 cm auf. Erzherzog Ferdinand II. brachte 1569 die Regierung von Oberösterreich (Tirol und die Vorlande) hier unter. Die volle Größe erreichte der Bau um 1645, als Claudia de' Medici, Ehefrau von Erzherzog Leopold V. (> 60), den nach ihr benannten **Claudiasaal** mit einer schönen Holzdecke und den Wappen von Österreich, Tirol und der Medici errichten ließ. Die heftigen Erdbeben (> 8) im Dezember 1689 machten einen grundlegenden Umbau erforderlich, ausgeführt von 1690 bis 1692 mit der prächtigen Barockfassade durch den Hofbaumeister Johann Martin Gumpp d. Ä. (> 23).
Die Lauben im Erdgeschoss erstrecken sich hinter rundbogigen Arkaden, bis ins zweite Obergeschoss verläuft eine Rustikaquaderung. Ionische Pilaster gliedern die Fassade, die durch ein kräftiges Kranzgesims über Maskenkonsolen und Festons abgeschlossen wird. Die wuchtig gestalteten Stuckdekorationen über den geohrten Fenstern im zweiten Stock zeigen u. a. Voluten und Akanthuslaub. Im dritten Obergeschoss bekrönen 14 Porträtbüsten habsburgischer Fürsten und Fürstinnen die Fenster; diese sind den Figuren in der Hofkirche frei nachempfunden.
An Erzherzog Leopold V. und Claudia de' Medici (> 60) erinnern die zwei im **Innenhof** angebrachten modernen Wappen aus Marmor. Es handelt sich um den Tiroler Adler sowie den österreichischen Bindenschild mit dem Wappen der Medici bzw. der Toskana (in Gold, darauf sechs Kugeln, fünf davon rot, die oberste blaue Kugel ist etwas größer als die anderen und mit drei goldenen Lilien besetzt).
Eine Besonderheit stellen bei **zwei Geschäften** unter den Lauben der breite steinerne Fenstersims aus dem 16. Jahrhundert sowie die noch vorhandenen alten eisernen Fenster- und Türläden dar. Das Wort „Laden“ bedeutete ursprünglich „Brett, Bohle“. Dann bezeichnete es speziell das Brett zum Schutz des Fensters (Fensterladen), aber auch das in einer Verkaufsbude zur Warenauflage dienende Brett. Früher betrat der Käufer nicht das Geschäftslokal, sondern bestellte von außen vor dem Fenster. Der Verkäufer legte die gewünschten Waren auf den Laden bzw. auf den Fenstersims. So erhielt das Wort „Laden“ die heute auch noch übliche Bedeutung „Geschäft“.

TIROL UND DIE VORLANDE

Die **Stammlande der Habsburger im Westen** lagen im südlichen Elsass und in der nördlichen Schweiz am Zusammenfluss von Aare, Reuß und Limmat. Dazu kamen die **Erblande im Osten**, die Herzogtümer Österreich, Steiermark, Kärnten, Krain u. a. Beide Gebiete wurden durch den Erwerb Tirols im Jahre 1363 verbunden. Im ausgehenden 14. Jahrhundert teilten die Habsburger ihre Länder in zwei und 1406 dann in drei Bereiche. Die westlichen Gebiete, das waren die Graf-

Altes Regierungsgebäude

schaft Tirol sowie die habsburgischen Besitzungen vor dem Arlberg, in Schwaben, in der heutigen Schweiz und am Oberrhein bis in das Elsass sowie die Grafschaft Pfirt, fielen dabei an Herzog Friedrich IV. mit der leeren Tasche. Diese administrative Einheit bestand bis 1752 und wurde als „Oberösterreich" bezeichnet. Die Gebiete in der Schweiz gingen endgültig unter Kaiser Maximilian I. verloren. Ab ca. 1480 wird dann genauer zwischen der Grafschaft Tirol einerseits und den „Vorlanden" bzw. „Vorderösterreich" andererseits unterschieden. Die Verwaltung von „Tirol und den Vorlanden" mit Regiment (Regierung) und Kammer (Finanz- und Wirtschaftsangelegenheiten) war in Innsbruck untergebracht, das 1420 Regierungssitz wurde. Innsbruck unterstellte Verwaltungsstädte waren Ensisheim und Freiburg im Breisgau.

Im Westfälischen Frieden von 1648 gaben die Habsburger ihr Herrschaftsgebiet im Elsass an Frankreich ab. Mit dem Aussterben der Tiroler Linie der Habsburger 1665 wurde die oberösterreichische Ländergruppe gänzlich Wien unterstellt. 1752 endete die mehrhundertjährige administrative Verbindung Vorderösterreichs mit Innsbruck. 1782 teilte Kaiser Joseph II. Vorarlberg der Regierung in Innsbruck zu. Im Frieden von Pressburg 1805 musste Kaiser Franz I. von Österreich seine gesamten Vorlande an die mit Napoleon verbündeten Staaten Bayern, Baden und Württemberg abtreten.

Wappen Österreich-Medici

GASTHOF GOLDENER ADLER – VIELERLEI ZU ENTDECKEN

Der schon 1390 erwähnte **Gasthof Goldener Adler** (Herzog-Friedrich-Straße Nr. 6) zählt zu den ältesten Gast- und Beherbergungsbetrieben Innsbrucks. Die **Marmortafeln** unter den Lauben nennen **berühmte Gäste**, so etwa Kaiser Maximilian I., Kaiser Joseph II., die Dichter Johann Wolfgang von Goethe und Heinrich Heine sowie den Schriftsteller Albert Camus, Bundeskanzler Julius Raab, Königin Silvia von Schweden, Otto von Habsburg, Wolfgang Amadeus Mozart u. a. Zwei weitere Tafeln beziehen sich auf Andreas Hofer und die **Freiheitskämpfe von 1809** (> 2, 79). Auf der einen ist seine Rede am 15. August vom Gasthof zum Goldenen Adler an Landesverteidiger und Stadtbewohner zu lesen, auf der anderen seine Unterwerfungserklärung am 2. November 1809 vom Gasthof Steinbock in Steinach am Brenner. Nur wenige Schritte entfernt erinnert bei der Ottoburg das Denkmal „anno 9“ (> 2) an diese Kämpfe.

Die bunten **spätgotischen Fassadenmalereien** aus dem dritten Viertel des 15. Jahrhunderts wurden 1957 und 1963/64 bei Restaurierungsarbeiten entdeckt. Die Einfassungen mancher Fenster bestehen

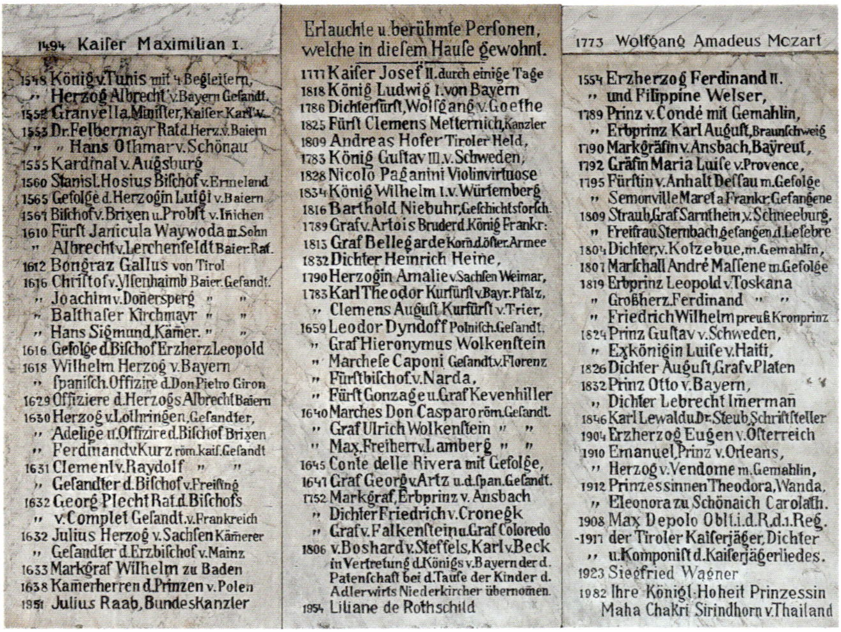

Auflistung berühmter Gäste

Gasthof Goldener Adler

aus kunstvoll gestaltetem, gotischem Ast- und Rankenwerk, Blättern, Blumenblüten und Granatäpfeln. Mehrere figürliche Darstellungen im ersten Obergeschoss zeigen Jäger mit Armbrust und Stichwaffen, Bürger und Bürgerinnen mit Trinkgefäßen, Musikanten mit Dudelsack und Flöte sowie einen Händler mit Waage und einen Mann mit einem geöffneten Buch. Schwach zu erkennen ist noch der Rest einer Christophorusabbildung. Typisch für diese Zeit ist die Kleidung der dargestellten Personen. So tragen die Musikanten spitze Schnabelschuhe sowie bunte Hosen und Jacken. Das zweite Obergeschoss wird von einem gemalten Friesband mit Maßwerk in Form von Fischblasen abgeschlossen. In der zweiten Hälfte des 16. Jahrhunderts wurde das Haus aufgestockt. Damals entstanden die dunkle Quaderwerkmalerei im Erdgeschoss, die rote Quadermalerei darüber sowie die bunte Bemalung in Form von Steinen an den Hausecken.

An der östlichen Schmalseite des Gasthauses in Richtung Goldenes Dachl zeigt eine Abbildung den **hl. Georg** auf einem weißen Pferd beim Bezwingen des Drachens. Darunter erinnert eine Bronzetafel des Tiroler Künstlers Emmerich Kerle an das **„Andreas-Hofer-Lied“**, seit 1848 die offizielle Tiroler Landeshymne. Der Text stammt von Julius Mosen (1832), die Musik von Leopold Knebelsberger nach einer Volksweise. Das Lied beginnt mit „In Mantua zu Banden …“. Der Tiroler Freiheitskämpfer Andreas Hofer wurde am 20. Februar 1810 in Mantua erschossen.

6

WAPPENSTEIN – SIGMUND MIT DEN VIELEN KINDERN

Am Neuhof befindet sich links vom Goldenen Dachl ein **Wappenstein**, der an Erzherzog Sigmund den Münzreichen von Österreich, Graf von Tirol erinnert. Das Werk wird dem Hofwerkmeister Niklas Türing d. Ä. (> 43) zugeschrieben.
Im **oberen Teil** weisen unter der Jahreszahl 1489 in den Zwickeln die Initialbuchstaben „s" (links) auf Sigmund und „k" (rechts) auf Katharina hin. Klein ist in der Mitte der österreichische Bindenschild vorhanden. Dazu kommt typisch spätgotisches Rankenwerk in Form von Ästen, kleinen Krabben und Dreipässen als Verzierung.
Im **unteren Bereich** ist in einem runden Bogenfeld im Zentrum der österreichische Bindenschild (rot-weiß-rot) mit einem Spangenhelm mit aufgesetztem Pfauenstoß zu erkennen. Die Umrandung bildet die Helmdecke. Zwei wilde kleine Männlein dienen als Beiwerk, wobei der linke

Erzherzog Sigmund der Münzreiche

Mann den Erzherzogshut hält. Das linke Wappen erinnert an Sigmunds zweite Ehefrau Katharina von Sachsen. Rechts ist der Tiroler Adler abgebildet.
Die **lateinische Inschrift**, vermutlich vom Humanisten Johannes Tiberinus, bedeutet übersetzt ungefähr (nach Oberhammer):
„Ich bin ein bekanntlich gütiger Fürst, den Freunden gleichsam ein zweiter Scipio
Mit meinem Gelde (Erz) gewähre ich gütige Hilfe
Wohlan! Deshalb rufe ich fromm die Götter als Zeugen an, tränenden Auges
Möge mein Atem so viele Tage, wie Nestor gelebt hat, schöpfen."

ERZHERZOG SIGMUND DER MÜNZREICHE (1427–1496)

Der **Sohn von Herzog Friedrich IV. mit der leeren Tasche** (> 10) und der Anna von Braunschweig-Göttingen folgte seinem Vater 1446 als Herrscher über Tirol und die Vorlande. Tirol war ein reiches Land, einerseits durch den Transitverkehr, andererseits durch Salz aus Hall sowie Silber und Kupfer aus Schwaz. Die Vorlande (> 4), Streubesitz der Habsburger westlich des Arlbergs in Vorarlberg, der Schweiz, Südwestdeutschland und im Elsass, wurden von Innsbruck aus verwaltet.
Als erste Braut war die französische Königstochter **Radegunde** vorgesehen, die jedoch schon 1445 vor der Hochzeit verstarb. 1449 heiratete Sigmund **Eleonore von Schottland**. Nach ihrem plötzlichen

Tod 1480 nahm der damals 57-jährige Fürst die erst 16-jährige **Katharina von Sachsen** im Jahre 1484 zur Ehefrau. Beide Ehen blieben jedoch kinderlos.
1453 begann der heftige **Streit mit Kardinal Nikolaus Cusanus**, Bischof von Brixen. Dieser vertrat die Anschauung, dass die Bischöfe die eigentlichen Herren von Tirol seien. Sie hatten im 11. Jh. die Grafschaften im Inn-, Eisack- und Pustertal von den deutschen Königen bzw. Kaisern als Lehen übertragen bekommen. Der Streit eskalierte und endete erst mit dem Tod des Bischofs im Jahre 1464.
1477 übernahm der Fürst den Titel **„Erzherzog"** (>60), der seit 1453 allen Habsburgern zustand.
Sigmund wohnte zunächst im **Neuhof** (Goldenes-Dachl-Gebäude, >8) am Stadtplatz, der auf seinen Vater Herzog Friedrich IV. mit der leeren Tasche zurückgeht. Doch bald begann er mit dem

Wappenstein am Neuhof

Burg Sigmundsried in Ried im Oberinntal

Bau der Hofburg am Stadtrand, deren Weiterbau Maximilian übernahm.
1477 verlegte der Herrscher die **Münzprägestätte** von Meran nach **Hall in Tirol**. Dort initiierte er 1486 eine große Münzreform, die Prägung einer Silbermünze im Wert einer Goldmünze, des sogenannten Guldiners. In Hall in Tirol erinnert noch die **Burg Hasegg** mit dem **Münzerturm** an Sigmund.
Der Erzherzog war kräftig gebaut, leutselig und freigiebig und hatte ein sehr selbstsicheres Auftreten. Seine außergewöhnliche Körperkraft stellte er immer wieder bei verschiedenen Festlichkeiten in Turnieren und Ringwettkämpfen unter Beweis. Ihm werden **über 40 uneheliche Kinder** nachgesagt, die er finanziell sehr großzügig unterstützte.
Innsbruck wurde in seiner Regierungszeit zu einem bedeutenden **wirtschaftlichen, kulturellen und politischen Zentrum**. Besonders die Musik (>33) erfuhr intensive Förderung am Innsbrucker Hof, so etwa unter dem Komponisten und Dirigenten Paul Hofhaimer.
Sigmund richtete in Innsbruck **Gusshütten** zur Produktion von Kanonen und

Österreichisches Grab in der Stiftskirche Stams

Glocken ein. Die Plattnerwerkstätten in Mühlau erzeugten Prunkharnische.
Sigmunds **Hofhaltung** umfasste rund 500 Personen. Sein luxuriöses Hofleben mit rauschenden Festen, die ständigen Kriege und der kostspielige Burgenbau bewirkten einen riesigen Schuldenberg. Mit seinen ständigen kriegerischen Aktionen, vor allem gegen die Schweizer Eidgenossen und gegen Venedig, konnte Sigmund kaum Erfolge erzielen. Zu den von ihm errichteten **Burgen** gehören die Hofburg in Innsbruck, Sigmundseck bei Altfinstermünz am Inn, Sigmundslust in Vomp nahe Schwaz, Sigmundskron bei Bozen, Sigmundsried im Oberinntal u. a.
Der Landesfürst verpfändete allmählich die **Schwazer Bergwerke** und begann, **Teile der Vorlande** (> 4) **an Bayern zu veräußern**. Es stand sogar im Raum, ganz Tirol an die Wittelsbacher zu übergeben, sollte Sigmund ohne männlichen Erben sterben. Er schien mit der Regierung des Landes heillos überfordert, zeigte gegen Ende seines Lebens senile Züge und hörte auf die „bösen Räte", die ihn negativ beeinflussten. Die Tiroler Landstände drängten ihn zum Abdanken. Ohne ernsthaften Widerstand übergab Sigmund Tirol und die Vorlande an seinen Adoptivsohn und Verwandten **Maximilian**, der **1490** das stark verschuldete Tirol als sein erstes eigenständiges Land übernahm.
Sigmund starb am 4. März 1496 im Neuhof. Eindeutig bewiesen ist seine **Sterbeszene**: Vor seinem Tod ließ er sich drei Becken mit Münzen an sein Bett bringen, „weil sein Gnad noch einmal in ein Silber greifen wollt". Doch das Geld war geliehen. Beigesetzt wurde er in der Fürstengruft in Stift Stams, wo auch seine erste Gattin Eleonore von Schottland bestattet liegt.

7

JAKOB HUTER – VERFOLGT UND GETÖTET – TIROLER WIEDERTÄUFER

Der deutsche Mönch **Martin Luther** prangerte im 16. Jh. die Missstände in der katholischen Kirche an. Die schlechte Ausbildung der Geistlichkeit, die häufige Abwesenheit vieler Bischöfe in ihren Diözesen, die Verweltlichung des Klerus, aber vor allem der Ablasshandel sind hier als Beispiele zu nennen. Luther fand zahlreiche Anhänger, seine Lehren wurden jedoch von den Habsburgern stark bekämpft. Unter dem Tiroler Landesfürsten Erzherzog Ferdinand II. mussten **alle Tiroler katholisch** sein. Wer sich dagegen wehrte, hatte zu konvertieren oder auszuwandern.

Zahlreiche Nichtkatholiken wurden gefoltert, ja sogar getötet. Die Gruppe der **„Wiedertäufer“**, die ihren Ursprung in der Schweiz hat, betrachtete nur die Taufe von Erwachsenen als sinnvoll. Sie strebte Neuerungen an, die weit über die Lehre Luthers hinausgingen. So kannten die Wiedertäufer keinen Unterschied zwischen Priestern und Laien und traten mit Gott direkt in Kontakt. Weiters lebten sie in Gütergemeinschaften, in denen es weder Arme noch Reiche gab. Durch die Ablehnung jeder Obrigkeit gerieten sie mit der geistlichen und weltlichen Hierarchie in Konflikt. Zusätzlich verweigerten sie Steuern und Abgaben. Gerade in Tirol, vor allem im Pustertal, sowie um Rattenberg und Kitzbühel, fand diese Gruppe nach den missglückten Bauernaufständen 1525/26 zahlreiche Anhänger. Die Mitglieder wurden als Ketzer verfolgt, einige hundert von ihnen hingerichtet. Im Unterinntal waren es 193 Personen, davon 71 in Rattenberg, 68 in Kitzbühel und 8 in Innsbruck.

Der bekannteste Tiroler Täufer war **Jakob Huter** (1500–1536) aus Moos bei St. Lorenzen im Pustertal. Der Prediger sah sich schon bald gezwungen, vor den Behörden nach Mähren zu flüchten. Nach der heimlichen Rückkehr nach Tirol wurden er, seine schwangere Frau und eine Magd im November 1535 in Gufidaun gefasst und nach Klausen auf die Burg Branzoll gebracht. Jakob Huter selbst wurde in den Kräuterturm in Innsbruck überführt, wo er bis Ende Februar 1536 als Gefangener immer wieder Folter bzw. Verhöre über sich ergehen lassen musste. Am 25. Februar 1536 wurde er vor dem Goldenen Dachl hingerichtet. Die Täufer fanden eine neue vorübergehende Bleibe zunächst in Siebenbürgen und in Südrussland, bis sie im 19. Jahrhundert nach Nordamerika auswanderten. An Jakob Huter erinnern noch die etwa 45.000 **Huterischen Brüder** in den USA und Kanada.

Erinnerung an die Hinrichtung von Jakob Huter

8

NEUHOF UND GOLDENES DACHL – ALS DIE ERDE BEBTE

1420 verlegte **Herzog Friedrich IV. mit der leeren Tasche** (> 10) den **Regierungssitz** von Meran nach **Innsbruck**. Als Wohnsitz kaufte er zwei Häuser am Stadtplatz und ließ sie zu seiner Residenz, dem **„Neuhof"** oder „Neuen Hof" (Herzog-Friedrich-Straße Nr. 15) umbauen. Sein Sohn und Nachfolger Erzherzog Sigmund der Münzreiche wohnte zuerst ebenfalls dort, begann dann aber mit der Errichtung der Hofburg, die Kaiser Maximilian I. weiterbauen ließ.

Kaiser Maximilian I. (> „Kaiser Maximilian I. und Innsbruck") machte den Neuhof zum Sitz seiner Behörden (Raitkammer = Finanzkammer, Regiment = Regierung) und ließ das Goldene Dachl anbauen. Seine Verwaltungsbehörden in Innsbruck nahmen eine zentrale Stellung ein, ihnen waren sogar jene in Wien unterstellt. Weitere Zukäufe ließen ein Geviert zwischen der Herzog-Friedrich-Straße, der Pfarrgasse und der Badgasse entstehen. Unter Maria Theresia wurde die Verwaltung in Wien konzentriert und die oberösterreichische Hofkammer in Innsbruck 1775 aufgelassen. Kaiser Joseph II. wandelte um 1780 das Gebäude in eine

Neuhof und Goldenes Dachl

Kaserne um. Seit 1822 sind darin Wohnungen untergebracht. Anlässlich der heftigen Erdbeben 1670 erhielt neben anderen Altstadtbauten auch der Neuhof stützende Erdbebenmauern.

DAS GOLDENE DACHL

Als Entstehungszeit gelten die Jahre kurz vor 1500, auf die Vollendung weist die Inschrift über dem Mittelfenster im ersten Stock hin: **„XVCO** (CO = centesimo) **Jar“** (= im fünfzehnhundertsten Jahr). Es handelt sich um den Übergang vom Mittelalter zur Neuzeit, stilistisch von der Gotik zur Renaissance.

Entwurf und Ausführung stammen von Niklas Türing d. Ä. (> 43), die Malereien vom Hofmaler Jörg Kölderer. Als Materialien fanden rosa Kramsacher Marmor, Mittenwalder Sandstein und Höttinger Breccie (> 35) Verwendung.

Betrachtet man den Erker von unten nach oben, so fällt auf Straßenniveau der kleine **Bronzewandbrunnen** mit einem wappenhaltenden Stadtengel von Hans Andre (> 20) auf, datiert auf 1934. Die Inschrift weist darauf hin, dass das Kunstwerk an den alten Platzbrunnen vor dem Neuhof erinnern soll. Im gotischen Rippengewölbe mit blau bemalten Feldern darüber tummeln sich verschiedene kleine, drollige, farbig bemalte Figuren, eine Spielerei des Künstlers.

Die **untere Wappenreihe** zeigt an der linken Schmalseite die Steiermark (Maximilian stammt aus der steirischen Linie der Habsburger), an der Front links beginnend den österreichischen Bindenschild mit dem Erzherzogshut (Österreich war bis 1804 Erzherzogtum), Ungarn (als Anspruchswappen), den doppelköpfigen Kaiseradler mit Herzschild Österreich und Burgund sowie den einköpfigen Königsadler mit Herzschild Österreich und Burgund (Maximilian war ab 1486 römisch-deutscher König und ab 1508 Kaiser des Heiligen Römischen Reiches). Es folgen Burgund (Maria von Burgund war die erste Ehefrau Maximilians), Mailand (Bianca Maria Sforza war seine zweite Ehefrau) sowie an der rechten Schmalseite der Tiroler Adler (1490 erhielt Maximilian die Grafschaft Tirol von Erzherzog Sigmund dem Münzreichen). Im Mailänder Wappen hält eine Schlange ein Kind in ihrem Maul. Laut einer Sage brannte in Mailand ein Haus und eine Schlange rettete ein Kind daraus. Links und rechts des Wappens sind Stangen mit Löschkübeln zu erkennen.

Goldenes Dachl

Darüber präsentieren **zwei Fahnenträger** links den deutschen Königsadler und rechts den Tiroler Adler. Dazwischen zeigt die schon oben erwähnte Inschrift „XVCO Jar“ (= im fünfzehnhundertsten Jahr) die Fertigstellung des Anbaus an.

Goldenes Dachl – Fresken auf der Söllerrückwand

Die **Söllerbrüstung** weist insgesamt **zehn Reliefs** auf, von denen acht Darstellungen den höfischen **Moresken- oder Moriskentanz** (> 11) zeigen. Auffallend dabei sind die vielen Details, etwa die Art und Buntheit der Kleidung der Tänzer, ihre körperlichen Verrenkungen, Musikinstrumente, Tiere etc. Das hinterlegte Schriftband mit mysteriösen Zeichen ist trotz verschiedenster Versuche immer noch nicht zufriedenstellend entschlüsselt.
Bei den zwei mittleren Reliefs ist links der **Kaiser mit seinen zwei Ehefrauen** dargestellt. Die mittlere Bianca Maria Sforza, seine zweite Ehefrau, hält vor ihrer linken Schulter eine goldene Kugel bzw. einen goldenen Apfel, Siegespreis für den Gewinner der vor dem Goldenen Dachl abgehaltenen Spiele, Tänze, Turniere etc. Maria von Burgund (rechts) ist an ihrer typischen Burgunderhaube zu erkennen. Unter Maximilian weist ihn sein Wappen mit dem einköpfigen Adler als römisch-deutschen König aus, der Bindenschild als Erzherzog von Österreich, während das Mailänder Wappen an Bianca Maria Sforza erinnert. Das rechte Wappen mit den schrägen Balken in Gold und Blau gehört zu Maria von Burgund. Die Eule auf der Wappenkrone deutet darauf hin, dass Maria von Burgund zur Entstehungszeit des Goldenen Dachls schon verstorben war. Rätsel gibt vor allem das rechte mittlere Relief auf, bei dem der **Kaiser zwischen einem Hofnarren links und einem Ratsherrn** abgebildet ist. Neueste Interpretationen sehen aufgrund von Porträtähnlichkeiten im Hofnarren den Vater Maximilians, Kaiser Friedrich III., im Ratsherrn Erzherzog Sigmund den Münzreichen, was jedoch nicht eindeutig ist. Die Wappen darunter stellen wieder den einköpfigen römisch-deutschen Königsadler mit dem Herzschild Österreich-Burgund sowie sechs Vögel für „Alt-Österreich" (bis 1804 – neben dem Bindenschild – gleichzeitig Wappen des Hauses Österreich und des Landes unter der Enns, ab 1804 nur mehr für das Land unter der Enns = Niederösterreich) dar.
Die **Malereien an der Rückwand des Söllers** zeigen verschiedene nicht sicher identifizierbare, nobel gekleidete Personen. Dabei sind ein Mann in einem gelben Narrenkleid und Narrenkappe mit Eselsohren sowie neben ihm eine Frau, vermutlich Maximilian und Bianca Maria Sforza. Im alten Mann mit langem weißem Bart wird Graf Meinhard II. (1239–1295), der „Schmied des Landes Tirol", gesehen.
Das Rippengewölbe des Söllers weist zahlreiche kleine Figuren und Wappen auf, während der obere Söllerabschluss mit Fabel- und Jagdtieren, kleinen Figuren sowie reichlich spätgotischen Verzierungsformen geschmückt ist. Namensgebend für das Bauwerk sind die **2657 feuervergoldeten Kupferschindeln**.

ERDBEBENMAUERN – ERDBEBEN 1670 UND 1689

Von besonderem Interesse ist beim Goldenen Dachl die **Inschrift mittig unter der Wappenreihe**:

„**RESTAVROR POST HORRENDOS CONTINVO ANO ET VLTRA PERPESSOS TERRAE MOTVS**" (Ich werde nach den schrecklichen Erdbeben, die ununterbrochen in diesem Jahr und darüber hinaus erlitten worden sind, wiederhergestellt). Zählt man die in roter Farbe hervorgehobenen Großbuchstaben im Sinne von lateinischen Ziffern zusammen, ergeben diese die Jahreszahl 1671. Somit erinnert die Inschrift an die Restaurierungsarbeiten nach den heftigen Erdbeben von 1670/71.

An der rechten Schmalseite sind 1899, 1975 und 1998 als Jahre der Restaurierung angegeben, unter den beiden Fahnenträgern erinnert die Inschrift „RENOVATUM – TERTIO / ANO 17 – 82" an frühere Restaurierungen.

Das Unterinntal, vor allem der Raum Innsbruck bis Hall in Tirol, ist eines der aktivsten **Erdbebengebiete** der Ostalpen. In den Jahren 1572 (4. Jänner, Epizentrum Innsbruck, Stärke auf der EMS-98-Skala 6°–7°, Tiefe 6 km, Magnitude 4,2), 1670 (17. Juli, Epizentrum Hall in Tirol, Stärke auf der EMS-98-Skala 8°, Tiefe 6 km, Magnitude 5,2) und 1689 (22. Dezember, Epizentrum Innsbruck, Stärke auf der EMS-98-Skala 7°–8°, Tiefe 6 km, Magnitude 4,8) traten folgenschwere Beben auf, begleitet von jeweils mehrmonatigen Nachbeben. Die EMS-98-Skala (Europäische Makroseismische Skala) umfasst 12 Stufen. Bei 8° treten an vielen Gebäuden einfacher Bausubstanz schwere Schäden auf.

Jenes **Beben in der Nacht auf den 17. Juli 1670** mit dem Epizentrum unter Hall in Tirol war eines der stärksten Erdbeben Tirols mit Schäden im Inntal von Innsbruck bis Schwaz. In Hall stürzte der Turm der Stadtpfarrkirche zum hl. Nikolaus ein, wobei der Turmwächter und ein Mann den Tod fanden. In Innsbruck gab es zahlreiche Beschädigungen, so an der Pfarrkirche zum hl. Jakobus, am Turm der Hofkirche, an der Kuppel der Jesuitenkirche sowie an der Stadtmauer. Insgesamt berichten zeitgenössische Quellen von neun Todesopfern in Hall und Thaur und nennen Nachbebentätigkeit von über 50 Tagen. 1689 wurden etwa die Hofkirche und ihr Turm, einige andere Innsbrucker Kirchen sowie die Hofburg schwer in Mitleidenschaft gezogen.

Als Reaktion wurden zahlreiche Häuser mittels Baumstämmen gepölzt. Später verstärkte man die betroffenen Gebäude in Hall und Innsbruck durch **Erdbebenmauern** oder -pfeiler. Diese Sicherheitsvorkehrungen aus Höttinger Breccie prägen heute noch das Stadtbild als Verstärkungen in den Laubenbögen sowie als Vorbauten an den Hausfassaden bis zum ersten oder zweiten Stock.

Wo ist die **Ursache dieser Erdbeben im Inntal** zu suchen? Die Erdbeben in den Alpen sind die Folge des Aufeinanderprallens der europäischen und der afrikanischen Platten. Durch das Inntal verläuft eine tektonische Bruchzone. Durchschnittlich werden in Tirol 14 Erdbeben pro Jahr von der Bevölkerung verspürt. Etwa alle zehn Jahre können Beben mit Gebäudeschäden auftreten.

Erdbebenmauern unter den Lauben

9

HELBLINGHAUS – BEWEGTER BAROCKER STUCK

Am Stadtplatz fällt das um 1732 zur Gänze mit **barockem Stuck verzierte Helblinghaus** (Herzog-Friedrich-Straße Nr. 10) auf. Die spitzbogig gestalteten Lauben weisen auf gotischen Ursprung im 15. Jahrhundert hin. Namensgebend war Hans Helbling (Hölbling), der hier 1833 ein kleines Café unterhielt. Die Stuckierung ist ein Meisterwerk der aus dem südbayerischen Wessobrunn nach Innsbruck zugewanderten Brüder Anton und Augustin Gigl, vielleicht unter Mitarbeit des Innsbruckers Andrä Gratl.

Kloster Wessobrunn – Wessobrunner Stuck

Es handelt sich um ein fünfgeschossiges Eckhaus mit geschwungenem barockem Dachgiebel sowie zwei Reihen von polygonalen Erkern an der Schmalseite. Bei genauerem Betrachten bietet sich eine Vielzahl an phantasiereichen **Stuckformen**, so etwa Laub-, Bandelwerk und Fruchtgirlanden, weiters Muscheln, Putti (Kinderengel), Reliefbüsten, Frauenbüsten mit verschiedenartigen Frisuren und Kopfbedeckungen, Greisenköpfe, Vögel, ein bärtiger Satyrkopf, Männermasken im Profil u. a. Zwischen dem zweiten und dritten Geschoss ist eine Kopie des berühmten Mariahilfbildes von Lucas Cranach d. Ä. (> 32) in eine reich verzierte Stuckkartusche eingefügt. Das Original befindet sich im Dom von St. Jakob. Im ersten Stock besteht beim linken Erker noch ein kleiner Teil eines Reliefwappens (Flügel der Helmzier), darüber im zweiten Geschoss einfaches gotisches Blendmaßwerk. Beim rechten Erker im ersten Stock fällt noch ein Teil der gotischen Fenstereinfassung aus Höttinger Breccie auf.

STUCK – BELIEBTE VERZIERUNG DES BAROCKS

Als **Stuck** (ital. „stucco“ = Gipsputz, Stuckarbeit) versteht man die plastische Dekoration aus Mörteln verschiedenster Art. Schon in der Antike wurde Stuck verwendet. Speziell im Barock und Rokoko (im Tiroler Raum von etwa 1610 bis um 1770) erlebte der Stuck eine Blüte. Trugen zuerst vor allem italienische Künstler zur Verbreitung bei, so fand das Stuckhandwerk im deutschsprachigen Raum ein bedeutendes Zentrum im Kloster Wessobrunn in Bayern.

Bei Stuck handelt es sich um eine **Mischung aus Sand, Kalk und/oder Gips und Wasser**. Solange dieses Gemisch noch feucht ist, lässt es sich leicht verarbeiten, wird jedoch nach dem Austrocknen sehr hart. Die Modellierung erfolgt mittels Schablonen, Spachteln oder mit den bloßen Händen. Beim Pressstuck wird der noch weiche Stuckmörtel auf die Wand oder Decke aufgetragen und anhand eines Pressmodels aus Hartholz geformt. Das ist eine schnelle Methode, um oft verwendete Motive wie Perlstab, Girlanden, Blätter etc. zu pressen. Andererseits kann die Stuckmasse in Formen (Models) gegossen werden. So stellte der Künstler etwa Blumengirlanden, Engelsköpfe, kleine Figuren etc. her. Das geschah vor allem im Winter zu Hause in den Werkstätten, wo die Künstler einen Vorrat an Formen produzierten. Diese wurden dann in der wärmeren Jahreszeit in den Bauwerken zusammengesetzt und mit Mörtel, Holzstöpseln, Schrauben, Nägeln und Dübeln an der Wand oder Decke befestigt. Als Verstärkung dienten auch Stroh, Hanf, Schilf, Tierhaare (Reh- oder Kälberhaar), Holzkohle oder Drahtgerüste. Damit die Masse möglichst lange weich blieb und sich formen ließ, fügte man Leimwasser, Pulver aus Eibischwurzeln, gegärten Traubensaft, Milch, Zucker sowie Bier und Wein bei.

Im südbayerischen Kloster Wessobrunn entstand im 17. Jahrhundert das damals größte und bedeutendste Stuckateurzentrum Europas. Zur **„Wessobrunner

Stuck beim Helblinghaus

Schule“** gehörten rund 600 Künstler, die bis nach Frankreich, Polen, Ungarn und Russland tätig waren. Zum Umkreis dieser Schule zählten aber auch Baumeister, Bildhauer, Steinmetze und Freskomaler. Erst gegen 1770 verloren die Wessobrunner in der Zeit des Klassizismus durch den starken Rückgang des plastischen Stucks ihre Bedeutung. Zahlreiche Tiroler Bauwerke des Barocks und Rokokos sind mit Werken der Wessobrunner Stuckateure ausgestattet, in Innsbruck etwa das Helblinghaus, das Alte Landhaus, der Dom von St. Jakob sowie die Basilika Wilten. In Tiroler Kirchen ist Wessobrunner Stuck zum Beispiel in Rattenberg, Axams, Eben am Achensee und Götzens sowie in der Stiftskirche Stams anzutreffen.

Barockstuck ist symmetrisch und schwer, **Rokokostuck** asymmetrisch und leicht. Der Stil des Rokokos, der Spätphase des Barocks, ist u. a. charakterisiert durch die aus Frankreich stammende Form der **Rocaille**. Diese verzerrte, schiefe Form einer Muschel gab der Epoche ihren Namen. Rocailleformen treten in Süddeutschland erstmals 1738 in Augsburg auf. Der Stuck am Helblinghaus gehört noch dem Barock an.

10

MARGARETE, FRIEDL, SIGMUND UND MAXIMILIAN – VIER STARKE PERSÖNLICHKEITEN

Am Fürrutter- bzw. Palluahaus (Herzog-Friedrich-Straße Nr. 12) neben dem Helblinghaus stechen vier gemalte Personen ins Auge. Links ist **Margarete Maultasch** mit dem Tiroler Adler, dem bayerischen Wappen und einer Schriftrolle als Erinnerung an die Überschreibung Tirols an die Habsburger abgebildet. Daneben weisen Herzogshut, ein leerer Geldbeutel, ein Schwert sowie der Tiroler Adler auf **Herzog Friedrich IV. mit der leeren Tasche** hin. Es folgt **Erzherzog Sigmund der Münzreiche** (> 6) mit einer Fantasiekrone, einem vollen Geldbeutel, dem österreichischen Bindenschild im Hintergrund sowie dem Tiroler Adler an der Brustkette (er war Erzherzog von Österreich und Graf von Tirol). Bei der rechten Figur handelt es sich um **Kaiser Maximilian I.** (> „Kaiser Maximilian I. und Innsbruck“) als Jäger mit einer Armbrust. Sein Wappen zeigt den doppelköpfigen Kaiseradler und im aufgelegten Herzschild den österreichischen Bindenschild sowie das Burgunder Wappen.
Im Schriftband rechts unten **„anno domini 1937 Ernst Nepo“** (1895–1971) ist dieser bedeutende Vertreter des Tiroler Expressionismus als Maler der Wandbilder angeführt.

MARGARETE MAULTASCH

Margarete Maultasch (1318–1369), die Tochter und Nachfolgerin von König

Schloss Tirol bei Meran

Heinrich von Böhmen, Herzog von Kärnten und Graf von Tirol, gehörte zu den begehrtesten Heiratskandidatinnen in Mitteleuropa. Um sie bemühten sich die Wittelsbacher in Bayern, die Habsburger in Österreich und die Luxemburger in Böhmen.

1330 musste die damals 12-jährige Margarete den 8-jährigen **Johann Heinrich von Böhmen** heiraten. Als ihr Vater 1335 starb, fiel Kärnten an die Habsburger. Die Ehe der beiden jungen Leute verlief alles andere als glücklich. Schließlich vertrieb sie mit Einverständnis der Tiroler Stände 1341 ihren Gatten.

1342 folgte die zweite Ehe mit dem bayerischen Wittelsbacher **Markgraf Ludwig von Brandenburg**. Allerdings war die erste Ehe nicht geschieden. Deshalb belegte der Papst das Ehepaar mit dem Kirchenbann und das Land Tirol mit dem Interdikt. Es durften keine Gottesdienste abgehalten, keine Glocken geläutet und keine Sakramente gespendet werden. Das alles war für die Bevölkerung eine Katastrophe, denn sie war aus der Gemeinschaft der Gläubigen ausgeschlossen. Als Tirol von Naturkatastrophen wie Erdbeben, der Beulenpest, Bränden, Überschwemmungen und Heuschreckenplagen heimgesucht wurde, schob man die Schuld der Gräfin zu. Hier trat nun Herzog Rudolf IV. aus dem Hause Habsburg auf die Bühne der Geschichte. Er vermittelte in diesem Konflikt mit dem Papst. Die erste Ehe wurde geschieden und Kirchenbann und Interdikt fanden ein Ende.

1361 starb Margarete Maultaschs zweiter Ehemann, zwei Jahre später auch ihr **Sohn Graf Meinhard III.** kinderlos. Nun nutzte **Herzog Rudolf IV.** die Gunst der Stunde und konnte **1363** die **Überschreibung Tirols an die Habsburger** (> 78) erreichen. Die einmarschierenden Bayern wurden von Rudolf im Unterinntal zurückge-

Margarete Maultasch – Gräfin von Tirol

schlagen. Die Gräfin zog nach Wien, wo sie 1369 verstarb und ihr Name noch im Stadtteil Margareten präsent ist. In Innsbruck erinnern an sie zwei Denkmäler, eines am Bozner Platz (> 78) und ein weiteres am Eduard-Wallnöfer-Platz (> 75). Bleibt noch die Frage nach dem **Beinamen „Maultasch“**. Dass sie hässlich war und einen missgebildeten Mund gehabt haben soll, gehört in die Welt der Sage. Es gibt kein zeitgenössisches Porträt von ihr, doch schriftliche Aufzeichnungen bezeichnen sie als sehr hübsch. „Maultasch“ war damals die Bezeichnung für Frauen mit fragwürdigem sittlichem Lebenswandel. Eine weitere mögliche Erklärung bezieht sich vielleicht auf Burg Neuhaus bei Terlan, die als „Burg Maultasch“ bezeichnet wurde, wo sich die Gräfin gerne aufhielt.

HERZOG FRIEDRICH IV. MIT DER LEEREN TASCHE

Herzog Friedrich IV. (1382–1439) und sein Sohn Erzherzog Sigmund der Münzreiche (> 6) bilden die erste bzw. ältere eigenständige Linie der Tiroler Habsburger, die das Land von Innsbruck aus regierte. Gleich zu Regierungsbeginn 1406 bestätigte er die alten **Rechte der Bauern**, was dem Adel stark missfiel. Die folgenden Adelsaufstände konnte er mit Hilfe der Bauern blutig niederschlagen.

Als beim **Konzil von Konstanz** am Bodensee (1414–1418) drei Männer gleichzeitig den Anspruch auf den Stuhl Petri erhoben, setzte der Herzog mit der Unterstützung von Johannes XXIII. leider auf den „falschen“ Papst. Friedrich wurde gefangen genommen und verlor seine Länder. Auf der Flucht von Konstanz halfen ihm treue Anhänger über den verschneiten Arlberg. Mehrmals musste er sich verstecken, so etwa im Kaunertal, auf den Rofenhöfen im Ötztal, im Schnalstal und in der Gegend von Meran. Damals erhielt er

Herzog Friedrich IV. mit der leeren Tasche

Votivbild mit Herzog Friedrich IV. und Hans von Mülinen

den Beinamen „mit der leeren Tasche“. 1418 wurde er jedoch vom Kaiser rehabilitiert und erhielt Tirol und die Vorlande zurück.

1420 verlegte er den **Regierungssitz von Meran nach Innsbruck**, was stark zum Aufblühen der Stadt beitrug. Zahlreiche Künstler, Bauhandwerker, Beamte und Adelige zogen hierher. Meran blieb jedoch bis 1849 Landeshauptstadt. In Innsbruck kaufte er zwei Häuser am Stadtplatz und ließ sie zum Neuhof (Goldenes-Dachl-Gebäude), seiner Residenz, umbauen.

Bestattet wurde der Herzog im **Stift Stams**. Trotz seines Beinamens hinterließ er seinem Sohn Erzherzog Sigmund dem Münzreichen ein sicheres und wohlhabendes Land. Dazu trug vor allem der beginnende Bergbau in Tirol, in erster Linie der Abbau von Silber und Kupfer in der Gegend um Schwaz, bei. Zusätzlich brachte der Transit durch Tirol hohe Einnahmen.

11

KATZUNGHAUS – TREFFPUNKT STADTPLATZ

Die **Reliefs am Eckerker** des Katzunghauses (Herzog-Friedrich-Straße Nr. 16) stammen aus der Werkstatt Gregor Türings (> 43) und zeigen im ersten und zweiten Stockwerk **Turnierszenen**, im dritten **Tänzer** und **Musikanten** und im vierten Maßwerkreliefs. Zu sehen sind dort bäuerliche Holzbläser und Trompeter, ein tanzendes Bauernpaar, festlich gekleidete Musikanten mit Geige, Laute und Klarinette sowie zwei Landsknechte mit Schwegel und Trommel. Von den insgesamt zwanzig Reliefs werden zwölf der Türing-Werkstatt um 1530 zugeschrieben. Bei den restlichen acht handelt es sich um Abgüsse aus dem 19. Jahrhundert.

Turnierszene – Relief am Katzunghaus

STADTPLATZ – PLATZ VOR DEM GOLDENEN DACHL

Der Platz vor dem Neuhof bzw. dem Goldenen Dachl (> 8) hatte verschiedenste Funktionen. Hier zogen die Fuhrwerke von Deutschland nach Italien durch, hier fanden **Märkte**, **Empfänge**, **Aufmärsche**, **Turniere**, **Gaukeleien**, **Schauveranstaltungen**, aber auch **Hinrichtungen** statt. Besonders der Fasching war eine beliebte Zeit des Feierns mit Turnieren, Bankett und Tanz. Die Reliefs am Goldenen Dachl zeigen Szenen des **Moreskentanzes**. Die These, dieser Tanz stamme von den Arabern, die über Jahrhunderte die Iberische Halbinsel besetzt hielten und dort als Mauren bezeichnet wurden, wird heute nicht mehr vertreten. Vielmehr dürfte der Ursprung in archaischen Fruchtbarkeitsriten liegen. Intensive Verbreitung fand er bis ins 15. Jahrhundert in der höfischen Renaissancekultur in Süd- und Westeuropa. Besondere Wirkung erzielten die Tänzer durch drastisch-komische Bewegungen und Mimik, verstärkt durch Schellenbänder an den Füßen.

Moreskentänzer – Relief am Goldenen Dachl

Im Mittelalter diente der Stadtplatz auch als **Turnierplatz**. Die Kontrahenten ritten von der Hofgasse und dem westlichen Teil

Turnierszene

der Herzog-Friedrich-Straße aufeinander zu und trafen vor dem Goldenen Dachl aufeinander. Der Platz wurde mit Sand bedeckt und mit Planken abgeteilt. Die Hofgesellschaft wohnte vom Neuhof aus dem Spektakel bei, die Bürgerschaft von den umliegenden Häusern. Ein weiterer Turnierplatz befand sich im Innenhof der Hofburg. Kaiser Maximilian I. verlegte diese Wettbewerbe dann auf die große freie Fläche vor der Hofburg. Daran erinnert noch die Bezeichnung „Rennweg". Zwei häufig durchgeführte Turnierarten waren das Rennen und das Stechen, sehr waghalsige Aktionen. Verletzungen standen dabei an der Tagesordnung. Erzherzog Sigmund der Münzreiche und Kaiser Maximilian I. nahmen selbst immer wieder daran teil.

1665 wurden die **Gebrüder Thurner** aus Innsbruck wegen Wilderns zur „Eselsstrafe" verurteilt: Veit Thurner wurde eine Stunde lang mit aufgebundenem Hirschgestänge in das Narrenhäusl gestellt, Erhard Thurner mit ebenfalls aufgebundenem Hirschgestänge für eine Stunde auf den Holzesel gesetzt. Das Narrenhäusl war eine Art Käfig aus Rundeisen, aufgestellt grundsätzlich an besonders belebten Straßen oder Plätzen.

Die **Hinrichtungsstätte des Gerichts Sonnenburg** (Innsbruck) befand sich ursprünglich in der Nähe der Weiherburg, wurde jedoch um 1330 auf den „Galgenbühel" in der Nähe der Allerheiligenhöfe westlich von Innsbruck an der alten Landstraße nach Zirl verlegt. Weiters bestand seit 1591 noch der „Köpfplatz" am unteren Anfang der Weiherburggasse. 1721 kam ein weiterer Köpfplatz am Sauanger westlich der Mariahilfkirche dazu. Ausnahmsweise fanden Hinrichtungen auch vor dem Goldenen Dachl statt, so etwa 1526 die Enthauptung der Bauernführer Hans Modlhaimer und Hans Gaismair, Bruder von Michael Gaismair. Nach der Vierteilung Balthasar Dossers 1562 wurden seine Körperteile zur Abschreckung im Umkreis einer Viertelmeile aufgehängt.

12

SCHÖPFERHAUS – WOHNEN IN DER INN-SALZACH-STADT

Links neben dem Alten Rathaus steht das aus dem 15. Jh. stammende viergeschossige **Schöpferhaus** (Herzog-Friedrich-Straße Nr. 19) mit **Treppengiebel** und **Muldendach**. Im Erdgeschoss öffnen sich drei Arkaden zu den Lauben. Die Hausmitte wird durch einen dreigeschossigen, polygonalen Erker gegliedert. Im ersten Obergeschoss befinden sich in der Erkerbrüstung drei Wappenreliefs aus der Werkstatt von Niklas Türing d. J. (> 43). Der Name des Hauses erinnert an den Apotheker Matthias Michael Schöpfer, der 1771 die Apotheke und 1782 das Haus kaufte. Im ersten Obergeschoss war eine Rokoko-Apotheke (um 1755) eingerichtet, deren Ausstattung 1955 an das Pharmazeutische Museum in Basel verkauft wurde.

Die **drei Wappen** in Form von Vollwappen (> 16) weisen auf verschiedene Familien als gleichzeitige Hausbesitzer Anfang des 16. Jahrhunderts hin. Das Wappen der Rumler im Mittelfeld stellt einen Greifen dar, der nochmals in der darüberliegenden Helmzier auftaucht. Im linken Feld zeigt das Wappen der Steuffen einen aufspringenden Löwen, der in der Helmzier zusammen mit zwei Büffelhörnern, die außen mit je fünf kleinen Fähnchen besteckt sind, wiederholt wird.
Im Wappen der Costenzer im rechten Feld ist in einem gevierten Schild je ein Löwe in den Feldern 1 und 4 dargestellt, während die Felder 2 und 3 in fünf Teile geteilt sind. Den Helm schmückt ein wachsender Löwe.

Unter den Lauben in der Innsbrucker Altstadt

Blick auf Graben- und Muldendächer

INN-SALZACH-STADT – DAS ALTSTADTHAUS

Im Bereich der **Flüsse Inn und Salzach** sind Städte und Märkte als Handelsplätze zu finden, die in ihrem Grundriss, ihrem Aufbau, ihrer Entstehung und ihrer wirtschaftlichen Funktion starke Ähnlichkeit aufweisen. Man spricht von der „Innstadtbauweise" bzw. vom „Inn-Salzach-Typus". Inn und Salzach waren schiffbar und bis ins 19. Jahrhundert bedeutende Verkehrswege. Zusammen mit den Straßen dienten sie dem Warenverkehr und verbanden die Häfen der Adria mit dem mittel- und nordeuropäischen Raum. Bedingt durch ihre Lage in engen Flusstälern ist der Grundriss oft schmal und lang gezogen. Im Alpenvorland hingegen können sich die Siedlungen weit ausdehnen und sind häufig um einen großen zentralen Platz angelegt. Die meisten dieser Städte entstanden zwischen 1200 (Innsbruck ab 1180) und 1400 und waren von einer Stadtmauer umgeben.

Von den Stadttoren verbreitert sich die Hauptstraße üblicherweise zu einem langgestreckten Platz, der als Straßenmarkt die Handelsfunktionen zum Ausdruck bringt. Von der Hauptstraße zweigen kleinere Nebengassen gab.

Als Wurzeln des **Altstadthauses** sind das Bauernhaus mit dem Satteldach und der mittelalterliche Wohnturm zu sehen. Grundsätzlich stehen die Häuser giebelseitig zur Straße und sind deutlich tiefer als breit, bestanden ursprünglich aus dem Erdgeschoss und zwei Stockwerken. Meist wurde erst im 19. Jahrhundert aufgestockt. Herrschte am Anfang noch Holzbauweise vor, so hat sich in Innsbruck nach dem letzten großen Stadtbrand 1390 die Stein- und Ziegelbauweise durchgesetzt. Feuer war eine ständige Gefahr. Brandverordnungen verboten etwa die weit auf die Straße vorragenden Vordächer und die vorkragenden Stockwerke. Schutz gegen Feuer bot das Aufmauern der Hauswände über die Dächer. Kaiser Maximilian I. führte diese „innsbruggerische" Bauweise ein. Ein Rest einer hochgezogenen Feuermauer ist noch links beim Neuhof zu sehen. Beim Satteldach befand sich die tiefste Stelle an den Trennmauern zu den anschließenden Häusern. Regenwasser und Schnee konnten diese Mauern durchfeuchten. Mit ihrem Hochziehen erfolgte eine Änderung der Dachkonstruktion. An die seitlichen Trenn- bzw. Feuermauern wurden zur Hausmitte abfallende Pultdächer angebaut und die Dachrinne dorthin verlegt. Schmälere Häuser weisen grundsätzlich drei Fensterachsen auf, die Dachrinne kann genau in der Hausmitte liegen. Man spricht vom Grabendach.

Bei breiteren Häusern finden sich die seitlich absteigenden Pultdächer, in der Hausmitte steigt jedoch ein Satteldach auf. Das bedingt dann zwei seitlich angeordnete Dachrinnen. Man spricht vom Muldendach, wie beim Schöpferhaus. Typisch mittelalterlich ist der hier noch vorhandene Treppengiebel, während bei den meisten anderen Häusern eine später angefügte Blendfassade die dahinterliegende Dachform nicht erkennen lässt. Weiteren Schutz gegen das Übergreifen von Bränden bot das Auflegen von Steinplatten und Ziegeln im Dachboden.

Ein typisches Kennzeichen der Inn-Salzach-Häuser sind die **Erker**, in Innsbruck erstmals 1440 in einer Stadtordnung erwähnt. Sie bieten mehr Licht für den Raum dahinter und bessere Sicht ins Freie. **Lauben**, ein südländisches Element, gewähren Schutz vor Sonne, Regen und Schnee und dienten zum Aufstellen von Verkaufsständen. „Gwölb" oder „Gewölbe", so die frühere Bezeichnung, sind in Innsbruck nur in der Herzog-Friedrich-Straße zu finden. Ihre Entstehung verdanken sie Erweiterungsbauten an den Häusern zur Straße hin, wodurch ab dem ersten Stockwerk mehr Wohnraum geschaffen wurde. Blickt man von der Pfarrgasse bzw. von der Hofgasse in Richtung Herzog-Friedrich-Straße, so fällt auf, dass die Laubengänge die Einfahrt in die Herzog-Friedrich-Straße stark einengen. Dies ist ein Hinweis darauf, dass vor dem Anbau der Lauben die Zufahrt breiter war.

Was den **Aufbau der Innsbrucker Altstadthäuser** betrifft, waren die meisten wegen der häufigen Überschwemmungen nicht unterkellert. Als Warenlager dienten daher oft die Dachböden. Ställe, Werkstätten und weitere Lagerräume fanden Platz im Erdgeschoss. Ein meist gewölbter Gang führte ebenerdig bis zum vom Lichtschacht beleuchteten Treppenhaus. Die Stube (Wohnzimmer) schaute nach vorne zur Straße. Die üblichen Holzbalkendecken sind heute oft noch vorhanden. Es folgte eine meist kleine Küche mit gemauertem Herd zum Lichtschacht bzw. Treppenhaus. Daran schlossen zum Hinterhof die Kammern (Schlafzimmer) an, entweder hintereinander angeordnet oder einzeln vom Gang aus betretbar. Hinter dem Haus erstreckte sich ein kleiner Hof mit verschiedenen Nutzungsmöglichkeiten. Bis weit ins 19. Jahrhundert hielten viele Bürger auch Nutztiere. Mit dem Rückgang der „Ackerbürger" wurden diese hinteren Gebäude ebenfalls für Wohnzwecke genutzt und entwickelten sich zu Stöcklgebäuden.

Schöpferhaus – Muldendach und Wappen

13

ALTES RATHAUS – RELIEF STADTWAPPEN 1239–1939 – INNSBRUCKS BEWOHNER

Zu den eindrucksvollsten Gebäuden der Altstadt zählt das **Alte bzw. Historische Rathaus mit dem Stadtturm** (Herzog-Friedrich-Straße Nr. 21). Von der Stadtgründung 1180 bis zur Mitte des 14. Jahrhunderts wickelte man die Amtsgeschäfte der Stadtverwaltung in der Privatwohnung des jeweiligen Bürgermeisters, Stadtrichters oder Stadtschreibers ab. Ab 1358 wurden drei Bürgerhäuser angekauft und adaptiert, wodurch das Gebäude um 1460 seine heutige Größe erreichte. An das Rathaus wurde von 1442 bis 1450 der Stadtturm angebaut, dessen gotischer Spitzhelm 1560 einer Renaissance-Zwiebelhaube wich. Die heutige Gestalt erhielt das Gebäude 1658, musste jedoch nach Erdbebenschäden (> 8) 1691 von Johann Martin Gumpp d. Ä. (> 23) erneuert werden. Bis 1897 befand sich hier der Sitz der Stadtverwaltung, die dann großteils in das „Neue Rathaus" (heutige Rathausgalerien, > 66) in der Maria-Theresien-Straße übersiedelte. Im ersten Stock steht die Statue des Burgriesen Niklas Haidl (> 28). Das Gebäude war dreigeteilt: Im Erdgeschoss befanden sich eine Kaufhalle und vom 14. bis zum 19. Jahrhundert die Brotbank, im ersten Stock die Ratsstube sowie Verwaltungsräume und im zweiten Stock der noch vorhandene große Bürgersaal. Die **Brotbank** bestand aus einem Ladentisch und ebenso vielen Stellagen, wie Bäckermeister zugelassen waren. Ein Brothüter übte die Kontrolle aus. Ab dem 17. Jahrhundert durften die Innsbrucker Bä-

Altes Rathaus (rötlich) mit Stadtturm

Das Innsbrucker Stadtwappen

cker ihr Brot auch in ihren Häusern oder Backstuben verkaufen.

Als besonderer Fassadenschmuck gilt das 1937 von Hans Andre (> 20) geschaffene **Relief mit einem Bürger und einer Bürgerin** in der Tracht des 16. Jahrhunderts, auf dem ein Stadtengel das Innsbrucker Stadtwappen hält. 1239 erfolgte die Bestätigung des Innsbrucker Stadtrechts, die ursprüngliche Erhebung zur Stadt erfolgte zwischen 1187 und 1204 (> „Entwicklung des Innsbrucker Stadtgebiets"). Die beiden Wappen aus Marmor im zweiten Obergeschoss zeigen links den österreichischen Bindenschild (rot-weiß-rot) und rechts den Tiroler Adler.

DAS INNSBRUCKER STADTWAPPEN

Die **Innbrücke** (> 1) hat der Stadt ihren Namen gegeben. 1187, sieben Jahre nach der Stadtgründung, tritt in einer Urkunde erstmals der Name „Jnsbruk" auf. Die Brücke in Vogelschau als Wappenzeichen findet ihre erste Abbildung auf dem ältesten bekannten Siegel der Stadt an einer Urkunde von 1267. Dort ist sie senkrecht abgebildet und weist nach links und rechts je drei zugespitzte Pfeiler auf. Die Flusswellen stehen im rechten Winkel zur Brücke. Die Wappenfarben sind ab 1547 belegbar, eine silberne Brücke in rotem Schild. Der lateinische Name für Innsbruck lautet „Oenipons". Beim seit 1325 nachweisbaren kleinen Stadtsiegel wird die Brücke, wie heute üblich, waagrecht dargestellt und hat nur mehr zwei Joche.

DIE BEWOHNER INNSBRUCKS IM MITTELALTER UND IN DER FRÜHEN NEUZEIT

Die **Einwohnerzahl Innsbrucks** wird um 1300 auf 1000 bis 1500 Personen geschätzt, um 1500 auf rund 5000, 1567 auf 5050. Dabei muss unterschieden werden zwischen der eigentlichen städtischen Bevölkerung, die der Gerichtsgewalt des

Stadtwappen mit Bürgerpaar am Alten Rathaus

Stadtrichters unterstand, und der eximierten Bevölkerung, die einer anderen Gerichtsbarkeit zugeordnet war. Zur ersten Gruppe zählten die Bürger und Inwohner, zur zweiten der landesfürstliche Hof und seine Bediensteten, die landesfürstliche Regierung und ihre Beamten, der in der Stadt ansässige Adel, die Geistlichkeit, die Juden und Unaufgenommene.

Geht man 1567 von einer Bevölkerungszahl von rund 5050 Einwohnern aus, so kann man diese folgendermaßen auf die einzelnen Stadtteile aufteilen: Altstadt etwa 1800, Anbruggen (St. Nikolaus und Mariahilf) ungefähr 1500, Neustadt (Maria-Theresien-Straße) ca. 850, Silbergasse (Universitätsstraße) rund 850 Einwohner. Keine Angaben gibt es über den Innrain, der damals noch kaum besiedelt war.

Die **Bürger** als Träger der städtischen Selbstverwaltung genossen besondere Rechte und Freiheiten. Schon 1180 wird von vollberechtigten Einwohnern berichtet. Voraussetzungen für die Aufnahme in den Bürgerstand waren u. a. der Nachweis der ehelichen Geburt, Besitz eines bestimmten Vermögens, persönliche Freiheit, Ehestand und seit der Gegenreformation Angehörigkeit zum katholischen Glauben. Ein Bürger durfte das Bürgerrecht auf seine Söhne weitervererben. Zu den Pflichten der Bürger zählten Treue und Gehorsam gegenüber dem Landesfürsten, dem Rat, dem Bürgermeister und dem Richter, Wehrpflicht, Zahlung der Steuer, dafür besaßen sie aber auch das Recht auf Gewerbeausübung.

Dieselben Pflichten wie die Bürger hatten auch die **Inwohner**, die jedoch weniger Rechte genossen. Etwa ein Drittel der Stadtbewohner setzte sich aus Bürgern und Inwohnern zusammen, jeweils mit ihren Familien. Die Zahl der Bürger war etwa gleich groß wie jene der Inwohner.

Von 1420 bis 1665 war Innsbruck Regierungssitz und Residenz der Tiroler Linie der Habsburger. Was den **landesfürstlichen Hof und seine Bediensteten** betraf, so dürfte es sich dabei gegen Ende der Regierungszeit von Erzherzog Sigmund dem Münzreichen (regiert bis 1490, > 6) um etwa 500 Personen zuzüglich rund 60 Personen des Hofstaats seiner Gattin Katharina von Sachsen gehandelt haben. Hingegen umfasste der Hofstaat von Erzherzog Ferdinand II. (regiert 1564–1595, > 80) mehr als 1000 Personen. Dazu kam die **landesfürstliche Regierung mit ihren Beamten**, die 1594 aus etwa 124 Personen bestand. Mit der Wahl Innsbrucks als Regierungssitz ab 1420 strömte auch vermehrt **Landadel** in die Stadt. Angehörige von Tiroler Adelsfamilien bekleideten die höchsten Ämter bei Hof und Regierung. Eine geringe Rolle spielte der zahlenmäßig kleine **Klerus**. In der Stadt befanden sich keine mittelalterlichen Klöster. Erst in den Jahren 1561 bis 1614 ließen sich sechs klösterliche Gemeinschaften nieder: Jesuiten, Franziskaner, Kapuziner, Servitinnen,

Auf einer mittelalterlichen Straße

Drittordens-Schwestern und Serviten. Personen, die nur vorübergehend oder erst kurze Zeit in Innsbruck wohnten oder aus verschiedensten Gründen das Inwohner- bzw. Bürgerrecht nicht oder erst später erhielten, wurden als **Unaufgenommene** bezeichnet. Rein rechtlich zählten dazu auch Vaganten, Bettler und ähnliches Volk. Über ihre Zahl lässt sich nichts sagen.

Eine besondere Gruppe aufgrund ihrer Religion, ihrer Herkunft und ihres Rechts bildeten die **Juden**. Sie waren vor allem im Handel und als Geldverleiher und Wechsler tätig und standen außerhalb der Bürgerschaft. In Innsbruck gab es nur wenige Juden, die eine sehr kleine Gemeinde bildeten. Sie unterstanden dem Schutz des Landesfürsten und nicht der städtischen Obrigkeit. Der nördliche Teil der heutigen Stiftgasse und die Riesengasse wurden erstmals 1405 als „Judengasse" bezeichnet.

Bei der Frage der **sozialen Stellung** einzelner Personen und ganzer Gruppen innerhalb einer Gemeinschaft können zwei Faktoren genannt werden: das Vermögen und der politische Einfluss. Bürgerrecht, Vermögen und politische Tätigkeit als Stadtrichter, Bürgermeister oder im Ratskollegium waren eng miteinander verbunden. In den Jahren um 1600 dominierte in Innsbruck hinsichtlich der sozialen Struktur eindeutig die Mittelschicht. Es gab nur eine sehr kleine Unterschicht, während in manchen großen Städten im deutschsprachigen Raum die Unterschicht mit rund 50 Prozent sehr stark vertreten war. Laut der Steuerliste von 1647 betrug in Innsbruck der Anteil der Oberschicht 14,3 Prozent, der Mittelschicht 64,6 Prozent und der Unterschicht 21,1 Prozent. Die städtische Oberschicht bestand fast nur aus Angehörigen des Bürgertums und kaum aus den Inwohnern. Politische Tätigkeit war also einerseits mit Reichtum und Vermögen verbunden, brachte aber andererseits gesellschaftliches Ansehen und blieb der Oberschicht vorbehalten.

14

DER STADTTURM – DER TURMWÄCHTER HÄLT AUSSCHAU

Der zwischen 1442 und 1450 erbaute, 51 m hohe **Stadtturm** nimmt in seiner Größe und Mächtigkeit unter den Städten des deutschsprachigen Kulturraums eine Sonderstellung ein. Er symbolisiert die Entschlossenheit der Bürgerschaft, ihre Rechte und Freiheiten gegen jedermann, auch gegen den Stadtherrn, zu verteidigen. 1560 wurde der ursprünglich gotische spitze Turmhelm durch eine **Renaissancehaube** ersetzt, 1586 die Wasserspeier in Form von Delfinen hinzugefügt. Der viereckig gestaltete Turm endet in einer achteckigen **Aussichtsplattform**, von der aus der schmälere, achteckige Bau der Renaissancezeit aufsteigt. Hinter den kleinen Fenstern unter der Haube verbirgt sich die einstige **Wohnung des Türmers**. An allen vier Seiten des Hauptturms sind große **Uhrblätter** mit vergoldeten Zeigern angebracht; der äußere Ring gibt in gotischen Minuskelziffern die Stunden an. An den Ecken der Ziffernblätter befinden sich gemalte **Wappenschilde** (doppelköpfiger Kaiseradler mit Herzschild Österreich und Burgund, österreichischer Bindenschild, roter Tiroler Adler, Stadtwappen von Innsbruck). Unter der südlichen Uhr ist eine Sonnenuhr mit dem Innsbrucker und dem Tiroler Wappen aufgemalt. Eine Inschrift weist auf die Erneuerung der Malerei durch Ernst Nepo im Jahre 1954 hin. Hinter den kleinen vergitterten Fenstern im ersten und zweiten Geschoss befand sich das als „Fischerin" bezeichnete städtische **Gefängnis**. Über eine moderne Wendeltreppe erreichen Besucher die 31 m hohe Aussichtsplattform.

Stadtturm – im Hintergrund links Hofkirche

TURMWÄCHTER UND STADTWÄCHTER

Tag und Nacht hielt der **Turmwächter** mit seinen Gesellen nach Feuer und nach Feinden Ausschau. Brach Feuer aus, schlug er mit der Sturmglocke Alarm und stellte den Feuerhahn oder die Fahne (in der Nacht eine Laterne) in Richtung des Brandherds. Bei Zimmerbränden war die Glocke dreimal, bei größeren Bränden sechsmal zu schlagen. Laut einer Dienstanordnung von 1758 musste der Türmer im Sommer 18, im Winter 16 Stunden Dienst machen. Weiters war er dafür verantwortlich, dass die Stadtwächter nüchtern zum Dienst erschienen. Zudem waren der Türmer und seine Gesellen dazu angehalten, ein oder mehrere Instrumente zu beherrschen und an Festtagen die Gottesdienste in der Pfarrkirche musikalisch zu gestalten. Im Stadtturm stand dem Türmer eine freie Wohnung zur Verfügung, für welche die Stadt auch das Brennholz stellte. Allerdings musste er die drei angestellten Gesellen aus eigener Tasche bezahlen.

In der Stadt bestand während der Nachtstunden eine zusätzliche **Stadt- oder Feuerwache**. Im 17. Jahrhundert stellte die Stadt zehn Stadtwächter an, meist arme Handwerker und Taglöhner, die so ihr bescheidenes Einkommen aufbessern konnten: Vier von ihnen waren als Stadtturmwache eingeteilt, je zwei waren für die Feuerwache auf dem Vorstadtturm und dem Innturm zuständig; zwei weitere waren als Straßendienst in der Altstadt für das Auf- und Versperren der Stadttore verantwortlich. Jene Männer im Straßendienst wurden durch meist vier Aufleger des Ballhauses verstärkt und wurden dem Stadtrichter als polizeiliche Hilfsorgane zugeteilt. Die Dienstkleidung der Stadtwächter – schwarzer Rock, weiße Strümpfe und ein Pelz im Winter – stellte die Stadt. Leider gab es immer wieder Beschwerden über lockere Arbeitsmoral und Trunkenheit.

Der Stadtturm mit Renaissancehaube und Aussichtsplattform

Uhr und Sonnenuhr beim Stadtturm

15

DIE PEST IN INNSBRUCK – VOGLSANGERHAUS

An der Fassade des Hauses Herzog-Friedrich-Straße Nr. 20 weisen ein Wappen und die Aufschrift „Voglsanger" auf jene Besitzerfamilie hin, die das Haus 1775 erwarb. In der breiten **eisernen Eingangstür** befindet sich ein kleines Türchen, das angeblich als Durchreiche für die Lebensmittel in Pestzeiten gedient haben soll, was jedoch sehr zweifelhaft ist.

PESTZEITEN IN INNSBRUCK

Tirol als wichtiges Durchzugsland hatte immer wieder unter der Pest zu leiden, so etwa schon mehrmals im 14. Jahrhundert. Überall im Land wurden Pestfriedhöfe, Kreuze und Kapellen errichtet. Die Schuld schob man u. a. den Juden zu, die angeblich den christlichen Glauben ausrotten wollten. Die Pest und andere Seuchen bildeten eine ständige Bedrohung für die Bevölkerung, vor allem auch im gesamten 15. Jahrhundert. Besonders arg traf es die Bevölkerung im 16. Jahrhundert: 1512 (in Innsbruck sollen damals 700 Todesopfer zu beklagen gewesen sein), 1528/29, 1543, 1545, 1563–1565 sowie 1572. Es ist jedoch nicht klar, ob es sich damals wirklich immer ausschließlich um die Pest handelte, da das medizinische Wissen sehr eingeschränkt war. Verschiedene Begriffe wie **„Pestilenz"**, **„Großes Sterben"**, der **„Schwarze Tod"** oder auch nur **„Seuche"** waren gebräuchlich. Häufig wurde auch Fleckfieber diagnostiziert.

Eine besonders schwere **Pestepidemie** suchte Tirol **1611/12** heim. In Innsbruck gründete man deshalb ein Pestspital und zu Ehren der Pestpatrone Sebastian, Pirmin und Rochus die Dreiheiligenkirche. Herausragende Verdienste erwarben sich damals der erzherzogliche Leibarzt Paul Weinhart und der Haller Damenstiftsarzt Hippolyt Guarinoni. Nochmals ging die Seuche von 1634 bis 1637 in die Geschichte Tirols ein. Da die Menschen diesen Epidemien mehr oder weniger schutzlos ausgeliefert waren, sahen sie darin eine Strafe Gottes für ihre Sünden. Sie wandten sich vermehrt Gott zu, erflehten Gnade und trugen so zur Erneuerung des katholischen Lebens bei. Dies geschah auch nach den manchmal heftigen Erdbeben in Innsbruck (>8).

Wie reagierte nun die Stadtregierung im Pestjahr 1611 auf die Verbreitung der Seuche? Erstens versuchte man, soweit möglich, die Stadt durch die Präsenz von Wachpersonal bei den Stadttoren, den Brücken sowie anderen Zufahrtsstraßen abzuriegeln. Es gab jedoch immer wieder Versuche, die Wachen zu bestechen bzw. die Sperren zu umgehen. Strengstens verboten war der Aufenthalt von Personen aus Schwaz, wo die Seuche besonders arg wütete. Jeder Krankheitsfall musste gemeldet werden. Infizierte oder Infektionsverdächtige wurden mit Quarantäne belegt oder in das sogenannte Brestenhaus, das Pestlazarett außerhalb der Stadt in der Weinhartstraße Nr. 2 gegenüber dem Einkaufszentrum Sillpark, eingewiesen. Ein Wohnhaus wurde nach einem Infektionsfall sofort geschlossen, häufig durch die Bemalung der Haustür mit einem großen weißen Kreuz kenntlich gemacht und desinfiziert.

Gesunde Bewohner eines Hauses, in dem ein Epidemiefall vorgekommen war, wurden in hölzerne Baracken in der Nähe des Brestenhauses umgesiedelt. In Innsbruck gab es 1611 außer dem allgemeinen Stadtfriedhof westlich der Spitalskirche noch drei Pestfriedhöfe, einen in der Nachbarschaft des Brestenhauses, einen zweiten in St. Nikolaus bei der alten Kirche und einen dritten in Hötting, nicht weit entfernt von der heutigen neuen Höttinger Kirche. Pestfriedhöfe wurden grundsätzlich weit außerhalb von Siedlungen angelegt, damit die „vergiftete" Luft die Wohnungen nicht erreichen konnte. Man war der Meinung, dass die Seuche u. a. über die Luft übertragen werde. Zum Abtöten dieser „vergifteten Dämpfe" mussten auf den Friedhöfen täglich ein oder zwei große Feuer angezündet werden. Erzherzog Maximilian III. der Deutschmeister verließ zur Sicherheit die Stadt und nahm für einige Zeit im Kloster Neustift bei Brixen Quartier, während die Beamten der Regierung und der Kammer nach Sterzing übersiedelten.

Da für die damalige Bevölkerung ein enger Zusammenhang zwischen dem Auftreten der Seuche und dem vermeintlichen Verfall von Sitte und Moral bestand, verbot die Obrigkeit alle Glücks- und Hazardspiele, Tänze, Gesang und nächtliches Schreien in den Gassen. Bei Hochzeitsmählern wurde die Anzahl der Tische auf drei beschränkt. In den Wirtshäusern durfte über die Polizeistunde hinaus (neun Uhr abends) kein Wein mehr ausgeschenkt werden.

Im Zusammenhang mit der Pest wurde 1612/13 die **Dreiheiligenkirche** neben dem Bahnviadukt zu Ehren der Pestheiligen Sebastian, Rochus und Pirmin beim Brestenhaus und dem Pestfriedhof errichtet. Man wollte Gott in seinem Zorn versöhnen und ihn milde stimmen, die Strafe der Pest abzuwenden.

Pestheiliger Pirmin, Jesuitenkirche

Pfeile sind die Attribute des **hl. Sebastian.** Sie symbolisierten schon in der Antike raschen und unerwarteten Tod. Der **hl. Rochus** streckt ein Bein vor und weist so auf seine Pestwunde hin. Er kümmerte sich in abgelegenen Gegenden um Pestkranke und ein Hund brachte ihm zu essen.

Beim **hl. Pirmin** (gest. 755) handelt es sich um einen Missionar aus Süddeutschland. Sein Attribut, die Schlange, die das Auftreten von Seuchen symbolisiert, geht auf die Gründungsurkunde des Klosters Reichenau im Bodensee zurück. Als Pirmin auf der Insel eintraf, seien alle dort lebenden Giftschlangen verschwunden. Seine Gebeine kamen 1575 nach Innsbruck und befinden sich in einem Sarg auf dem linken hinteren Seitenaltar in der **Jesuitenkirche** (> 59). Ein Wandbild an der Kapellenrückwand zeigt den Pest- und Innsbrucker Stadtpatron mit einer Stadtansicht von 1680.

16

TRAUTSONHAUS – GOTIK UND RENAISSANCE

Beim **Trautsonhaus** (Herzog-Friedrich-Straße Nr. 22) handelt es sich um eines der bedeutendsten und schmuckreichsten Innsbrucker Altstadthäuser an der **Wende von der Gotik zur Renaissance**. Hans Trautson erwarb das Haus 1541 und ließ es von Gregor Türing (> 43) umbauen. Besonders fallen der vierseitige linke und der dreiseitige rechte **Erker mit Wappen- und Maßwerkreliefs** aus der Türing-Werkstatt auf. Dazu kommt die teilweise **bemalte Fassade mit Renaissancemotiven**. Auf die Gotik weisen die drei spitzbogigen Zugänge zu den Lauben hin, wie überhaupt das Haus in seiner Grundstruktur aus der Gotik stammt. Das breite, reich verzierte Eingangsportal aus Höttinger Breccie führt in eine weite Eingangshalle. Wenden wir uns zuerst dem **linken Erker** zu. Das linke der **zwei Wappen** weist auf den Bauherrn Hans (Johann) III. Trautson (1509–1589), Erbmarschall von Tirol, hin. Das Stammwappen der Trautson zeigt ein silbernes Hufeisen, bei der Helmzier einen Polster, darüber in einer Art Becher einen Busch von Straußenfedern. Mit der Erhebung des Bauherrn in den Freiherrenstand im Jahre 1541 wurde das Wappen um jenes der Herrn von Matrei erweitert und geviertelt. Dabei handelt es sich um einen auf einem Dreiberg stehenden Hahn, der einen Fuß hebt. Der Hahn findet sich auf einer Decke auch als Helmzier. Somit ergibt sich in den Feldern 1 und 4 das Hufeisen, in 2 und 3 der Hahn. Im rechten Wappen ist Brigitta Baronessa di Madruzzo, die 1539 in Trient angetraute Ehefrau des Bauherrn, vertreten. Ihr viergeteilter Schild weist in den Feldern 1 und 4 je eine fünfmalige schräge Teilung auf, in 2 und 3 je einen mit Sparren belegten Fünfberg. Der aufgelegte Herzschild in der Mitte beinhaltet zwei Pfähle. Dazu kommen drei Helme: in der Mitte mit einem Adler, links davon mit zwei Büffelhörnern und rechts davon mit einem Löwen.

Portal aus Höttinger Breccie beim Trautsonhaus

Die **Zeit Kaiser Maximilians I.** (> „Kaiser Maximilian I. und Innsbruck“) ist gekennzeichnet vom **Übergang von der Gotik zur Renaissance**, auch „maximilianischer Übergangsstil“ genannt. Dabei spielt der Einfluss der Antike eine bedeutende Rolle. Themen und Darstellungen aus der antiken Mythologie werden beliebt, die Zentralperspektive setzt sich durch, der Mensch tritt in den Mittelpunkt. Verschiedene solche Elemente sind an den unteren Erkerreliefs vorhanden: Engelsköpfe,

Trautsonhaus mit Wappen, Maßwerk und Malereien

Girlanden, Fruchtbüschel, Blumensträuße, ein Schwan, zentralperspektivisch gestaltete Raumdarstellungen etc. Renaissanceelemente weist auch die leider nur mehr sehr unvollständig vorhandene Fassadenbemalung auf. Dazu gehören figurale Darstellungen wie ein Kampf zwischen auf Meerrossen reitenden Tritonen (Meeresgottheiten) und Nereiden (Meernymphen, Nymphen sind Naturgeister und Personifikationen von Naturkräften) mit Fischschwänzen sowie Groteskenranken (fantastisch gestaltete Pflanzen- und Tiermotive in der Ornamentik). Auch die architektonische Gliederung mit horizontalen Bändern, die Einfassung der Fenster mit einfachen Pilastern und reich ornamentierten Säulen, weiters Muscheln und Vasen u. a. ist schon modern.

Die im 12. Jahrhundert erstmals urkundlich erwähnten **Trautson** gehörten zum uralten Tiroler Adel und besaßen etwa die Burgen Reifenstein und Sprechenstein bei Sterzing, Burgen um Matrei am Brenner sowie Burg Schrofenstein in Stanz bei Landeck. 1531 wurde die Erbmarschallwürde an Johann II. von Trautson verliehen, die dann auf seinen Sohn Hans (Johann III.) und die weiteren Nachkommen überging. Es handelte sich dabei um ein hohes Hofamt im Sinne eines Parlamentspräsidenten. Ab dem 16. Jahrhundert verzweigte sich eine Linie nach Niederösterreich, die zu den mächtigsten Adelsfamilien der Habsburgermonarchie aufstieg und 1711 in den Reichsfürstenstand erhoben wurde. Ihre Hauptresidenz in Wien war das barocke Palais Trautson, heute Sitz des österreichischen Justizministeriums. 1775 starben diese im Mannesstamm aus und wurden vom Adelsgeschlecht Auersperg beerbt. Die ältesten Trautson sind in der Pfarrkirche von Matrei am Brenner bestattet. In Wien befindet sich ihre wichtigste Grablege in der Gruft der Michaelerkirche.

DAS WAPPENWESEN – VOLLWAPPEN

Wappen entstanden erstmals während der **Kreuzzüge ab 1095**. Durch stärkere Schutzbewaffnung, vor allem durch die vollkommene Abdeckung des Gesichts, wurden die Krieger unkenntlich. Es war vor allem der Schild, der mit verschiedensten Darstellungen bemalt wurde. Häufig handelte es sich um Tiere, denen bestimmte Eigenschaften zugeschrieben wurden. So stehen etwa der Adler für sein scharfes Auge und das schnelle Hinabstoßen auf die Beute, die Schlange für ihr rasches Zubeißen, der Löwe und der Bär für Kraft etc. 1190/1200 tritt der rote Adler, das Wappentier der Grafen von Tirol, erstmals in einem Siegel an einer Urkunde auf. Es entwickelte sich die Wissenschaft der Heraldik, des Wappenwesens. Wappen wurden so im Laufe der Jahrhunderte auch zu Standeszeichen, oft kompliziert gestaltet und schwer lesbar. Sie wurden nicht nur Adeligen verliehen, sondern auch Bürgern, Städten, Klöstern, Handwerkern, Händlern, Geistlichen und Bistümern. Vor etwa 1190 gab es kein Wappenwesen, man spricht von der vorheraldischen Zeit.

Zwei Vollwappen

Trifft man auf ein Wappen, handelt es sich häufig um ein sogenanntes **Vollwappen**, das aus vier Hauptteilen besteht: dem **Schild**, dem **Helm**, der **Helmzier** und der **Helmdecke**. Der wichtigste Bestandteil ist der Schild, der im Laufe der Geschichte verschiedene Formen aufwies. Darauf ruht der Helm mit der aufgesetzten Helmzier. Häufig wird ein im Schild dargestelltes Objekt, Lebewesen oder Muster in der Helmzier wiederholt. Die Helmzier konnte sehr groß und prunkvoll sein und sorgte in erster Linie bei festlichen Anlässen für Aufmerksamkeit. Als viertes Element ist noch die Helmdecke zu nennen, ein über den Helm gebreitetes Tuch, das an beiden Seiten herabhängt. Ihr Ursprung liegt in Tüchern, die vor der Sonne schützen sollten. Zur Verzierung wurden diese dann eingeschnitten oder verschiedene Muster wie Blätter und verschnörkelte Bänder herausgeschnitten. Beim Reiten konnte der Wind diese in alle Richtungen bewegen, was ein eindrucksvolles Bild bot. In den Wappendarstellungen sieht die Helmdecke meist wie ein Pflanzen- oder Blättergebilde aus. Als Nebenelemente konnten noch Schildhalter links und rechts, Fahnen, Wahlsprüche, Kronen, verschiedene Orden etc. den Wappen beigegeben werden.

17

BRUNNEN – WASSER IN FRÜHERER ZEIT

Der einzige noch an der ursprünglichen Stelle erhaltene Stadtbrunnen steht vor dem **Trautsonhaus** (Herzog-Friedrich-Straße Nr. 22). Es handelt sich um einen barocken Marmorbrunnen mit einer vasenbekrönten Brunnensäule von 1806. Ursprünglich befand sich an dieser Stelle ein sogenannter „Visch-Kalter", ein mit Frischwasser versorgter Fischbehälter.

In der Innsbrucker Altstadt befinden sich inkl. jenem vor dem Trautsonhaus **acht öffentliche Brunnen**. Der kleine **Bronzebrunnen unter dem Goldenen Dachl** stellt einen Engel mit Stadtwappen dar. Hans Andre (> 20) schuf dieses Kunstwerk 1934 als Erinnerung an den schon im 15. Jahrhundert aufgestellten hölzernen Stadtbrunnen. Vom 18. Jahrhundert bis 1870 (oder 1840) stand hier ein Marmorbrunnen, danach bis 1906 ein Gusseisenbrunnen. Dieser Marmorbrunnen hat im **Hof des Stadtturms bzw. des Alten Rathauses** eine neue Heimat gefunden. Im **Hof des Alten Regierungsgebäudes** (Herzog-Friedrich-Straße Nr. 3, > 4), gegenüber dem Gasthof Goldener Adler, bildet ein moderner Brunnen mit Skulptur von Cl. A. Barthelme und H. Haparta aus dem Jahr 1968 den Mittelpunkt. Der **Bücherbrunnen** auf dem Platz beim Eingang von der Hofgasse in die Stiftgasse, ein Werk Michael Defners aus dem Jahr 1985, hatte schon einen barocken Vorgänger. 1989 schuf der Sarntheiner Künstler Ernst Wohlgemuth das **Sarner Brünnl** (> 23) in der Schlossergasse am Südende der Kiebachgasse gegenüber dem Café Munding. Die zwei Bronzesäulen weisen auf das geteilte Land Tirol hin. Das schon im 18. Jahrhundert in der Nähe des Ansitzes Karlsburg bzw. des Kolbenturms vorhandene Sarntheinbrünnl erinnerte an die Adelsfamilie Sarnthein, die einstigen Besitzer des Ansitzes. Ein gusseiserner Brunnen ist in einem **kleinen Innenhof der Hofburg**, vom großen Hof aus betretbar, erhalten. Auf dem **Domplatz** (> 34) erinnert die große Brunnenschale an den ehemaligen Vereinigungsbrunnen am Südtiroler Platz vor dem Hauptbahnhof. Dieser wurde 1906 mit zwei Schalen als Erinnerung an die 1904 erfolgte Eingemeindung der Dörfer Wilten und Pradl aufgestellt und 1940 entfernt.

Brunnen vor dem Trautsonhaus

Brunnen im Innenhof des Alten Rathauses

DIE TRINKWASSERVERSORGUNG INNSBRUCKS IN FRÜHEREN ZEITEN

Brunnen waren und sind kulturelle und soziale Zentren, Mittelpunkte des Gesprächs, der Entspannung und der Kommunikation. Als die Häuser noch keinen Wasseranschluss hatten, wurde das Wasser von den öffentlichen Brunnen geholt. Dort trafen sich die Frauen auch zum Wäschewaschen und zum Austausch von Neuigkeiten.

Am Beginn der Trinkwasserversorgung stehen **Zieh- oder Schöpfbrunnen** zum Fördern des Grundwassers. Der erste urkundliche Bericht von einem Brunnen in Innsbruck geht auf 1334 zurück. Die Stadtordnung von etwa 1440 nennt zwei öffentliche Brunnen mit Brunnensäule und Wasserstube. Häufig war dieses Wasser jedoch verunreinigt, nicht selten durch Latrinen, die ganz in der Nähe bestanden. Seuchen konnten ausbrechen. Die Menschen in früherer Zeit erkannten die Gefahren von verunreinigtem Wasser für ihre Gesundheit noch nicht. Da Innsbruck von Bergen umgeben ist, bot sich die Gelegenheit für die Fassung von frischem Quellwasser.

1485 wurde die erste **Trinkwasserleitung** von einer Quelle oberhalb von Hötting über die Innbrücke in die Stadt zu den öffentlichen Brunnen angelegt. Vor der Innbrücke gab es noch Abzweigungen in die obere und untere Anbruggen, also gegen Mariahilf und St. Nikolaus. Ihr Ursprung war der „Kesselbrunnen" bzw. „Katzenbrunnen" knapp unterhalb der Gramartstraße. Im 16. Jahrhundert folgten weitere Quellfassungen im unteren Bereich der Nordkette. Als Rohre dienten der Länge nach ausgehöhlte Lärchen- und Föhrenstämme, die mittels Blechmuffen ineinandergesteckt wurden. In Brunnenhäusern wurde das Quellwasser gesammelt, der Wasserdruck reguliert und das Wasser weitergeleitet bzw. verteilt. Als zweite dauerhafte städtische Wasserleitung entstand 1585 jene von der Weinstockquelle im Bereich eines aufgelassenen Bergwerksstollens im Höttinger Graben. Der landesfürstliche Hof mit dem umfangreichen Hofstaat besaß eigene Leitungen.

Einen echten Fortschritt stellte die 1595 durch den landesfürstlichen Hof vom Mühlauer Bach abgeleitete mehrteilige Wasserleitung dar. Von dort stammen auch die erste, von 1887 bis 1891 errichtete, sowie die zweite (1942–1953) Innsbrucker Hochdruck-Wasserleitung. Diese bot die Möglichkeit, das Trinkwasser auch in die Stockwerke der Häuser zu leiten. Zuvor gab es nur öffentliche Platzbrunnen oder Brunnen in den Innen- oder Hinterhöfen der Häuser. Die erste Mühlauer Innbrücke (> 1), 1581 im Auftrag von Erzherzog Ferdinand II. errichtet, diente in erster Linie zur Überführung von acht hölzernen Trinkwasserleitungen. Bis 1643 durfte sie als Übergang nur vom Innsbrucker Hof benützt werden.

18

SIRENEN HEULEN – BOMBEN FALLEN – ZWEITER WELTKRIEG

Der Text bei der **Büste von Ludwig Purkart** am Eckhaus Herzog-Friedrich-Straße Nr. 27/Riesengasse erinnert an die Zerstörung mancher Häuser durch Bomben im Zweiten Weltkrieg. An anderen wiederaufgebauten Häusern weisen gräulich-schwarze Tafeln darauf hin, so etwa in der Seilergasse Nr. 7 und 16. Die genannte Büste stammt von Hans Andre (> 20) und nennt Ludwig Purkart als Ahnherrn der Familie Kapferer, die in diesem Haus seit Generationen ein Stoffgeschäft betreibt.
Vom 15.12.1943 bis zum 20.04.1945 forderten insgesamt 22 Bombenangriffe 504 Todesopfer. 60% des Gesamtbestands an Wohnungen wurden zerstört oder beschädigt.

DIE BOMBENANGRIFFE AUF INNSBRUCK IM ZWEITEN WELTKRIEG

Im **Herbst 1943** eroberten die Alliierten Süditalien. Die US-Luftstreitkräfte besetzten die Flughäfen um Foggia und flogen von dort aus Luftangriffe bis nach Süddeutschland, Österreich, Ungarn, Rumänien und Jugoslawien. Der erste Angriff auf Österreich erfolgte am 13.08.1943 mit 64 Bombenflugzeugen auf Wiener Neustadt.
Innsbruck liegt am **Zusammentreffen von vier wichtigen Eisenbahnlinien:** Arlbergbahn von Westen, Mittenwaldbahn von Nordwesten, Unterinntalbahn von Osten und Brennerbahn von Süden. Der gesamte Nachschub für die deutsche Südfront verlief über die Brennerstrecke. Die Angriffe der Alliierten konzentrierten sich auf die Treibstoffversorgung sowie die Verkehrs- und Nachschubnetze der Deutschen und trafen damit auch Innsbruck. Grundsätzlich wurden zwei **Bombenarten** verwendet: Sprengbomben (50, 125, 250, 500 oder 1000 kg, am häufigsten 250 kg), von denen eine aus rund 6000 m Höhe abgeworfene Bombe ein vierstöckiges Haus bis zum Keller durchschlagen konnte, und Splitterbomben (20 kg oder 130 kg), die bei der Explosion in zahlreiche Splitter zerlegt wurden. Dazu kamen noch Brandbomben. Auf Innsbruck fielen fast immer Sprengbomben. Ein Flugzeug hatte zwischen sechs und neun Bomben an Bord.
Schon seit September 1940 hatte es insgesamt 27 Fliegeralarme gegeben, doch nie einen tatsächlichen Angriff. Deshalb erfolgte der **erste Angriff** auf die Stadt am **15.12.1943** völlig unerwartet. Am folgenschwersten waren aus der Sicht der Bevöl-

Büste von Ludwig Purkart

Hinweistafel auf Bombenzerstörung im Zweiten Weltkrieg und Wiederaufbau

kerung jene Bombenangriffe vom 15.12.1943 mit 259 Toten, vom 19.12.1943 mit 63 Toten, vom 16.12.1944 mit 40 Toten, vom 20.10.1944 mit 32 Toten und vom 10.04.1945 mit 29 Toten.

Vor allem die **Stadtviertel um den Haupt- und den Westbahnhof** waren am stärksten betroffen. So wurden in Wilten fast 92% aller Gebäude zumindest leicht beschädigt, in Pradl 79%, in der Innenstadt etwa 54% (davon 16% schwere Schäden oder Totalschäden). Die meisten Totalschäden nach Straßen verzeichneten die Leopoldstraße, der Innrain, die Maria-Theresien-Straße und die Speckbacherstraße.

Keine Schäden erlitten die wichtigsten Sehenswürdigkeiten der Stadt: das Goldene Dachl – es war von einer Ziegelmauer ummantelt –, das Helblinghaus, der Stadtturm, die Hofkirche, die Hofburg, die Annasäule und die Triumphpforte. Schwer beschädigt wurden hingegen der Dom, die Spitalskirche und das Servitenkloster.

Wirkungsvolle **Schutzmaßnahmen** für die Bevölkerung wurden erst ab 1943 in Angriff genommen. Besonders dringend war der rasche Bau von Luftschutzstollen, vor allem im unteren Bereich der Nordkette in Hötting, St. Nikolaus und Mühlau, weiters im Süden der Stadt. Für jene Menschen, die sich während eines Angriffs direkt in der Stadt befanden, wurden in Häusern öffentliche Luftschutzräume eingerichtet. Damit sie erkennbar waren, wurden diese Gebäude meist durch einen weißen Kreis in einem schwarzen Quadrat neben dem Hauseingang gekennzeichnet. In zahlreichen Wohnhäusern wurden Keller zu Schutzräumen ausgebaut. Zusätzlich kam es zum Bau von Löschwasseranlagen.

Unmittelbar nach Kriegsende nahm die Stadtführung den **Wiederaufbau** in Angriff. Nach der Beseitigung des Schuttes mussten die genauen Schäden eruiert werden. Der damalige Bürgermeister Dr. Anton Melzer rief die Innsbrucker Bevölkerung zur freiwilligen Mitarbeit auf. Tatsächlich begannen rund 37.000 EinwohnerInnen für einige Wochen mit der Schutträumung. Dadurch konnten die wichtigsten Straßenzüge für den Verkehr frei gemacht sowie Kanäle und Hausanschlüsse wiederhergestellt werden. Ende Oktober 1945 wurde festgelegt, dass von nun an jeder österreichische Staatsbürger (Frauen bis 50 Jahre und Männer bis 60 Jahre) einmalig für fünf Stunden dem Räumungsdienst zur Verfügung zu stehen hatte. Bis zum Jahresende betraf dies rund 20.000 Personen. Als Ergebnis konnten fast 90% der gesamten Schuttmassen entfernt sowie vier Millionen Ziegel aussortiert und wiederverwendet werden. Die Wohnungsnot bedingte den sofortigen Neubau zahlreicher Wohnhäuser. Als Folge ist auch die Stadterweiterung ab den 1950er-Jahren in der Höttinger Au und der Reichenau zu sehen. Voraussetzung für den Wiederaufbau waren die Mittel des 1948 gegründeten Wohnhaus-Wiederaufbaufonds. Hausbesitzer wurden mit zinsgünstigen Darlehen unterstützt. Bis spätestens Ende der 1960er-Jahre waren schließlich alle Bombenruinen beseitigt.

19

QUATERNIONENADLER – DER KAISER UND DAS HEILIGE RÖMISCHE REICH

Von 1485 bis 1543 befand sich das Haus Herzog-Friedrich-Straße Nr. 35 im Besitz der Innsbrucker **Bürgerfamilie Zeller**. Walter Zeller d. Ä. war 1495 **Stadtrichter** und ließ in diesem Jahr die Gewölbe ausmalen. Kaiser Maximilian I. (> „Kaiser Maximilian I. und Innsbruck") verlieh dem Richter das außerordentliche Privileg der Hoch- und Blutgerichtsbarkeit, symbolisiert durch zwei überkreuzte Schwerter in den Fängen des Adlers. Dadurch konnte Zeller auch Todesurteile aussprechen. Man spricht von der „Hohen Gerichtsbarkeit" im Gegensatz zur „Niederen Gerichtsbarkeit".

Das Konzept des **Quaternionen-Reichsadlers** bezieht sich auf die Theorie, wonach das „Heilige Römische Reich" – im Gegensatz zum altrömischen, „heidnischen" – durch „vier Säulen" gefestigt sei. Dabei handelt es sich jeweils um vier Herzöge, Markgrafen, Landgrafen, Burggrafen, Grafen, Panierherren, Freie, Ritter, Städte, Dörfer und Bauern. Diese Vierergruppen wurden im Laufe der Zeit beliebig vermehrt. Wie erfolgt nun hier die bildliche Umsetzung dieser Theorie? Grundlage bildet ein **Doppeladler** als Symbol des römisch-deutschen Kaisertums. Auf den Adlerkörper wurde der gekreuzigte Christus gemalt. Die Adlerköpfe sind zum Zeichen der „Heiligkeit" von Nimben (Heiligenscheinen) umgeben. Somit versinnbildlichen Adler, Kreuz und Heiligenscheine das Heilige Reich Jesu Christi. Die Flügelspangen tragen die Wappen der sieben Kurfürsten und jenes der Podestà von Rom, also der Königs- und Kaisermacher. Von links nach rechts handelt es sich um Trier, Köln, Mainz, Po-

Quaterionenadler

destà von Rom, Böhmen, Pfalz, Sachsen und Brandenburg. Die Wahl des römisch-deutschen Königs und damit auch des Kaisers wurde von Kaiser Karl IV. im Jahre 1356 in der Goldenen Bulle festgelegt. Die sieben Kurfürsten, das sind die drei Erzbischöfe von Mainz, Trier und Köln, weiters der Markgraf von Brandenburg, der Pfalzgraf bei Rhein, der Herzog von Sachsen sowie der König von Böhmen, wählen (= küren) diesen Herrscher. Über Jahrhunderte zogen die römisch-deutschen Könige zur Kaiserkrönung durch den Papst nach Rom. Die Wappen der Flügelfedern unter den acht Königs- bzw. Kaisermachern zeigen die schon oben genannten Vierergruppen. Insgesamt sind 56 Wappenschilde dem Adler aufgelegt.
Unmittelbar oberhalb der Flügel und neben ihnen weisen die Wappen von Frankreich, England, Sizilien und Schottland auf jene Herrscher hin, die gemeinsam mit dem deutschen König bzw. römischen Kaiser in der Staatssymbolik als die „fünf gesalbten Könige" bezeichnet werden. Es geht dabei um die Salbung des künftigen Königs mit geweihtem Salböl durch den Erzbischof von Köln im Sinne einer sakralen Handlung. Der Gesalbte erhielt dadurch, zusätzlich zur weltlichen Macht, auch geistliche Bedeutung im Sinne des Gottesgnadentums der Könige. Die Herrscher sahen sich von Gott auserwählt und eingesetzt.
An der Gegenwand wurde das kaiserliche Wappen Maximilians nachträglich angebracht: der Doppeladler mit der Kaiserkrone und dem österreichisch-burgundischen Herzschild. Links und rechts der Kaiserkrone stellen zwei kreisrunde Flächen das Monogramm Maximilians bzw. das rote Kreuz des von Kaiser Friedrich III. im Jahre 1469 gegründeten Ritterordens vom hl. Georg dar.
Die Fülle von weiteren Wappen bezieht sich vor allem auf Länder oder Gebiete, die mit den Habsburgern in engerer oder weiterer Verbindung standen. Dabei sind Tirol, Görz, Österreich, Habsburg, die Steiermark, Kärnten, Krain, Cilli, Kroatien, Dalmatien, Bosnien, Ungarn, Böhmen, Burgund, Flandern, Sachsen, aber auch Dänemark, Schweden, Norwegen und andere Länder vertreten.

HAUSZEICHEN (EISENSCHILD) UND ERKER

Neben dem Hauseingang sind auf einer **Gusseisenplatte**, die wohl ursprünglich für einen Ofen gedacht war, vier Wappen abgebildet. Das obere weist mit den gegeneinanderstehenden Sparren und den drei Granatäpfeln auf die Familie Zeller hin. Darunter sind zwei schräg zueinander geneigte Wappen. Das rechte mit der auf einem Dreiberg stehenden Gämse gehört zur Haller Familie Hönigler (Henigler). Beide Familien standen in mehrfacher Verbindung. So war etwa Walter Zeller d. J. in zweiter Ehe mit Juliane Henigler verheiratet. Der linke Wappenschild mit einem Steinmetzzeichen ist ein Hinweis auf die namentlich noch nicht bekannte erste Ehefrau von Walter Zeller d. J. Darunter befindet sich das nur mehr schwer erkennbare Wappen Walter Zellers d. J., das nicht jenem seines Vaters entspricht. Es handelt sich um einen geteilten Schild, dessen oberes Feld rot und dessen unteres silberfarbenes Feld mit drei roten Granatäpfeln belegt ist.
Auf dem **Erker** stehen die beiden seitlichen, leider teilweise zerstörten, **Wappen** für Walter Zeller d. J. (links) und die Familie Henigler (rechts). In der Mitte symbolisiert ein Antoniuskreuz das Haussegenssymbol. Dieses T-förmige Kreuz geht auf den hl. Einsiedler Antonius (251–ca. 350), Vater des christlichen Mönchtums, zurück, der einen T-förmigen, oft mit ei-

Reichskrone

Rudolfskrone

nem Glöckchen versehenen Krückstab trägt.

DER KAISER UND DAS HEILIGE RÖMISCHE REICH

Ab 1452 (Kaiser Friedrich III.) bis zum Ende des Heiligen Römischen Reiches 1806 (Kaiser Franz II.) stellten die Habsburger die **römisch-deutschen Kaiser**. Es gab nur eine Unterbrechung von 1742 bis 1745 durch einen Wittelsbacher (Kaiser Karl VII.). Aufgrund der Eroberungszüge Napoleons und seiner Krönung zum Kaiser der Franzosen verlor das Heilige Römische Reich seine Bedeutung. Kaiser Franz II. beendete es 1806, hatte jedoch schon 1804 das Erzherzogtum Österreich als Kaiser Franz I. von Österreich zum Kaisertum erhoben. Die **Rudolfskrone** (Kaiser Rudolf II., 1602), eine der Hauskronen der Habsburger, diente bis zum Ende der Monarchie 1918 als österreichische Kaiserkrone.

Mit der Krönung Karls des Großen zum Kaiser durch den Papst in Rom im Jahre 800 lebte die Idee des universellen römischen Kaisertums wieder auf. Voraussetzung zur Kaiserkrönung war die Wahl zum römisch-deutschen König durch die schon oben genannten sieben Kurfürsten. Der Romzug war über Jahrhunderte üblich. Der letzte in Rom vom Papst gekrönte Kaiser war Friedrich III. im Jahr 1452, der Vater Maximilians I. 1530 wurde Kaiser Karl V., ein Enkel Maximilians, als letzter Kaiser vom Papst gekrönt, allerdings in Bologna. Das **Heilige Römische Reich (Deutscher Nation)** umfasste das Herrschaftsgebiet des römisch-deutschen Kaisers, allerdings mit sich immer wieder verändernden Grenzen. Es war ein Wahl- und kein Erbkaisertum. Dazu gehörten die habsburgischen Gebiete, die deutschen Fürstentümer sowie Teile Italiens. Das eigentliche Herrschaftsgebiet der Habsburger umfasste jedoch nur ihre Erblande. In den anderen Reichsteilen standen sie zwar nominell an der Spitze, verfügten jedoch über wenig Einfluss.

Zu den Krönungsinsignien zählt die **Reichskrone bzw. römisch-deutsche Kaiserkrone**, entstanden im 10. Jahrhundert. Sowohl diese als auch die **Rudolfskrone** befinden sich heute in der Kaiserlichen Schatzkammer in Wien.

20

DER „ROSENPRINZ" – DER NACHKRIEGSKÜNSTLER HANS ANDRE

Die Zerstörungen durch Bombenabwürfe im Zweiten Weltkrieg brachten in der Nachkriegszeit Aufträge für so manchen Künstler. Einer der bedeutendsten unter ihnen ist Hans Andre, der zahlreiche Spuren vor allem in Innsbruck hinterlassen hat.

Die **lebensgroße Konsolfigur** einer jünglingshaft anmutenden Märchenfigur aus Kunststein am „Rosenhaus" (Herzog-Friedrich-Straße Nr. 39) entstand 1952. Auffallend sind die stark reduzierte Darstellung, der leichte S-Schwung und der Einsatz von Stand- und Spielbein. Rückbesinnung auf das Wesentliche in der Darstellung ist eines der typischen Merkmale Andres, was auch bei den Figuren der Domfassade gut erkennbar ist. Die mittelalterliche Kleidung besteht aus einem um die Mitte gegürteten Wams, einer Joppe und einer anliegenden Hose. In der rechten Hand befand sich ursprünglich eine goldene Rose. Mit der Linken hält der Prinz den über die Brust verlaufenden Gurt einer Tasche. Im unteren Teil des Sockels sind die Jahreszahlen 1452 und 1952 in Reliefform dargestellt. Im Jahre 1452 dürfte das Haus urkundlich erstmals genannt worden sein.

Sehenswert ist auch das schmiedeeiserne **Wirtshausschild** „Zur Goldenen Rose – 1678", dessen Ausläufer mit blauen (ursprünglich grünen) Blättern besetzt ist und in einer Lilie und einer vergoldeten Rose endet. Daran hängt eine von einem Blattkranz umgebene Rose.

Rosenprinz von Hans Andre

HANS ANDRE (1902–1991)

Geboren 1902 im Innsbrucker Stadtteil St. Nikolaus als Sohn eines Steinmetzen, folgte er vorerst beruflich den Fußstapfen seines Vaters. An der Innsbrucker Gewerbeschule erhielt er eine Ausbildung in **Holzschnitzerei und Malerei**. Kennzeichnend für ihn waren damals die fast ausschließlich **religiösen Themen**. Er orientierte sich stark an mittelalterlichen Vorbildern, verwendete eine einfache Farbgebung, vermochte jedoch trotz des herben Ausdrucks eine tiefe Innigkeit zu vermitteln. Von 1924 bis 1929 studierte Andre an der Kunstgewerbeschule in **Wien**. In den ersten Jahrzehnten des 20. Jahrhunderts war die Tiroler Kunst vom **Expressionismus** und der **Neuen Sachlichkeit** geprägt, wovon Andre stark beeinflusst wurde. Klar treten in seinen Werken stark expressionistische Elemente, unruhige Farbflächen und bewegtes Helldunkel auf.

In Wien lernte Andre Josef Hoffmann sowie weitere Künstler der Wiener Secession und der Wiener Werkstätte kennen. Der große Tiroler Architekt Clemens Holzmeister erkannte Andres künstlerische Begabung und vermittelte ihm immer wieder Aufträge. Andre konzentrierte sich dabei auf die Rolle der Skulptur innerhalb der führenden Architektur. Als Professor an der Hochschule für angewandte Kunst in Wien leitete er eine Meisterklasse für Bildhauerei. 1969 verließ Hans Andre nach fünfzehnjähriger Lehrtätigkeit die Hochschule und kehrte nach Innsbruck zurück. Er erhielt verschiedene Ehrungen, fühlte sich jedoch von der schnelllebigen Kunstentwicklung überholt und durch persönliche Angriffe verletzt. Deshalb nahm er nach 1969 keine größeren öffentlichen Aufträge mehr an und beschränkte sich auf kleine Arbeiten. Der Künstler starb 1991 in Innsbruck und liegt auf dem alten Wiltener Friedhof bei der Basilika begraben.

Hans Andre gilt als ein stiller, schauender Künstler, der Religion tief verbunden. Er hat vor allem **bildhauerische Werke** und **Fresken** in der Stadt hinterlassen. Sein Bemühen war ein Leben lang, das Schöne als Abglanz der Wahrheit aufzuzeigen. Seine Kunstwerke sind stark auf das **Wesentliche reduziert**, wirken oft grob, ohne viel Beiwerk und Glanz. Sicherlich hat die mittelalterliche Philosophie, speziell die Mystik, großen Einfluss auf ihn gehabt. Gerne zeigt er bei Christusdarstellungen den leidenden Herrn, bei Marienbildern das ausdrucksvolle Gesicht der Gottesmutter. Der Betrachter soll eingeladen werden, sich in die Bildwerke, die starke Verinnerlichung zeigen, zu versenken.

Zu seinen **Werken in Innsbruck** zählen neben dem „Rosenprinz“ die Heiligenfiguren an der Westfassade des Doms (> 35), der kleine Bronzewandbrunnen beim Goldenen Dachl (> 8), das Wappenrelief am Alten Rathaus (> 13), die Deckenfresken in der Spitalskirche (> 62) und der Servitenkirche (> 73) in der Maria-Theresien-Straße, die Büste Ludwig Purkarts am Kapfererhaus (Eckhaus Herzog-Friedrich-Straße/Riesengasse, > 18), das Denkmal Erzherzog Eugens nahe dem Eingang zum Hofgarten (> 60) u. a.

Grabstein Hans Andre

21

VORSTADTTOR – HOCHZEIT IN INNSBRUCK 1765

Im zweiten Stock des Hauses Herzog-Friedrich-Straße Nr. 40/Schlossergasse Nr. 1 (Donau-Hof) erinnert ein Bild des einstigen **Vorstadt- bzw. Spitaltores** mit der Jahreszahl **„1765"** an den **Besuch Maria Theresias**. Vor dem südlichen Ende der Altstadt dehnte sich der Stadtgraben aus, woran noch die Straßenbezeichnungen „Marktgraben" und „Burggraben" erinnern. Im Süden schloss ab 1281 die „Neustadt" oder „Vorstadt" an, seit 1873 „Maria-Theresien-Straße" (> „Maria-Theresien-Straße") genannt. Das Vorstadttor zeigt Zinnen, das Innsbrucker Stadtwappen, den hl. Georg und ganz oben eine Uhr. An der Hausecke zur Schlossergasse befindet sich ein Bild des **hl. Florian**. Der römische Verwaltungsbeamte wurde von einer Brücke in die Enns gestürzt. Ihm zu Ehren entstand laut Legende das berühmte Stift St. Florian in Oberösterreich. Er soll durch ein Gebet ein brennendes Haus gelöscht haben und ist deshalb Schutzherr gegen Feuer und Wasser.

Erzherzog Leopold und Maria Ludovica (Triumphpforte)

1765 – HOCHZEIT IN INNSBRUCK

Der 18-jährige **Erzherzog Leopold** (1747–1792, Kaiser Leopold II. 1790–1792), drittgeborener Sohn von Maria Theresia und Kaiser Franz I. Stephan von Lothringen (> 67, 74), **heiratete 1765** die 19-jährige spanische Prinzessin **Maria Ludovica**. Seine Mutter hatte **Innsbruck** als Hochzeitsort ausgewählt. Die kaiserliche Familie (Maria Theresia, Kaiser Franz I. Stephan von Lothringen, der Bräutigam Erzherzog Leopold sowie seine Geschwister Joseph, Maria Anna und Maria Christina) verließ Wien am 4. Juli und traf am 15. Juli in Innsbruck ein. Die Reisegruppe umfasste mindestens 450 Personen. Die Reiseroute führte von Wien über den Semmering und Mürzzuschlag nach Graz, weiter über Leoben, Judenburg, Klagenfurt, Lienz, durch das Pustertal und über den Brennerpass nach Innsbruck. Da Salzburg als Herrschaftsgebiet der Fürsterzbischöfe Ausland war, wurde diese Route vermieden. Benötigt wurden 60 Kutschen mit 368 Zugpferden, die mehrfach gewechselt werden mussten. Allein auf der Strecke von Lienz nach Innsbruck kamen dadurch 2532 Pferde zum Einsatz.

Die Braut verließ Schloss Aranjuez bei Madrid am 14. Juni und traf am 2. August in Innsbruck ein. Der Bräutigam reiste der Braut nach Bozen entgegen. Die zukünftigen Eheleute hatten sich jedoch vorher noch nie gesehen. Gerüchte beschrieben die Braut **„als hässlich, rothharicht und übl erzogen“**. Doch Leopold stellte voller Freude fest, dass dies nicht stimmte. Sie war blond, sehr hübsch und hatte eine angenehme helle Hautfarbe.

In der rund 9500 Einwohner zählenden Stadt wurden folgende Maßnahmen ergriffen: Zuschüttung des Stadtgrabens, Verbesserung der Straßen, der Brücken und der Beleuchtung sowie Abdeckung der offenen Ritschen in den Gassen. Es kam in der Folge auch zur Entfernung der Stadttore, wobei die Quader des Vorstadttors beim Bau der Triumphpforte Verwendung fanden. Da die Tiroler als arm galten, wollte die Fürstin durch ihren Aufenthalt die Preise der Lebensmittel nicht ansteigen lassen.

Die Hochzeit fand am 5. August 1765 in der Pfarrkirche St. Jakob, dem heutigen Dom, statt. Leopold litt an einer Durchfallerkrankung. Das geplante Großfeuerwerk fiel einem heftigen Wolkenbruch zum Opfer. Bis zum Tag der Hochzeit wohnte die Braut im Stift Wilten. Für ihren Empfang am Hochzeitstag wurde am südlichen Stadteingang, allerdings noch auf Wiltener Gebiet, die Triumphpforte (> 74) errichtet. Das Festessen fand im noch aus der Zeit Kaiser Maximilians I. bestehenden Riesensaal der Hofburg statt, wobei die Brautmutter die Bilder von „Riesen“ – Herkulesdarstellungen – wegen ihrer Nacktheit verhüllen ließ. Insgesamt waren die Feierlichkeiten mit Kon-

Vorstadttor

zerten, Theater- und Opernaufführungen, Freischießen, Bällen etc. für vierzehn Tage geplant. Unglücklicherweise starb während der Festlichkeiten der Vater des Bräutigams, Kaiser Franz I. Stephan von Lothringen (> 74).

Hinweis für den weiteren Weg entlang des Marktgrabens: **Abbildung der hl. Ursula** beim ehemaligen Ursulinenkloster (> 55) sowie **„Fenster“ mit Resten der Stadtmauer** am Marktgraben Nr. 13 als Außenseite der Häuser (> 37, > „Innsbruck als mittelalterliche Stadt“).

22

DAS PICKENTOR – MARKTTAG IN DER STADT

Am Haus Seilergasse Nr. 16 weist eine Marmortafel auf das einstige **Pickentor** hin, eines der vier mittelalterlichen Stadttore, 1340 errichtet und 1779 abgebrochen. Malereien an der Außenseite zeigen Maria mit dem Jesuskind, eine Sonnenuhr und neben kleineren Wappen groß den österreichischen Bindenschild. Eine andere Bezeichnung war „Frauentor", vermutlich wegen der Mariendarstellung oder des gegenüberliegenden Ursulinenklosters.

Vor dem Pickentor und westwärts der Innbrücke erstreckte sich als große freie Fläche der **Innrain** (> 55). Von 1700 bis 1705 entstand gegenüber dem Tor das **Kloster der Ursulinen**.

Das Pickentor, eines der vier mittelalterlichen Stadttore

WO WURDE IN INNSBRUCK MARKT GEHALTEN?

Von großer wirtschaftlicher Bedeutung war die **Verleihung des Marktrechts** durch den Landesfürsten. Da sich die Stadtbewohner mit Grundnahrungsmitteln nicht selbst versorgen konnten, brachten die Bauern aus den umliegenden Dörfern Obst, Gemüse, Fleisch, Käse, Milch etc. zum Wochenmarkt und deckten sich in der Stadt selbst mit handwerklichen Produkten wie Kleidung, Schuhen, Seilen, Kurzwaren etc. ein. Im Jahre 1460 verlieh Erzherzog Sigmund der Münzreiche Innsbruck einen **Wochenmarkt**. Marktort war zunächst die **Herzog-Friedrich-Straße**, wo im 14. Jahrhundert vor dem Bau der Lauben im Abschnitt Goldenes Dachl und Ottoburg ebenerdige Laden-Vorbauten errichtet wurden. Nach deren Bezeichnung als „Chramen" erhielt dieser Straßenabschnitt damals den Namen „Chramgasse".

1679 brachte die Verlegung des Marktes **vor den Stadtgraben** auf den Innrain. Mit dem Zuschütten des Stadtgrabens 1765 und dem darauffolgenden Abbruch der Stadttore erfolgte eine Ausweitung im Gebiet des **Innrains** (> 55) und des Ursulinengrabens (heutiger Marktgraben), wo zahlreiche Verkaufsbuden aufgestellt wurden. Um das Jahr 1900 dehnte sich das Marktgelände bis wenige Meter vor die Johanneskirche aus. Erst mit dem Bau der beiden Markthallen 1913/14 und 1959/60 wurde der Marktplatz endgültig aufgelassen.

Markplatz mit Häuserzeile und Kirche Mariahilf im Hintergrund

Schon 1356 fanden in Innsbruck zwei einwöchige **Jahrmärkte** statt, einer im Frühjahr, der andere im August. 1587 wurden beide Jahrmärkte vom Stadtplatz auf das Areal vor der Hofburg, den heutigen Rennweg, verlegt. Im 17. Jh. kam der Thomasmarkt (21. 12.) am Innrain dazu, verbunden ab 1648 mit einem Viehmarkt.

In der **Marktordnung von 1791** wird angeführt, wo es was zu kaufen gibt:

- Unterer Stadtplatz beim Inntor: Wein und Branntwein
- Ursulinengraben (Marktgraben): Butter, Schmalz, Eier, Schnecken, Frösche, Wildbret, Spanferkel, Gemüse, Flachs, Leinentücher
- Pickentor: Gemüse, Blumen, Kraut
- Unter den Lauben, auf der Rathausseite: Obst und andere Baumfrüchte
- Hinter dem Spital, beim städtischen Friedhof (Bereich Innenhof BRG Stainerstraße und Adolf-Pichler-Platz): verschiedene Getreidearten
- Neben der Spitalskirche: Brennholz

23

GUMPPHAUS – BAROCKER PRUNKBAU

Bevor man zum Gumpphaus (Kiebachgasse Nr. 16) gelangt, weisen in der Schlossergasse **zwei große Bilder auf Marmeladenherstellung** hin, welche die Familie Munding ab ca. 1880 in der Adamgasse zusätzlich zum Kaffeehaus betrieb. Ein Bild trägt den Titel „Obstverwertung in alter Zeit". Beim anderen, signiert rechts unten mit „Karl Munding 1916 Marmelade" und beschriftet mit „Obstverwertung der Neuzeit", arbeiten Frauen an den damals modernen Vakuumkesseln.

Platzgranate aus dem Jahr 1809

Im Bereich des Café Munding findet sich beim Erker im ersten Stock eine Marmorplatte mit einer **„Platzgranate von der Erstürmung der Innbrücke am 12. April 1809"** (> 2, 79). Links daneben erinnert ein Stuckmedaillon an **Hans Munding**, gekleidet in Militäruniform. Über dem Caféeingang ist auf einem großen **Fresko der hl. Christophorus**, Patron der Reisenden, dargestellt, gemalt 1932 von Toni Kirchmayr. Der Name bedeutet „Christusträger". Weiters ist noch eine große **Kopie des Mariahilfbildes** zu sehen, dessen Original von Lucas Cranach d. Ä. sich im

Marmeladeherstellung in früherer Zeit (Schlossergasse)

Das Gumpphaus in der Kiebachgasse

Dom (> 32) befindet. Ein Blick auf die Hausseite in der Schlossergasse zeigt **drei Reliefköpfe von Tiroler Freiheitskämpfern** aus dem Jahr 1809: links der Anführer der Tiroler, Andreas Hofer, in der Mitte Josef Speckbacher und rechts Pater Haspinger.

Neben dem Durchgang zum Marktgraben steht das **Sarner Brünnl** (1989) als Werk des Sarntheiner Kunstschmieds Ernst Wohlgemuth. Die zwei Bronzesäulen erinnern an das seit 1919 zweigeteilte Land Tirol. Neben dem Wappen Innsbrucks ist rechts im Stammwappen der Sarntheiner ein Hirsch abgebildet. Die Grafen von Sarnthein übernahmen wichtige Aufgaben am landesfürstlichen Hof. Schon 200 Jahre zuvor stand hier das Sarntheiner Brünnl. Der dreieckige Stein darüber mit dem **Stammwappen der Familie Schurff** zeigt ein Schurfeisen mit zwei Löwen als Wappenhalter. Ein Schurfeisen bzw. Feuereisen besteht aus einem Griff und einer Schlagfläche. Damit konnten bei einem Feuerstein Funken zum Anzünden geschlagen werden. Im oberen Teil weist die Inschrift mit der Jahreszahl 1585 auf Carl

Sarner Brünnl und Wappenstein der Familie Schurff

Die Mariahilfkirche im gleichnamigen Stadtteil

Schurff zu Schönwerth hin, in dessen Besitz sich auch die Burg Mariastein auf der Angerbergterrasse nördlich von Wörgl sowie der Ansitz Schönwörth in der Gemeinde Langkampfen befanden. Er war Verwalter der landesfürstlichen Herrschaftskleinodien in Mariastein. Dazu gehören der österreichische Erzherzogshut (einer der drei noch bestehenden, die anderen sind in Stift Klosterneuburg und in Graz) und das Szepter, die dort noch aufbewahrt werden.
Neben dem Hauseingang nennt eine **Marmortafel** die vier wichtigsten **Mitglieder** der barocken **Baumeisterfamilie Gumpp**. An der Hausfassade ist eine Kopie des Mariahilfbildes (>32) von Lucas Cranach d. Ä. vorhanden, eingerahmt von einem Gemälde von Josef Schöpf (1788) mit den beiden Stadt- und Kirchenpatronen Jakobus und Alexius. So war das Bild in festlosen Zeiten zu sehen.

DIE BAUMEISTERFAMILIE GUMPP

Vom 16. bis zum 18. Jahrhundert brachte diese Familie in Tirol Baumeister, Tischler, Maler und Kupferstecher hervor. Sie wanderte zu Beginn des 16. Jahrhunderts aus Schwaben ein.
Christoph Gumpp d. J. (1600–1672) erlernte das Tischlerhandwerk, sichtbar etwa an den Beichtstühlen der Jesuitenkirche (1641), an deren Bau er mit verschiedenen anderen Künstlern beteiligt war. Die Erkenntnisse eines Italienbesuchs setzte er im Comediehaus (1628–1630, >33, 60) um, einem großen Theaterbau an der Stelle des heutigen Congress. Gemeinsam mit seinem Bruder Elias beschäftigte er sich mit dem Festungsbau. Von 1645 bis 1666 schuf er den Neubau des Konventgebäudes von Stift Stams. Seine Vielseitigkeit zeigte sich auch an einer Serie von Trauergerüsten, etwa für Erzherzog Leopold V. (1646) und Claudia de' Medici (1649). Auf der anderen Innseite erbaute er die Mariahilfkirche (1647–1649, >54) in Form eines frühbarocken Zentralbaus. Zum Frühbarock zählt auch der Neubau der Stiftskirche Wilten (1651–1665, >79). Die Entwürfe für den Neubau der Stiftsanlage stammen vermutlich auch von ihm. Als das Comediehaus nicht mehr den Anforderungen entsprach, erhielt er den Auftrag zur Errichtung des Hoftheaters (1653–1655) an der Stelle des heutigen Tiroler Landestheaters (>60). Christoph erwarb 1653 das Haus in der Kiebachgasse als Wohnhaus.
Johann Martin Gumpp d. Ä. (1643–1729), Sohn von Christoph Gumpp, folgte seinem Vater als Hofbaumeister. Von 1672 bis 1680 war er für den Ausbau des Jesuitenkollegs zuständig. Bekannt ist er jedoch für die Errichtung zahlreicher Adelspalais: Palais Fugger-Taxis (1679/80, >70), Palais Trapp (um 1700, >69) und Palais Troyer-

Das Palais Ferrari wurde gegen Ende des 17. Jahrhunderts erbaut.

Spaur (1681) in der Maria-Theresien-Straße sowie Palais Ferrari (1683–1691) bei der Dreiheiligenkirche. Weiters zu nennen sind Schloss Büchsenhausen, Änderungen am Alten Rathaus (> 13) sowie der Bau der neuen Abtei bzw. des Hofbaus mit zwei achteckigen Türmen in Stift Stams (1692–1699). In der Altstadt geht das Alte Regierungsgebäude (1690–1692, > 4) auf ihn zurück. Kurz nach 1700 errichtete er die Spitalskirche (1700–1705, > 62) in der Maria-Theresien-Straße und die Ursulinenkirche (1700–1705, > 55) am Innrain.

Georg Anton Gumpp (1682–1754), Sohn von Johann Martin Gumpp d. Ä., gilt als kunstgeschichtlich bedeutendstes Mitglied der Familie und vertritt den Hochbarock. Sein erstes Werk ist der mächtige Portikus der Stiftskirche Wilten (1713–1719, > 79). Es folgen die Heiligblutkapelle des Stifts Stams (1715–1717), der Umbau des Franziskanerklosters (1718/19, heute Volkskunstmuseum), das Palais Pfeiffersberg (1721–1723) in der Sillgasse sowie die Neugestaltung des alten Gymnasiums (1722–1724) links vom Vorplatz der Jesuitenkirche (> 59). Als seine Hauptwerke gelten das Landhaus der Tiroler Stände (1724–1728, > 70) in der Maria-Theresien-Straße, die Johanneskirche (1729–1732, > 56) am Innrain, der Umbau der Stiftskirche Stams (1729–1732) und die Barockisierung des dortigen Stifts (1719–1725).

Johann Martin Gumpp d. J. (1686–1765), Bruder von Georg Anton Gumpp, ist vor allem für seine Festungsbauwerke (etwa in Kufstein und Ehrenberg) bekannt, war aber auch für die Regulierung des Inns bei Völs und zwischen Buch in Tirol und Wiesing zuständig. In der Hofgasse errichtete er im Zuge des barocken Umbaus der Hofburg (> 61) unter Maria Theresia den Südflügel (1754–1756) mit der großen Nische und dem Balkon, damals der Haupteingang mit dem Stiegenhaus.

24

MARIA-THERESIANISCHE NORMALSCHULE – SCHULBESUCH FÜR ALLE

Im Haus Kiebachgasse Nr. 10 befand sich die 1768 eingerichtete **Maria-Theresianische Normalschule**. Ab 1878 diente das Haus der evangelischen Gemeinde als Pfarrhaus. Mit der Errichtung der Christuskirche im Stadtteil Saggen im Jahre 1905 übersiedelte diese dorthin.

Der Innenhof weist Holzgalerien und eine Treppe aus der zweiten Hälfte des 17. Jahrhunderts auf, vermutlich ein Werk Christoph Gumpps (>23). In der Kapelle mit Fresken von Franz Anton Zeiller (1777) wurde eine Zwischendecke eingezogen. Sowohl Innenhof als auch Kapelle sind nicht zu besichtigen.

DAS SCHULWESEN

Im Jahre 1303 wird erstmals ein Schulmeister in Innsbruck genannt, jedoch erst 1469 ein Schulhaus erwähnt, das nach der Auflassung 1768 nur mehr als Pfarr-Singschule Verwendung fand. Diese erste **Stadtschule** ist mit dem heutigen Wohnhaus des Innsbrucker Diözesanbischofs (Domplatz Nr. 5, >34) identisch. 1768 übersiedelte die damals als Maria-Theresianische Normalschule bezeichnete Einrichtung in die Kiebachgasse Nr. 10. Im Jahre 1775 kamen die städtischen Volks- und Trivialschulen in St. Nikolaus und in Dreiheiligen sowie für die adelige Jugend die Theresianische Ritterakademie dazu. Letztere bestand, mit einer Unterbrechung von 1784 bis 1830, noch bis 1848, zuletzt im ehemaligen Franziskanerkloster, dem heutigen Volkskunstmuseum.

In der ersten Hälfte des 16. Jahrhunderts wurde zwischen dem deutschen und dem lateinischen Schulmeister unterschieden. Neben der Stadtschule stand der männlichen Jugend ab 1562 auch das **Jesuitengymnasium** (>59) mit anfangs rund 70 Schülern (1576 schon 250 Schüler, 1580 Rückgang auf 200, 1662 Höchststand von 604, darunter 17 Edelknaben sowie 38 Grafen und Barone) zur Verfügung. 1669 ging aus dem Jesuitenkolleg die Universität Innsbruck hervor. 1615 ließ Erzherzog Maximilian III. der Deutschmeister von den Jesuiten eine Grundschule für jene Schüler einrichten, die für ein späteres Gymnasium geeignet erschienen. Diese Schule dürfte bis zur Auflösung des Jesuitenordens im Jahr 1773 bestanden haben. Als Nachfolger des Jesuitengymnasiums ist das heutige Akademische Gymnasium Innsbruck zu sehen.

Was die höhere Schulbildung der Mädchen anbelangt, so übernahmen diese um 1693 die **Ursulinen** (>55). Sie ließen sich am Marktgraben nieder und unterhielten dort bis 1979 ein Gymnasium. Heute befinden sich Kloster und Schule der Ursulinen in der Höttinger Au nahe dem Flughafen.

Von 1883 bis 1938 bestanden zwei „Industrieschulen“ für Mädchenhandarbeit in St. Nikolaus und Dreiheiligen. Das 19. und das 20. Jahrhundert brachten dann die Gründung zahlreicher weiterer Schulen für die Elementar- und Sekundarausbildung.

Erzherzog Ferdinand II. (>80) gab 1586 die **Erste Tiroler Schulordnung** heraus. Schulfächer waren Religion, Lesen,

Schreiben, Rechnen und Gesang. Am Sonntag nach der Messe oder am Nachmittag fand für die gesamte Bevölkerung religiöse Unterweisung durch den Klerus statt. Die Lehrer mussten katholisch sein. An Maßnahmen der Disziplin sind angeführt: Der Lehrer durfte die Kinder nicht mit Fäusten schlagen, sie nicht an den Haaren ziehen, nicht auf den Kopf schlagen, jedoch sehr wohl die Rute verwenden. Besonders wichtig waren der regelmäßige Besuch des Gottesdienstes, der gemeinsame Empfang der Sakramente sowie das Gebet vor und nach dem Unterricht. Erzherzog Ferdinand II. ging es vor allem um die Zurückdrängung des Protestantismus und die Festigung des katholischen Glaubens bei seinen Untertanen. Alle Tiroler mussten katholisch sein. Offiziell betrug die Unterrichtszeit täglich sieben Stunden, im Sommer ab sechs Uhr und im Winter ab sieben Uhr Früh.

Maria Theresia (> 21, 67, 74) führte 1774 die **Schulpflicht** für Knaben und Mädchen ab dem sechsten Lebensjahr mit sechs Jahren Unterricht ein. Die Schulen gliederten sich in Normal-, Haupt- und Trivialschulen. Normalschulen waren vierklassig, es gab je eine in jeder Provinzhauptstadt und sie dienten auch zur Lehrerausbildung. In größeren Städten und Klöstern wurden die drei- oder vierklassigen Hauptschulen eingerichtet. Nur ein- oder zweiklassig waren die Trivialschulen in kleineren Städten, Märkten und Pfarren. Diese Trivialschulen, die der Grundschule entsprechen, wurden auch als „gemeine deutsche Schulen" bezeichnet und hatten als Unterrichtsfächer an erster Stelle Religion, gefolgt von der Dreiheit Lesen, Schreiben und Rechnen (lat. *Trivium* = Dreiweg).

Hier war einst die Maria-Theresianische Normalschule untergebracht.

25

„VIER-VIECHER-ECK" – GASTHÄUSER UND HOTELS

Beim Kreuzungspunkt der Seiler- mit der Kiebachgasse lassen sich **vier sprechende Gasthausschilder** entdecken: ein goldener Löwe, ein goldener Hirsch, ein roter Adler und – etwas entfernt in der Kiebachgasse – ein weißes Rössl (Pferd). Heute besteht nur noch das „Weiße Rössl". Das Gastgewerbe spielte schon seit der Stadtentstehung eine wichtige Rolle. Gereist wurde früher nur bei Tag, in der Nacht war es zu gefährlich. Eine Tagesstrecke betrug im Durchschnitt 30 km, egal ob Wagen, Kutsche, Saumtier oder zu Fuß, aber natürlich abhängig von der Geländebeschaffenheit.

Gasthausschild „Goldener Löwe"

Über dem linken ebenerdigen Fenster des Hauses Seilergasse Nr. 10 erinnert eine Gedenktafel an den Innsbrucker Komponisten und Dirigenten **Joseph Friedrich Hummel** (1841–1919).

WEICHES BETT UND GUTES ESSEN

Ein **tirolisches Wirtshauswesen** im eigentlichen Sinne gibt es erst seit dem 15. Jahrhundert. Die Fremdenherbergen des Mittelalters bestanden meist in Klöstern. Als Niederlagsstätten mussten bestimmte Orte von den Kaufleuten zur Nächtigung, zur Lagerung und zum wechselnden Weitertransport ihrer Waren angefahren werden. Die höchste Blüte erreichte der Handelsverkehr im 15. und 16. Jahrhundert. Um 1550 gab es in Innsbruck (damals Altstadt, Neustadt = Maria-Theresien-Straße, Universitätsstraße, Innrain, obere und untere Anbruggen = Mariahilf und St. Nikolaus) bei einer Einwohnerzahl von rund 5000 Menschen um die 30 Gast- und Wirtshäuser, 1623 nur noch 22, davon 11 in der Altstadt. 1775 befanden sich in der Altstadt u. a. folgende **Gasthäuser**: in der Herzog-Friedrich-Straße „Zum wilden Mann" (nicht mehr), „Weißes Kreuz", „Goldene Rose" (nicht mehr), „Goldener Adler", „Blaue Gans" (nicht mehr), bei der Kreuzung Seilergasse-Kiebachgasse „Goldener Hirsch" (nicht mehr), „Weißes Rössl", „Roter Adler" (nicht mehr), „Goldener Löwe" (nicht mehr). Häufig war das Erdgeschoss Stallungen, Wirtschafts- und Lagerräumen vorbehalten, während sich die Stuben und Zimmer in den oberen

Stockwerken befanden. Heute erinnert das ein oder andere Gasthausschild an vergangene Zeiten.
Die **Wirte** waren ein bedeutender und selbstbewusster Stand. Viele von ihnen kamen aus anderen Gewerben, waren Metzger oder Bäcker und stiegen sozial auf. Alteingesessene Wirte übernahmen hohe Ämter, wie das des Bürgermeisters oder eines Ratsherrn. Es galt das ungeschriebene Gesetz, dass sich nur Familienmitglieder aus gleichrangigen Wirtshäusern miteinander verheiraten durften. In Krisenzeiten traten sie auch manchmal als Anführer des Volkes auf.
Der Bau der Eisenbahnlinien in Tirol ab ca. 1850 führte zu gravierenden Änderungen im Reiseverhalten. Um 1800 begann langsam der **Sommertourismus**, ab etwa 1900 der **Wintertourismus**. Die Tiroler Bergwelt wurde entdeckt und erobert. 1885 gab es in Innsbruck bereits 32 Hotels und Gasthöfe sowie 80 Speise- und Schankwirtschaften mit Restaurationen. Um 1895 sah man die ersten Automobile auf Innsbrucks Straßen.
Der vermehrte Tourismus ließ in der zweiten Hälfte des 19. Jahrhunderts die **Grand-Hotels** entstehen, hauptsächlich in der Gegend um den neuen Hauptbahnhof. Der Begriff **„Hotel“** wies auf Fortschritt, gesteigerten Komfort und viel größere Dimensionen der Beherbergung und Bewirtung hin. Vorbilder für das moderne Hotelwesen waren England und die USA. Elektrisches Licht, Zentralheizung, kaltes und warmes Fließwasser, Telefon und Bäder in den Zimmern etc. gehörten dazu. Diesen Standard konnten die meisten alten Gasthöfe nicht erfüllen. Das erste Innsbrucker Hotel, das „Hotel D'Autriche“, entstand 1849 an der Stelle des einstigen Palais Künigl bzw. der heutigen Rathausgalerien. Der Konkurrenz der neuen Hotels beim Bahnhof nicht gewachsen, musste es schon 1876 schließen. Von den Bahnhofhotels „Hotel de l'Europe“ („Grand Hotel Europa Tyrol“), „Hotel Tyrol“ („Tirolerhof“), „Hotel Victoria“, „Hotel Goldene Sonne“ sowie „Arlbergerhof“ ist keines mehr vorhanden. 2020 wurde als letztes das „Grand Hotel Europa Tyrol“ geschlossen.

Gasthausschild „Goldener Hirsch“

Reisen in früherer Zeit

26

RIESENGASSE – ALTINNSBRUCKER BERUFSLEBEN

Hat die **Riesengasse** mit Riesen zu tun? An der Fassade des Hauses Riesengasse Nr. 3 ist zwischen dem ersten und zweiten Stock die große Abbildung eines **Familienwappens** vorhanden. Es weist auf die **Familie Riss** (andere Schreibweisen Riß, Ryß, Riss, Ris u. a.) hin, in deren Besitz sich das Haus von etwa 1710 bis 1724 befand. Im Schild ist ein kräftiger, fast nackter, aber stark behaarter riesiger Mann mit einer Art Lendenschurz aus Blättern und Blüten und einer roten Kopfbedeckung mit langen Bändern dargestellt, der mit bloßen Händen einen abgestorbenen Baum spaltet und ausreißt. Es handelt sich somit um ein sprechendes Wappen, in dem der Familienname mit dem Wort „Riese“ gleichgesetzt wird. Darunter steht „Sigmund Ryß 1510“.

Wappen der Familie Riss

Beim Rundgang durch die Altstadt begegnet man immer wieder **alten Gasthaus- und Handwerksschildern**. Viele dieser Gast- und Handwerksbetriebe sind längst Geschichte. Gerade die **Riesengasse** bietet hier eine schöne Auswahl älterer und moderner Exponate: Friseur, Gastbetriebe, Bäckerei, Brillenmacher, Glasbearbeitung u. a. Dazu kommt beim Haus Riesengasse Nr. 10 ein **Sgraffito** des Malers und Grafikers Walter Honeder (1906–2006) mit der Darstellung eines Kaufmanns bzw. Händlers, einer Waage und verschiedenen Transportmöglichkeiten.

Da früher viele Menschen weder lesen noch schreiben konnten, sind die Gasthaus- und Handwerksschilder häufig sprechend gestaltet. Als Beispiele seien hier der Schneider mit einer Schere, der Schuster mit einem Stiefel, der Fleischhauer bzw. Metzger mit einen Stierkopf und zwei Beilen, der Friseur mit einem hängenden Rasierbecken sowie der Optiker mit einer Brille angeführt.

Von besonderem Interesse ist das **Zunftzeichen der Bäcker**: Zwei aufgerichtete Löwen halten gemeinsam eine Breze, wie es im Schaufenster der Bäckerei Riesengasse Nr. 9 zu sehen ist. Die Breze symbolisiert zum Beten verschränkte Hände. 1323 bestätigte Kaiser Ludwig der Bayer den Münchner Bäckern für ihr tapferes Verhalten in der Schlacht von Mühldorf (1322) ihr Recht, in das Wappen zwei gekreuzte Schwerter aufzunehmen. 1348 kam die böhmische Königskrone dazu. Kaiser Karl V. verlieh 1529 den Wiener Bäckern für ihre Verdienste während der ersten Osmanenbelagerung die beiden Löwen. Die Bäcker, die immer in der Nacht arbeiteten, hörten damals eigenartige Geräusche, die vom Stollenbau der Belagerer unter der Stadtmauer herrührten. Man sagt, sie kämpften „wie die Löwen" gegen den Feind. 1690 erlaubte Kaiser Leopold I. den Bäckern als Dank für ihre Verdienste während der zweiten Osmanenbelagerung 1683 auch die Verwendung der Schwerter im Wappen.

Blick in die Riesengasse

Für einen großen Teil der Stadtbevölkerung stellte das **Handwerk** die Erwerbsgrundlage dar. Die Meister eines Handwerks oder mehrerer verwandter Handwerke bildeten fachliche Verbände, Bruderschaften, Zechen oder Zünfte. Sie unterstanden der Aufsicht des Stadtrats. Allerdings spielten die **Zünfte** in Innsbruck, was die Mitsprache in der Stadtregierung betraf, bei weitem nicht jene Rolle wie in großen deutschen Städten. Die Zunftordnungen befassten sich mit religiösen Veranstaltungen, der Festsetzung von Löhnen und Preisen, den Verkaufs- und Arbeitsbedingungen, der Ausbildung und Stellung der Lehrlinge und Gesellen sowie dem Erwerb des Meisterrechts. **Bruderschaften** waren Vereinigungen, die sich vor allem um religiöse, karitative und soziale Belange ihrer Mitglieder kümmerten. 1587 werden anlässlich der Fronleichnamsprozession folgende Bruderschaften aufgezählt: die Bruderschaft der Wirte, der Goldschmiede, der Maler, der Bildhauer, der Schlosser, der Apotheker, der Barbiere, der Bader, der Sattler, der Kürschner, der Fischer, der Hafner, der Tischler sowie die St.-Sebastian-Bruderschaft und die St.-Barbara-Bruderschaft.

Beim Brillenmacher

DIE BERUFLICHE TÄTIGKEIT IN FRÜHERER ZEIT

Von Beginn an gab es in Innsbruck **Handwerker**, deren Tätigkeit mit den durchziehenden Kaufleuten zu tun hatte: Schmiede, Hufschmiede, Sattler, Seiler, Wagenmacher etc. Dazu kamen Handwerker zur Erfüllung der Grundbedürfnisse der

Beim Bäcker

Stadtbewohner wie z. B. Schneider, Schuster oder Hutmacher. Als dritte Gruppe sind jene Personen zu nennen, welche die Mitbürger mit Lebensmitteln versorgten, vor allem Bäcker, Müller und Metzger. Mit dem Aufstieg der Stadt, vor allem mit ihrer Funktion als Regierungssitz ab 1420, lassen sich auch sehr spezielle Handwerke wie Goldschmied, Kürschner, Plattner, Maler u. a. nachweisen.
Das **Bürgertum** gehörte in finanzieller Hinsicht zum größten Teil der städtischen Oberschicht an und stellte auch den Bürgermeister, den Stadtrichter und den Stadtrat. Die **Inwohner** hatten dieselben Pflichten wie die Bürger, jedoch viel weniger Rechte und weniger Vermögen. Im 16. und 17. Jahrhundert gehörte der Großteil der Handwerker dem Inwohnerstand an. Wirte, Handelstreibende, Apotheker, Barbiere, Maler, Goldschmiede, Hafner, Schmiede, Sattler, Weißgerber und Metzger gehörten großteils zum Bürgertum, Zimmerleute, Maurer, Schlosser, Fassbinder, Weber, Schneider u. a. zum Inwohnerstand. Gerade in Innsbruck, einem wichtigen Zentrum der durchreisenden Kaufleute, Händler und anderer Personen, spielten Wirtshäuser und Herbergen eine bedeutende Rolle.
Zahlreiche **Kaufleute und Händler** versorgten nicht nur die Stadtbevölkerung mit notwendigen Gütern, sondern auch den landesfürstlichen Hof. Ihre Aktivitäten bezogen sich eher auf den engeren Umkreis der Stadt und weniger auf den Fernhandel und nahmen sich bescheiden aus im Vergleich zu den großen deutschen und italienischen Händlern. Als Lieferanten des Hofes scheinen Kaufleute aus Innsbruck, Bozen und Meran auf, für den Fernhandel vor allem solche aus Deutschland und Italien. Ein wichtiges Handelszentrum stellte Venedig dar. Beliebt waren z. B. feine Stoffe aus Flandern und Italien, Schmuck, Gefäße aus Edelmetallen, Südfrüchte oder Wein. Der Kaufmannsstand blieb in Innsbruck eher bescheiden.
Was **Beamte im „öffentlichen Dienst“** anbelangt, waren diese vor allem in der Stadtverwaltung tätig und in erster Linie Bürger. Dazu gehörten z. B. der Stadtschreiber, Zöllner, Kornmesser, der Spitalschreiber oder Wächter. Darüber hinaus gab es natürlich auch noch Ärzte, Apotheker, Bader, Lehrer etc.

Kaufmann und Händler

27

DER WAPPENTURM – MAXIMILIANS „EWIGE GEDECHTNUS“

Erzherzog Sigmund der Münzreiche (> 6) residierte zunächst im Neuhof (Goldenes-Dachl-Gebäude) am Innsbrucker Stadtplatz, begann aber mit dem Bau der **Hofburg** (> 61) am Stadtrand. Dabei wurde ab 1465 dem **Rumertor**, einem einfachen Stadttor, vor der Zwingermauer im Stadtgraben der **Saggenturm** vorgesetzt. Maximilian I. (> „Kaiser Maximilian und Innsbruck“) führte den Burgbau fort. Unter Maria Theresia (> 21, 67) erfolgte von 1754 bis 1756 und von 1765 bis 1773 die völlige Umgestaltung der mittelalterlichen Burg im Sinne einer spätbarocken Schlossanlage. Dabei ging der Wappenturm im Südrondell der Rennwegfassade auf.

Ein Dachbrand 1494 bot Kaiser Maximilian I. die Gelegenheit, an der Stelle von Niklas Türing d. Ä. (> 43) den neuen **Wappenturm** bis 1496 errichten und mit einem hochaufragenden Helm versehen zu lassen. Unter Erzherzog Leopold V. entstand 1625 der luftige Aussichtspavillon, der auf den späteren Ansichten immer zu sehen ist. Dort traf sich der Hof gerne zu Festlichkeiten in kleinem Kreis. Namensgebend wurde die Bemalung der Außenwand mit 54 Wappen durch den Hofmaler Jörg Kölderer von 1496 bis 1499. Es handelte sich dabei um eine eindrucksvolle Dokumentation des maximilianischen Herrschaftsbereichs. Vermutlich ging das Wappenprogramm auf Maximilian selbst zurück, weitere Wappen wurden später angebracht. Wie der Wappenturm ursprünglich im Detail aussah, ist wegen späterer Renovierungen und Ergänzungen unklar. Nach einem Blitzeinschlag 1522 wurde der hohe Helm durch ein einfaches Dach ersetzt.

Erinnerung an den Wappenturm

Wer sich von Osten her durch die heutige Universitätsstraße der Stadt näherte, wurde schon von Weitem von diesem mächtigen, bunt bemalten Turm begrüßt. Links und rechts der Fensterachse waren jeweils drei vertikal verlaufende Wappenreihen zu je neun Wappen zu erkennen. Der Eingang wurde von zwei gemalten Rittern bewacht, die auf Banner und Schild jeweils

Wappenturm

das Wappen Habsburgs (links) und Tirols (rechts) zeigten. Direkt über dem Eingang in der Mittelachse erinnerte ein Wappen an Erzherzog Maximilian III. den Deutschmeister (gest. 1618), in dessen Auftrag der Turm 1604/1606 vom Maler Christof Dax restauriert wurde. Dies bestätigte eine Inschrift darunter. Etwas höher wiesen die Darstellung Jörg Kölderers als Greis sowie eine Inschrift auf ihn als Urheber der Bemalung hin.

MAXIMILIANS PROPAGANDA – DIE „EWIGE GEDECHTNUS“

„Wer ime in seinem leben kain gedechtnus macht, der hat nach seinem tod kain gedechtnus und desselben menschen wird mit dem glockendon vergessen.“ (Maximilian, Weißkunig)

Diese **„gedechtnus“** war Kaiser Maximilian ein ganz besonderes Anliegen, die Erinnerung an ihn sollte in alle Ewigkeit bestehen. In diesen Dienst wurden Bauwerke, Wappen, Denkmäler, Porträts, literarische Werke (Freydal, Weißkunig, Theuerdank), Ehrenwerke (Ehrenpforte, Triumphzug) und nicht zuletzt auch ein großes monumentales Grabmal (> 58, 72) gestellt. Für ihn spielte die Vergangenheit eine entscheidende Rolle, da sie auf die Größe und Bedeutung seiner Familie hinweisen sollte. Die damals angesehensten Gelehrten beschäftigten sich in seinem Auftrag eingehend mit der weitverzweigten Verwandtschaft. Die Leistungen des Hauses Habsburg, aber natürlich speziell jene Maximilians, sollten für alle Zeiten den Vorrang der Habsburger vor anderen Fürsten Europas festhalten. Höhepunkt sollte sein Grabmal werden. Vor allem Genealogie, Heraldik und Historiographie dienten der Darstellung des dynastischen Selbstverständnisses Maximilians.

Kaiser Maximilian I. hoch zu Ross

28

THOMELE UND NIKLAS – EIN ZWERG UND EIN RIESE – FLÜSTERBOGEN

Beim Haus Hofgasse Nr. 12 befinden sich eine **leere Nische**, der **Flüsterbogen** und eine **Inschriftentafel** darüber. Es folgt eine Abbildung des **Hofzwergs Thomele** am Eckhaus zur Stiftgasse.

Wer war dieser **Hofzwerg Thomele**? Die Jahreszahl 1566 weist auf die Zeit von Erzherzog Ferdinand II. und Schloss Ambras (> 80) hin. In der Ambraser Kunstkammer zeigt ein Bild (1621) einen Riesen und einen Hofzwerg, vielleicht den Hofzwerg Thomele. Gemeinsam mit fünf weiteren Hofzwergen hatte der vermutlich nur 75 bis 85 cm kleine Liliputaner mit Tänzen, Grimassen, Späßen, akrobatischen Einlagen, Witzen etc. für die Unterhaltung des Hofes zu sorgen. Sein Familienname war Kaiser, sonst ist sehr wenig über ihn bekannt.

Kleinwüchsige Menschen stellten im Laufe der Geschichte immer eine Besonderheit dar. Im Zirkus, bei Ausstellungen und auf Jahrmärkten wurden sie zur Schau gestellt und waren vor allem an den Fürstenhöfen der Renaissance und des Barocks begehrt. Sie erhielten schöne Kleider und kostbaren Schmuck. Auf lustige Art durften sie sogar auf die Schwächen ihrer Herrschaft hinweisen. Leider wurden sie auch oft gehänselt, verspottet sowie mit Schlägen und Fußtritten bedacht.

Die leere Nische sowie die Inschriftentafel über dem Portal beim Haus Hofgasse Nr. 12 erinnern an den 2,23 (oder 2,20) m großen **Burgriesen Niklas Haidl**. Durchschnittlich war ein Mann damals 1,65 m groß. Er trat als Leibwächter Erzherzog Sigmunds des Münzreichen (> 6) auf

Flüsterbogen beim Burgriesenhaus

und soll mit einer unehelichen Tochter des Fürsten verheiratet gewesen sein. Sigmund gab 1494 beim Hofsteinmetz Niklas Türing d. Ä. (> 43) einen Grabstein mit einer lebensgroßen Sandsteinstatue für Haidls Grab am Friedhof bei der St.-Jakob-Pfarrkirche in Auftrag. Auf seinen dort vermutlich erst 1717 beigesetzten Leichnam stieß man 1866 in einer Gruft bei Umbauarbeiten in der Kirche zufällig. Nach der Auflassung des Friedhofs 1509/10 wurde die Sandsteinstatue in der Fassadennische des Burgriesenhauses aufgestellt. Im baldachinartigen Abschluss der Nische befinden sich ein kleines Gewölbe sowie drei Wappen – zweimal ein turmtragender Elefant als Wappen des

Burgriesen und einmal der österreichische Bindenschild, eingefasst von spätgotischem Astwerk. Heute ist das Skelett im Anatomischen Museum Innsbruck zu bewundern. Der Erzherzog ließ laut Inschrift das Haus 1490 für Niklas Haidl bauen. Dass dort ein sehr großer Mensch wohnte, erkennt man an den erhöhten Stockwerken. 1988 erfolgte die Verlegung der Statue in den ersten Stock des Alten Rathauses (> 13), da es beim Verkauf des Hauses Rechtsstreitigkeiten gab, ob Statue und Haus eine Einheit bildeten.

Was hat es mit dem **Flüsterbogen** auf sich? Dieses Rundbogenportal am Übergang von der Spätgotik zur Frührenaissance aus der Türing-Werkstatt besitzt eine durchgehende innere und eine äußere Kehle. Flüstert man auf einer Seite in die innere bzw. äußere Kehle, kann man auf der anderen Seite das Geflüsterte hören.

Hofzwerg Thomele

Statue des Burgriesen Haidl

29

DEUTSCHORDENSHAUS – DEUTSCHER ORDEN

Zu den schönsten Altstadthäusern zählt das **Deutschordenshaus** (Hofgasse Nr. 3), von 1532 bis 1539 im Besitz des Deutsch-Ordens-Landkomturs Heinrich von Knöringen. Er suchte eine eigene Wohnstätte in Innsbruck während der Hof- und Landtage und ließ das Haus von Gregor Türing (> 43) zu einem standesgemäßen Quartier für Mitglieder des Deutschen Ordens, die sich auf der Durchreise befanden, umbauen. In die Erkerbrüstungen sind Sandsteinreliefs und aus Bronze gegossene Inschriftentafeln eingelassen, während die Wandflächen zwischen den Erkerfenstern mit Wandmalereien geschmückt sind, die 1954 bei der Restaurierung nach den Bombenschäden freigelegt wurden. Ähnliche Malereien umgeben auch die Fenster. Schmucklos sind hingegen die später aufgesetzten weiteren Stockwerke. Die ursprünglich meist nur aus dem Erdgeschoss und zwei Stockwerken bestehenden Häuser erhielten aufgrund ihrer geringeren Höhe in den engen Gassen viel mehr Tageslicht.

Die **Reliefs und Malereien** entstanden im Stil des **Übergangs von der Gotik zur Renaissance** (> 16), auch gerne als maximilianischer Übergangsstil bezeichnet. Ein Vergleich mit dem Trautsonhaus (Herzog-Friedrich-Straße Nr. 22) bietet sich an. Zeigt sich einerseits noch spätgotisches Maßwerk bei den Erkerreliefs, so weisen die leider schlecht erhaltenen Malereien schon Renaissanceeinflüsse auf. Es handelt sich um Grisaille (Ton-in-Ton-Malerei) auf blauem Grund. Dargestellt sind Fruchtfestons, Rankenornamente, architektonische Motive sowie figurale Szenen mit zum Teil ungeklärten Inhalten. Dazu gehören auf Delphinen reitende Putten, Flussgottheiten, Fabeltiere, Männer und Frauen in verschiedenster Kleidung, die Gestalt der Justizia mit Richter, Mönche mit Weinreben u. a.

DIE WAPPEN AM DEUTSCHORDENSHAUS – DER DEUTSCHE ORDEN

Die Anordnung der **Wappen**, die sich auf **Mitglieder des Deutschen Ordens** beziehen, erfolgt hierarchisch. Am linken Breiterker ist im zweiten Stock links das Wappen des amtierenden Deutsch- und Hochmeisters zu finden, wobei die Inschrift rechts **Walter von Cronberg („Balther von Cronberg … 1532")** als Administrator des Hochmeisteramts in Preußen und Deutschmeister im deutschen und welschen Land angibt. Im vierteiligen Wappen weisen die kleineren Kreuze in den Feldern 1 und 4 sowie das große aufgeleg-

Wappen des Heinrich von Knöringen

Gestalt der Justizia

te Hochmeisterkreuz, belegt mit einem Lilienkreuz und einem Herzschild mit dem Adler für das Königtum, auf den Deutschen Orden hin. In den Feldern 2 und 3 befinden sich kleine Eisenhüte. Dem Wappen sind drei Helme aufgesetzt. Über dem mittleren Helm liegt auf einer achteckigen Decke nochmals das Hochmeisterkreuz. Der optisch linke Helmaufsatz zeigt einen Flug, beiderseits belegt mit einem durchgehenden Kreuz als Hinweis auf den Deutschen Orden bzw. das Deutschmeistertum. An die Familie Cronberg erinnert der rechte Helmaufsatz mit einem Flug und Eisenhüten.

Eine Hierarchieebene darunter, im ersten Stock, weist die rechte Inschrift **Heinrich von Knöringen** als Deutschordens-Landkomtur in der Ballei an der Etsch und im Gebirge sowie als Rat der königlichen ungarischen und böhmischen Majestät aus. Er war zuvor Komtur von Sterzing und übte das Amt von 1504 bis zu seinem Tod 1534 aus. Sein Nachfolger wurde Balthasar von Knöringen. Heinrichs viergeteiltes Wappen ziert in den Feldern 1 und 4 ein Ring für Knöringen, in den Feldern 2 und 3 ein Kreuz für den Deutschen Orden. Als Helmzier über dem optisch linken Helm dient der auf einer Decke mit Quasten liegende Ring (Knöringen) mit Krone sowie Straußenfedern und über dem optisch rechten Helm das Kreuz des Deutschen Ordens auf einem Flug.

Auf der dritten Hierarchieebene am dreiseitigen rechten Erker folgen die örtlichen Komture der Ordensniederlassungen. Bei der linken Erkerfläche wird **Bartholomäus von Knöringen** noch als einfacher Deutschordenskomtur zu Schlanders angeführt. Er wird später Heinrich von Knöringen als Landkomtur der gleichen Ballei nachfolgen. Das Wappen Knöringen ist gewendet und schaut somit aus der Fassade heraus. Es trägt einen Ring, darüber auf dem Helm eine Decke mit Ring, dem eine Krone mit Straußenfedern aufgesetzt ist. Im anderen Wappen auf der rechten Erkerfläche ist **Jörg von Spaur**, Deutschordenskomtur zu Lengmoos, angeführt. Das Wappen zeigt einen Löwen mit einem Doppelbecher in seinen Pranken. Im

Deutschordenskreuz (Dom St. Jakob)

Helmaufsatz ist der Löwe mit dem Doppelbecher nochmals zu sehen. Die Darstellungen entsprechen Vollwappen (> 16).

Die Seiten des dreiteiligen Erkers zeigen im zweiten Geschoss die beiden **Ordensheiligen** – links den **hl. Christophorus** mit dem Jesuskind auf seine Schultern und rechts den **hl. Georg** als Drachenbesieger.

Unter Komtur versteht man in den Ritterorden den Vorsteher einer selbständigen Ordensniederlassung, bezeichnet als Komturei oder Kommende. Mehrere Komtureien bilden eine Ballei, einen Verwaltungsbezirk bzw. eine Provinz.

DER DEUTSCHE ORDEN UND TIROL

Bürger aus Bremen und Lübeck gründeten während des Dritten Kreuzzugs um 1190 im Heiligen Land den **Deutschen**

Denkmal Erzherzog Eugen im Hofgarten

Grabmal von Erzherzog Maximilian III. dem Deutschmeister im Dom von Innsbruck

Orden als Hospitalorden. Später wurde er zu einem geistlichen Ritterorden erhoben. Ziel war zunächst die Versorgung von Kranken, Verwundeten und Armen. Im 13. Jahrhundert spielte der Orden eine wichtige Rolle in der Christianisierung Preußens und der Ostkolonisation im Bereich der Ostsee. Nach der Auflösung durch Napoleon stellte Kaiser Franz I. im Jahre 1834 den Orden wieder her. Hochmeister des Ordens waren etwa die Habsburger Erzherzog Maximilian III. der Deutschmeister (1558–1618) sowie Erzherzog Eugen (1863–1954), die beide im Dom bestattet sind.

Nahe dem Haupteingang zum **Hofgarten** erinnert ein **Denkmal** von Hans Andre (> 20) an **Erzherzog Eugen** (> 60).

30

DIE ST.-JAKOBS-KIRCHE VOR 1713 – RELIGION BESTIMMT DAS LEBEN

Mit der Gründung Innsbrucks im Jahre 1180 hatte das Kloster Wilten das Monopol über das religiöse Leben der Stadt inne. Erstmals urkundlich erwähnt ist die Kirche zum hl. Jakobus 1270. Erst 1643 wurde Innsbruck eine eigene Pfarre, 1964 Bischofssitz der neu eingerichteten Diözese Innsbruck.
Am Haus Hofgasse Nr. 1 befindet sich auf der zur Pfarrgasse gerichteten Fassade eine 1956 entstandene **Abbildung der „St. Jakobskirche vor 1713"**. Im Vordergrund ist der Inn zu erkennen, links der ehemalige Stadtgraben. Hinter den Häusern ragt die spätgotische Pfarrkirche mit ihrem mächtigen chorseitigen Turm und der mit einem Dreieckgiebel mit Aufsätzen versehenen Westfassade auf. Diese gotische Kirche erlitt durch die Erdbeben (> 8) von 1670 und 1689 gravierende Schäden und wurde von 1717 bis 1722 (Weihe 1724) im Barockstil neu erbaut.

St. Jakobskirche vor 1713

RELIGIÖSES LEBEN IN FRÜHERER ZEIT

Der **Mensch in früheren Zeiten** war ständig mit Gefahren, Unsicherheit und Angst konfrontiert. Kriege, Hungersnöte, Missernten, Naturkatastrophen wie Erdbeben, Muren und Hochwasser sowie Seuchen und andere Krankheiten waren ebenso stete Begleiter wie Unfälle, Knechtschaft oder allzu früher Tod. Vor der wissenschaftlichen Revolution der Neuzeit erklärten sich die meisten Menschen die Welt mithilfe religiöser Erzählungen und Ge- bzw. Verboten der kirchlichen Institutionen. Die Menschen galten als **Sünder** und sahen in vielem eine **Strafe Gottes**. Der Ablauf des Lebens war von der Geburt bis zum Tod fest von der katholischen Religion bestimmt. Alles ruhte von Ewigkeit her in Gott. Die Frage: „Was sagt Gott dazu?", ist wohl die wichtigste Frage des Mittelalters und bestimmte das Denken und Handeln der Menschen.
Bevor man am Morgen zur täglichen Arbeit ging, war der Besuch der Frühmesse Pflicht. Das **Kirchenjahr** mit seinen Festen und Feiern bestimmte das Leben und

Arme Seelen im Fegefeuer

die Arbeit der Menschen. Die Institution Kirche war das große Auffangbecken für die Menschheit, besonders in Zeiten der Not und Unsicherheit, bei Kriegen, Naturkatastrophen und Krankheiten. Sie bot Hoffnung und Trost.

Der Ablauf des diesseitigen Daseins sollte ständig auf das **Leben nach dem Tod** ausgerichtet sein. Dazu gehörten u. a. Gebete, Prozessionen, Wallfahrten, Pilgerfahrten, das Geben von Almosen, Schenkungen und Stiftungen an die Kirche, die Einhaltung der Gebote sowie die Ausrichtung des Lebens nach den sieben Werken der Barmherzigkeit (Hungernden zu essen geben, Durstigen zu trinken geben, Nackte bekleiden, Obdachlose beherbergen, Kranke versorgen und besuchen, Gefangene besuchen und Tote bestatten). Nach dem Tod gab es die Möglichkeit von **Himmel** und **Hölle**. Ab etwa 1200 trat das **Fegefeuer** dazu. Es ist wie die Hölle, aber zeitlich begrenzt. Mit Hilfe guter Werke und Nächstenliebe zu Lebzeiten wollte man sich den Weg zum ewigen Heil im Himmel ebnen bzw. die Zeit im Fegefeuer verkürzen. Nach dem Tod konnten die Angehörigen durch Jahrtagmessen, Almosen, Stiftungen etc. noch weiter für den Verstorbenen wirken.

Zu den **Schenkungen bzw. Stiftungen** gehörten Bruderschafts-, Waisen-, Armen- und Krankenhäuser, Kapellen, Kirchen, Klöster, aber auch Kerzen, Kerzenhalter, Messgeräte, Messgewänder, Statuen, Bilder oder Altäre. Viele Menschen vermachten ihre Häuser sowie Grund und Boden der Kirche. So besaß etwa das Kloster Neustift bei Brixen um 1500 über 500 Bauernhöfe mit Vieh, Feldern, Weiden, Wäldern, Gewässern und Mühlen. Auch Stiftungen bzw. Schenkungen konnten den Aufenthalt im Fegefeuer verkürzen.

Eine ungewöhnliche Stellung nimmt Innsbruck betreffs der Ansiedlung **religiöser Orden** ein. Die seit 1138 in Wilten ansässigen Prämonstratenser verhinderten eine frühe Ansiedlung anderer Orden. Nach

Kranke betreuen – Werke der Barmherzigkeit

1200 ließen sich Bettelorden in zahlreichen großen Siedlungen und Städten nieder, etwa in Schwaz, Hall, Bozen und Brixen. Sie bestritten ihr Leben vor allem durch Betteln und bauten ihre Klöster am Stadtrand oder knapp außerhalb der Stadt. Die Franziskaner wurden vom hl. Franz von Assisi gegründet und 1210 vom Papst anerkannt, die Dominikaner gehen auf den hl. Dominikus zurück und wurden 1216 vom Papst bestätigt. Von den Franziskanern spalteten sich die Minoriten und die Kapuziner ab. Die Bettelorden waren zuständig für Predigt, Seelsorge, Kranken-, Alten- und Armenpflege sowie das Schulwesen.

Als erster Orden ließen sich 1561 auf Wunsch Kaiser Ferdinands I. die **Jesuiten** (>59) in der heutigen Universitätsstraße nieder. 1563 kamen die **Franziskaner** als Betreuer der neu erbauten Hofkirche. Erzherzog Ferdinand II. holte 1593 die **Kapuziner**. Erzherzogin Anna Caterina Gonzaga trat nach dem Tod ihres Gatten Erzherzog Ferdinand II. (1595) in den **Servitenorden** (>73) ein und gründete 1606 in Innsbruck zwei Frauenklöster im Bereich der heutigen SOWI-Fakultät sowie 1614 das Männerkloster in der Maria-Theresien-Straße. Es folgten 1691 die Schulschwestern der **Ursulinen** am Innrain (>55). Im 19. Jahrhundert sind die **Redemptoristen** mit der Herz-Jesu-Kirche in der Maximilianstraße, die **Barmherzigen Schwestern vom hl. Vinzenz von Paul** mit einem Sanatorium und verschiedenen Schulen bei der Kettenbrücke in Mühlau, der **Karmel St. Josef** in der Adamgasse (seit 2003 in Mühlau) sowie der **Orden der Ewigen Anbetung** des Allerheiligsten Sakraments im Saggen gegenüber dem Hofgarten anzuführen.

31

PRECHTHAUS – ERSTE BUCHHANDLUNG WAGNER

Das Haus Pfarrgasse Nr. 4 gelangte um 1540 in den Besitz von Dr. Basilius von Precht, der es von Gregor Türing (>43) umbauen ließ. Ähnlich wie beim Trautsonhaus weisen die **Erkerreliefs** mit der Andeutung von Räumlichkeit, den mit Perlenstab verzierten Rundbögen, den mit verschiedenem Blattwerk geschmückten Pilastern und Tieren auf die Renaissance hin. Die lateinische Inschrift beim Mittelrelief „SAPIENTER ILLI COGITANT QVI TEMPORIBVS SECVNDIS CASVS ADVERSOS REFORMIDANT ANNO MDXXXXI" („Jene denken weise, die in günstigen Zeiten widrigen Umständen vorbeugen.") nennt die Jahreszahl 1541. Den oberen Abschluss neben dem Rundbogen bilden zwei Schwäne. Das linke **Wappen** weist auf Dr. Basilius von Precht hin. Es ist geteilt, oben in Rot drei goldene Rauten, unten golden und leer, der goldene Spitzhut hat eine Krone und einen schwarzen Federbusch als Aufsatz. In den oberen Ecken sind zwei Löwenköpfe zu erkennen. An seine Frau Barbara Burkhardt erinnert das rechte Wappen bestehend aus einem Schild mit einem Löwen sowie einem Mann mit Stirnbinde als Helmzier. Über den Pilastern schließen zwei Engelsköpfe das Relief ab. Beide Darstellungen sind in Form von Vollwappen (>16) mit Schild, Helm, Helmzier und Helmdecke ausgeführt.

DIE BUCHHANDLUNG WAGNER

1639 gründete der **Buchdrucker Michael Wagner** eine Druckerei mit Verlag sowie die **Wagnerische Hofbuchhandlung**. Er wurde Hofbuchdrucker der Medici und legte den Grundstein für die heutige Wagner'sche Buchhandlung, Verlag und Druckerei. 1723 wurde Michael Wagners Enkel Michael Anton Wagner der Titel eines Universitätsbuchdruckers verliehen. 1875 übersiedelte die Wagner'sche Buchhandlung an ihren heutigen Standort in der Museumstraße.

Reliefs und Wappen am Haus Pfarrgasse Nr. 4

32

MUTTERGOTTES VON STIFT ETTAL – MARIA BESCHÜTZE UNSER LAND

Beim Haus Pfarrgasse Nr. 6 befindet sich am Erker des ersten Obergeschosses direkt über dem Hauseingang in einer Nische eine Kopie des bekannten **Marienbildes von Stift Ettal**. Wie der Inschrift unter der Madonna zu entnehmen ist, war das kleine Kunstwerk im Jahre 1647 während des Dreißigjährigen Kriegs im Haus Pfarrgasse Nr. 6 einige Tage zur Sicherheit aufbewahrt.

Die bayerische **Benediktinerabtei Ettal** nahe Garmisch-Partenkirchen zählt zu den bedeutendsten Stiftsanlagen Süddeutschlands. 1330 gründete in diesem Hochtal Kaiser Ludwig IV. der Bayer ein Kloster. Ein Jahr zuvor war er von einem Romzug zurückgekehrt und hatte eine kleine Alabasterfigur der thronenden Muttergottes mitgebracht. Der Legende nach war ihm diese von einem Engel in Mönchsgestalt in Rom für die zukünftige Klostergründung übergeben worden. Noch heute ist diese Marienfigur das Ziel zahlreicher Wallfahrten.

Madonna von Stift Ettal

Erwähnenswert ist die **kleine weiße Tafel** mit der Bezeichnung „4. 3. 2. 1." links beim Portal. Hier befanden sich die Handgriffe für die Drähte, die zu den Glocken in den vier Stockwerken führten.

MARIA BESCHÜTZE UNSER LAND

Maria nimmt unter den Heiligen eine herausragende Stellung ein. Sie steht Jesus und damit Gottvater am nächsten. **Heilige** übernehmen eine Mittlerrolle zwischen den Gläubigen und Jesus bzw. Gottvater. Die Gläubigen bringen ihre Sorgen, Anliegen, Bitten und Nöte über die Heiligen den göttlichen Personen dar, wobei Maria die wichtigste Fürsprecherin ist.

Maria als Urbild des Glaubens und der Liebe wird schon seit ältester Zeit als Gottesmutter verehrt. Seit der Synode von Ephesus 431 n. Chr. wuchs ihre Verehrung stark und erlebte ab dem 12. Jh. einen Höhepunkt. In Weltgerichtsdarstellungen tritt Christus oft als unerbittlich strenger Richter auf. Für Maria hingegen geht Milde vor Recht, sie setzt sich mit aller Kraft für die sündigen Menschen ein.

Zwei halbfigurige Bildtypen der Maria mit dem Jesuskind treten in Tirol häufig auf. An erster Stelle ist das **Mariahilfbild von Lucas Cranach d. Ä.** (um 1517) zu nennen. Danach folgt **Maria von Genazzano**, auch als **Maria vom Guten Rat** bezeichnet. Der zweitgenannte Typus schließt an byzantinische Ikonen an. Dieses Marienbild soll laut Legende aus dem von Türken bedrohten Skutari in Albanien 1467 auf wunderbare Weise nach Genazzano bei Rom gelangt sein, wo es freischwebend an der Wand der halbfertigen Augustinerkirche erschien. Schnell sprach sich das Wunder herum und das Bild wurde zum Ordensheiligtum der Augustiner. Im 18. Jh. gelobte der römische Pater Andreas Bacci nach der Genesung von einem langen Leiden, die Muttergottes von Genazzano überall bekannt zu machen. Er verteilte fast 100.000 Abbildungen. 1753 reiste er nach Deutschland und empfahl auch hier die Andacht zu diesem Gnadenbild.

Maria von Genazzano

„MARIAHILF" VON LUCAS CRANACH

Wer durch die Straßen Innsbrucks geht und den Blick nach oben wendet, der wird an vielen Häuserfronten immer wieder die Kopie des berühmten **Mariahilfbildes von Lucas Cranach d. Ä.** sehen, dessen Original sich im Hochaltar im Dom befindet.

Lucas Cranach der Ältere (1472–1553) stammte aus der kleinen Stadt Kronach nahe Coburg und Bamberg. Ab etwa 1510 baute er in Wittenberg eine große Malerwerkstatt mit über zehn Gesellen auf. Neben religiösen Bildern gehen zahlreiche Porträts der Bürgerschaft und des Adels auf ihn zurück. Besonders bekannt ist er aber als Madonnenmaler. Erhalten sind rund 1000 Bilder, wobei er mit seiner Werkstatt vermutlich bis zu 5000 Kunstwerke schuf, davon rund 120 Madonnenbildnisse. Martin Luther beeinflusste ihn stark in seinem Gedankengut und seiner Darstellungsweise.

Das **Mariahilfbild im Dom** wurde in Ölmalerei auf einer Rotbuchenholztafel (85,5 x 59 cm) ausgeführt und ist zwischen 1517 und 1537 datiert. Vor einem dunklen Hintergrund sitzt Maria in einem dunklen Kleid mit rechteckigem Ausschnitt und einem dünnen hellen Einsatz mit einer zarten Randbordüre von 31 sichtbaren schwarzen Kreuzlein. Darüber trägt sie einen roten, mit reicher Stofffülle entfalteten Mantel mit hellerem Innenfutter. Die Ärmelenden sind bauschig zusammengerafft. Ein hauchdünner Schleier bedeckt teilweise die Köpfe von Mutter und Kind. Das nackt dargestellte Jesuskind, das die Mutter mit beiden Armen hält, sucht bei ihr Zuflucht. Es drückt seine linke an ihre rechte Wange und ergreift mit seiner Rechten ihren Hals. Der linke Fuß des Kindes steht auf ihrem Schoß, der rechte ist abgewinkelt über den linken Arm der Mutter gelegt.

Cranach ist es meisterhaft gelungen, dem Bild starke Ausdruckskraft zu verleihen. Er schuf nicht eine weltentrückte und ver-

Mariahilfbild von Lucas Cranach d. Ä.

klärt wirkende Madonna mit Sternenkranz um das Haupt, sondern wählte eine einfache Frau und Mutter aus dem Volk. Der Künstler verleiht der Dargestellten einen ergreifenden, seelischen Ausdruck, womit ihr innerstes Wesen erfasst wird.

Das Bild wurde in der kurfürstlich-sächsischen **Kunstkammer in Dresden** aufbewahrt. 1611 durfte sich **Erzherzog Leopold V.** (> 60) bei einem Besuch beim protestantischen Kurfürsten Johann Georg I. von Sachsen das Bild als Gastgeschenk aussuchen. Leopold war damals Fürstbischof von Passau und Straßburg, aber nur mit den geistlichen Würden, nicht jedoch mit den geistlichen Weihen. So gelangte das Kunstwerk nach **Passau**, wo es 1618 gerade zu Beginn des Dreißigjährigen Krieges intensive Verehrung erfuhr und häufig kopiert wurde. Als der Erzherzog 1619 nach dem Tod von Maximilian III. nach Innsbruck übersiedelte, brachte er das Bild mit. In Rom legte er seine bischöflichen Pflichten zurück und heiratete 1626 in Innsbruck die Florentinerin Claudia de' Medici.

Erzherzog Ferdinand Karl, der ältere Sohn Leopolds V., stiftete auf Wunsch der Bürgerschaft im Jahre 1650 das Bild der **St.-Jakobs-Pfarrkirche** (> 35). Inzwischen waren auch schon unzählige **Kopien** in ganz Tirol, in Bayern und in weiter entfernten Gebieten verbreitet. Zahlreiche Gebetserhörungen trugen dazu bei. 1712 stiftete Statthalter Karl Philipp von der Pfalz als Umrahmung einen kostbaren Silberaltar. Im barocken Neubau fand das Bild seinen Ehrenplatz über dem Hochaltar. In festlosen Zeiten wurde dieser Rahmen durch ein Gemälde von Josef Schöpf (1788) mit den hll. Jakobus und Alexius, den beiden Kirchen- und Stadtpatronen, abgedeckt. Nur das Gnadenbild war dann sichtbar. Eine Abbildung davon befindet sich am Gumpphaus (> 23) in der Kiebachgasse.

Als die Tiroler Landstände (Vertreter von Adel, Geistlichkeit, Bürgern und Bauern) 1647 als Dank an Maria dafür, dass Tirol vom Dreißigjährigen Krieg verschont geblieben war, am linken Innufer die **Mariahilfkirche** (> 54) stifteten, wollten sie das Originalbild für ihre Kirche haben. Doch das Ansuchen wurde abgelehnt. Der Maler Michael Waldmann d. Ä. fertigte 1654 eine getreue Abbildung und Johann Paul Schor 1660 ein Rahmengemälde an. Damals erhielt der Stadtteil auch die Bezeichnung „Mariahilf".

33

ETTLHAUS – ANTONIO CESTI – INNSBRUCK ALS RESIDENZ DER ALTEN MUSIK

Etwas aus der Rolle im Vergleich mit anderen Altstadthäusern fällt das **Ettlhaus** (Pfarrgasse Nr. 5) an der Einmündung der Pfarrgasse in den Domplatz. Die spitzbogigen Verzierungen über manchen Fenstern, beim Erker und unter dem Dach weisen auf die neugotische Fassadengestaltung im 19. Jahrhundert hin. Damals wurde auch das dritte Obergeschoss mit einem Satteldach aufgesetzt. Auffallend sind die bis in die Mitte des zweiten Stockwerks reichenden Erdbebenmauern, das Rundbogenportal in der Art der Türing-Werkstatt (> 43) sowie die gut erhaltene alte Geschäftsfassade.

In diesem Haus wohnte der Hofmusikant **Antonio Cesti** (1623–1669), der 1652 bis 1657 im Dienste von Erzherzog Ferdinand Karl stand. Zu Ehren der 1655 in der Hofkirche zum katholischen Glauben konvertierten Königin Christina von Schweden, die auf dem Weg nach Rom in der Residenzstadt Station machte, komponierte er die Barockoper L'Argia.

INNSBRUCK ALS RESIDENZ DER ALTEN MUSIK

Tirols Musik wurzelt in der uralten Kulturlandschaft des heutigen Südtirols. Schon im Mittelalter zogen **Minnesänger und Spielleute** von Burg zu Burg und brachten willkommene Abwechslung, so etwa Walter von der Vogelweide und Oswald von Wolkenstein.

Bereits mit dem Beginn von Innsbrucks Zeit als Residenzstadt im Jahre 1420 brachten die Habsburger neben einer **Hofkapelle** zahlreiche berühmte Musiker aus ganz Europa an den landesfürstlichen Hof. Neben Niederländern, Italienern und Böhmen waren viele Deutsche zu finden. Zudem bestand ein reger Austausch mit Augsburg und München, mit den Gonzagas in Mantua sowie den Medici in Florenz. Musik diente nicht nur als Mittel der Repräsentation und des Vergnügens, sondern gehörte ganz einfach zum Leben dazu. Musik begleitete Feste, Feiern, Turniere, Maskeraden, die Jagd und sogar den

Das Ettlhaus am Domplatz

Krieg, aber auch das religiöse Leben. Feierliche Einzüge, etwa 1414 beim Konzil von Konstanz, waren ohne Pfeifer, Trompeter, Posaunisten, Trommler etc. nicht denkbar.

Von einer **Blütezeit** der Musik am **Innsbrucker Hof** kann unter Erzherzog Sigmund dem Münzreichen (> 6), Kaiser Maximilian I. (> „Kaiser Maximilian I. und Innsbruck“) sowie den Erzherzögen Ferdinand II. (> 80), Leopold V. (> 60), Ferdinand Karl und Sigismund Franz gesprochen werden. Das Jahr 1665 mit dem Tod von Erzherzog Sigismund Franz brachte das Ende der Tiroler Linie des Innsbrucker Hofs (> „Tiroler Linie der Habsburger“).

Die **Hofkapelle** erreichte ein sehr hohes künstlerisches Niveau. Namen wie Paul Hofhaimer, Heinrich Isaak, Ludwig Senftl, Jakob Regnart und Antonio Cesti sind in die österreichische Musikgeschichte eingegangen. An diese Zeit erinnern die weltberühmte Ebertorgel in der Hofkirche, aber auch Schloss Ambras. Dadurch gewann die Residenzstadt eine starke Ausstrahlung.

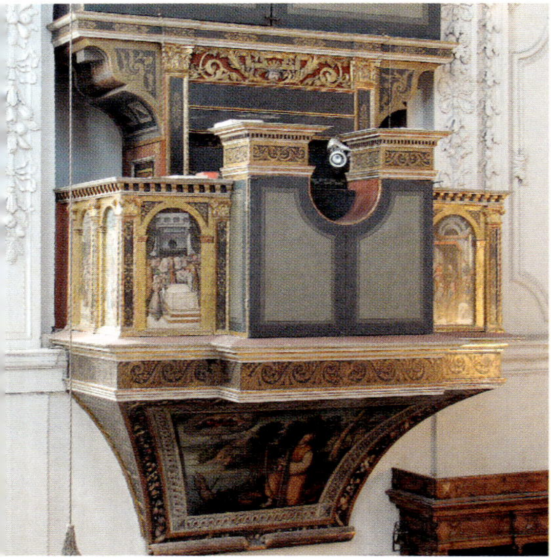

Ebertorgel in der Hofkirche

Eine besondere Stellung nahm die **italienische Oper** ein. Erzherzog Leopold V. (> 60), verheiratet mit der Italienerin Claudia de' Medici, lernte sie in Florenz kennen und schätzen. Italienische Sänger kamen an den Innsbrucker Hof. Bedeutende Opernaufführungen fanden in dem von 1628 bis 1630 erbauten **Comediehaus** an der Stelle des heutigen Congress und in dem von 1653 bis 1655 errichteten **Hoftheater** an der Stelle des heutigen Landestheaters (> 60) statt. Der große Mann der italienischen Oper war damals Antonio Cesti.

Dieses Bewusstsein der früheren Bedeutung Innsbrucks als **Musikzentrum** wurde in der **zweiten Hälfte des 20. Jahrhunderts** aufgegriffen. Die alte Musik erlebte etwa im Schloss Ambras, im Kaiser-Leopold-Saal der Theologischen Fakultät der Universität, im Riesensaal der Hofburg und in verschiedenen Kirchen eine Renaissance. Alte Instrumente, etwa die Ebertorgel, wurden restauriert und wieder bespielt, Forschungsprojekte und Meisterkurse ins Leben gerufen. Aus Anlass der 450. Wiederkehr des Todestags von Kaiser Maximilian I. stiftete die Stadt Innsbruck im Jahre 1969 den **„Paul-Hofhaimer-Preis“** für die Interpretation von Orgelkompositionen alter Meister. Alle drei Jahre findet dieser international ausgeschriebene Orgelwettbewerb statt, bei dem die BewerberInnen auf historischen Kirchenorgeln spielen. Weitere bedeutende Veranstaltungen sind die **Ambraser Schlosskonzerte** sowie die **Festwochen der Alten Musik**. Seit 2010 bringt der jährlich stattfindende „Internationale Gesangswettbewerb für Barockoper Antonio Cesti“ junge Sänger aus aller Welt nach Innsbruck.

34

RUND UM DEN DOMPLATZ – INNSBRUCK WIRD DIÖZESE

Der heutige **Domplatz** entstand erst im Zug des Baus der barocken Pfarrkirche zum hl. Jakobus in den Jahren 1717 bis 1722 (Weihe 1724). Vorher standen dort Wohnhäuser. Wie im Barock üblich, gehörte zu einem repräsentativen Gebäude ein weiter Vorplatz nach dem Vorbild der Kirchen in Rom.

Von den Häusern um den Domplatz sind einige erwähnenswert. Das **Brixner- oder Stamserhaus** (Domplatz Nr. 2) diente den Geistlichen des Brixner Domkapitels bzw. den Zisterziensern von Stift Stams im Oberinntal als Unterkunft bei Besuchen. Als **Kräuterhaus** wurden die beiden Häuser Domplatz Nr. 3 und Nr. 4 bezeichnet, über welche sich in der Nordwestecke der Stadtbefestigung der 1890 abgerissene **Kräuterturm** erhob. Eine Abbildung befindet sich am Stadtarchiv (Badgasse Nr. 2). Ab 1514 war im Turm und im anschließenden rechten Haus (Nr. 4) das landesfürstliche **Gefängnis** bzw. das spätere Landesgefängnis untergebracht. 1887 übersiedelte es in einen Neubau in der Schmerlingstraße und fand 1967 auf dem ehemaligen Gelände einer Ziegelei an der Völser Straße westlich von Innsbruck, bezeichnet als „Ziegelstadel", eine neue Bleibe. 1579 befahl Erzherzog Ferdinand II., die Gefangenen an einem anderen Platz zu foltern, da ihre Schreie weithin zu hören sei-

Der Kräuterturm an der Nordwestecke der einstigen Stadtbefestigung bestand bis 1890.

en und dadurch Geheimnisse bekannt würden. Im Kräuterhaus befand sich das Hoflager für Kräuter und Lebensmittel, außerdem wurde dort der Kräuterwein bzw. Likör für den landesfürstlichen Hof hergestellt. Kaiser Maximilian legte Ende 1518 in seinem letzten Testament kurz vor seinem Tod (12. Jänner 1519) in Wels die Stiftung von neun Hofspitälern im Reich fest, darunter auch das **„kaiserliche Hofspital"** in Innsbruck. Dort sollten in erster Linie kranke und arme Hofbedienstete betreut werden. Doch aus Kostengründen zog sich die Errichtung jahrelang hin. Erst sein Enkel und Nachfolger Kaiser Ferdinand I. richtete 1555 in der Silbergasse (heutige Universitätsstraße) ein Hofspital für zwölf alte Männer ein. Dieses war ab etwa 1564 im Hofwagenstall (Schlossergasse Nr. 3) untergebracht und übersiedelte 1582 in das Kräuterhaus am Pfarrplatz, wo es bis zur Auflösung 1789 bestand. Seit dieser Übersiedlung trägt das Haus Domplatz Nr. 3 nur mehr die Bezeichnung „Kaiserspital", das Haus Nr. 4 „Kräuterhaus".

Das Haus Domplatz Nr. 5 dient seit 1964 dem **Innsbrucker Diözesanbischof als Wohnstätte**. Hier ist 1469 die erste Innsbrucker Stadtschule nachweisbar, die nach ihrer Auflösung 1768 noch als Pfarr-Singschule bestand. Äußerer Hinweis auf den Bischofssitz ist nur ein Wappen, allerdings jenes des Bischofs Manfred Scheuer (2003–2016 in Innsbruck). Es zeigt im oberen Teil die Innbrücke in Vogelsicht, darunter das Lamm Gottes mit der Auferstehungsfahne von Christus, dem Wappen der Diözese Brixen. Dem Wappen aufgesetzt ist die Bischofsmütze (Mitra). Dahinter sind ein Stabkreuz und der Bischofsstab bzw. Krummstab.

Diözese Innsbruck

Die große **Brunnenschale** innerhalb der Rasenfläche stammt vom ehemaligen Vereinigungsbrunnen am Südtiroler Platz vor dem Hauptbahnhof. Dieser wurde 1906 mit zwei Schalen als Erinnerung an die 1904 erfolgte Eingemeindung der Dörfer Wilten und Pradl aufgestellt, 1940 aber entfernt. Die zweite Schale ist verschollen. Ersatz bietet seit 1999 der von Peter A. Bär geschaffene Vereinigungsbrunnen am Eduard-Wallnöfer-Platz bzw. Landhausplatz (>75).

ENTSTEHUNG DER DIÖZESE INNSBRUCK

Ab dem **19. Jahrhundert** war Tirol auf die **Diözesen Brixen**, **Salzburg** und **Trient** aufgeteilt. Nach dem Ersten Weltkrieg wurde das Land im **Vertrag von Saint Germain im Jahre 1919** in drei Teile zerrissen – Nord- und Osttirol blieben bei Österreich, Südtirol und das Trentino fielen an Italien. So bildet der Brenner heute die Grenze zwischen Österreich und Italien. Der Großteil Tirols, aber auch Vorarlberg, gehörten zur Diözese Brixen. 1921 entstand in Abhängigkeit von Brixen die Apostolische Administratur Innsbruck-Feldkirch, die 1925 direkt dem Heiligen Stuhl unterstellt wurde. Die Leitung erhielt der Brixner Weihbischof und Generalvikar von Vorarlberg Sigismund Waitz (1864–1941). Sitz dieser Apostoli-

Der Domplatz lädt gerade im Sommer mit seinem Brunnen zum Verweilen ein.

schen Administratur blieb zunächst Feldkirch. 1938 wurde Paul Rusch (1903–1986) Administrator von Innsbruck-Feldkirch.

1964 erhob Papst Paul VI. die Apostolische Administratur zur **Diözese Innsbruck** und ernannte Paulus Rusch zu deren erstem Bischof. Die **Pfarrkirche zum hl. Jakobus** wurde zum **Dom** erhoben, also zur Bischofskirche, der hl. Petrus Canisius wurde Diözesanpatron. Zeitgleich entstand in Südtirol die Diözese Bozen-Brixen. Vorarlberg, das zum Innsbrucker Diözesangebiet gehörte, wurde 1968 zur eigenständigen Diözese Feldkirch.

Auf Bischof Paulus Rusch folgten 1981 Reinhold Stecher (1921–2013), dann 1997 Alois Kothgasser (geb. 1937), der 2002 zum Erzbischof von Salzburg gewählt wurde. Manfred Scheuer (geb. 1955) trat das Bischofsamt 2003 an, verließ jedoch Innsbruck 2016, um das Bischofsamt in Linz anzutreten. 2017 übergab der Papst die Diözese Innsbruck an Hermann Glettler (geb. 1965).

Der **Ziller** bildet eine uralte **Diözesangrenze**, denn seit 739 gehören die Tiroler Gebiete östlich des Flusses zur Erzdiözese Salzburg. Ist das Achental noch Teil der Diözese Innsbruck, so gehören Steinberg am Rofan und das Gebiet östlich davon schon zur Erzdiözese Salzburg.

Hl. Jakobus d. Ä. auf der Domfassade

35

DOM ZU ST. JAKOB – HEILIGE AN DER SCHAUFASSADE – HÖTTINGER BRECCIE

Schon im Tauschvertrag der Grafen von Andechs mit dem Kloster Wilten im Jahre 1180 erhob das Kloster Wilten den Anspruch auf das Monopol über das religiöse Leben in der Stadt. Erst 1643 wurde Innsbruck zur eigenen Pfarre erhoben und damit die **St. Jakobskirche** zur Pfarrkirche. Bis dorthin hatte die Dorfkirche von Wilten, die heutige Basilika Wilten, diese Funktion inne. **1964** wurde mit der Einrichtung einer eigenen **Diözese Innsbruck** (>34) die Pfarrkirche zum Dom, also zur **Bischofskirche**, erhoben.

Eine St.-Jakobs-Kirche ist erst 1270 nachweisbar, nachdem eine Vorgängerkirche durch Brand zerstört worden war. Gravierende Schäden erlitt das Gotteshaus bei den Erdbeben von 1670 und 1689 (>8). Von **1717 bis 1722** (Weihe 1724) kam es zum **barocken Neubau** nach Plänen der Füssener Baumeister Johann Jakob Herkomer und Johann Georg Fischer. Im Zuge der Bombenabwürfe am 16. Dezember 1944 waren schwere Schäden zu verzeichnen, die nach 1945 behoben wurden.

Der **hl. Jakobus der Ältere**, einer der zwölf Apostel, liegt im spanischen Santiago de Compostela bestattet. Neben Santiago waren das Heilige Land, wo Jesus wirkte, sowie Rom, die Märtyrerstätte der beiden Apostelfürsten Petrus und Paulus, über viele Jahrhunderte die drei bedeutendsten Pilgerstätten der Christenheit. Durch das Inntal führt noch heute einer der zahlreichen Pilgerwege nach Santiago de Compostela, weshalb die Kirche dem hl. Jakobus geweiht ist.

Das **Kircheninnere** bietet mit seinen farbenprächtigen Fresken von Cosmas Damian Asam, dem Stuck seines Bruders Egid Quirin Asam, den bewegten Architekturformen und den Altären einen herrlichen Eindruck der Welt des Barocks. Zentrum ist das von Lucas Cranach d. Ä. gemalte Mariahilfbild (um 1517) im Hochaltar, das in unzähligen Kopien an Hauswänden weite Verbreitung erfahren hat.

DIE KALKSTEINPLASTIKEN DER HAUPTFASSADE

Bis nach dem Zweiten Weltkrieg blieben die Figurennischen leer, erst zwischen 1941 und 1960 schuf der Innsbrucker Künstler **Hans Andre** (>20) die **Kalksteinplastiken Tiroler Heiliger und Seliger**: Kassian, Ingenuin, Albuin, Hartmann (unterste Reihe), Notburga von Eben, Romedius von Thaur (mittlere Reihe), Heinrich von Bozen, Magdalena von Österreich (oberste Reihe), Maria mit dem Jesuskind und der hl. Jakobus im Giebelbereich.

Mit dem Bistum Brixen, zu dem der Großteil Tirols bis zum Ende des Ersten Weltkriegs gehörte, sind die vier untersten Figuren engstens verbunden. So gilt der **hl. Bischof Kassian** als sagenhafter Gründer des Bistums Säben (4. Jh.). Der Bischofssitz befand sich auf einem mächtigen Felsen im Eisacktal nahe Klausen, rund 12 km südlich von Brixen. Häufig wird der Heilige mit Kassian von Imola gleichgesetzt, den seine Schüler mit Schreibgeräten zu Tode marterten. Darauf weist der kleine Knabe mit dem Griffel zu Füßen des Hei-

Westfassade des barocken Doms

ligen hin. Zusätzlich hält er ein Buch und eine Märtyrerpalme in Händen. Ebenfalls Bischöfe von Säben waren die **hll. Ingenuin** (mit einem Modell des Säbener Klosterfelsens zu Füßen) und **Albuin** (mit dem Tiroler Adler). Ingenuin ging um 590 als Friedensstifter zwischen den Franken und Langobarden in die Geschichte ein. Albuin verlegte um 990 den Bischofssitz von Säben nach Brixen und ist damit erster Bischof von Brixen. Als vierte wichtige Person in der Frühzeit des Bistums Brixen ist noch der **selige Bischof Hartmann** zu nennen, der im 12. Jahrhundert die Diözese Brixen entscheidend erneuerte. Zu seinen Füßen ist das Brixner Wappen abgebildet, das Lamm Gottes mit der Fahne des auferstandenen Christus.

Die **hl. Notburga von Eben** wurde der Legende nach 1313 im damals bayerischen Rattenberg geboren. Sie arbeitete als Dienstmagd auf der Rottenburg oberhalb von Rotholz in Buch in Tirol sowie als Bauernmagd in Eben am Achensee und ist in der Ebener Pfarrkirche im Hochaltar bestattet. Da sie Kranken und Armen zu essen und zu trinken gab, wird sie meist mit einer Flasche und einem Wecken Brot dargestellt, aber auch mit Getreideähren. Ihr Hauptattribut ist eine Sichel. Als während der Feldarbeit die Glocken zum Aveläuten ertönten und der Bauer sie nicht zum Gebet gehen ließ, bat sie um ein Zeichen des Himmels. Sie warf ihre Sichel in die Luft, die an einem Sonnenstrahl hängen blieb. Aus dem Dorf Thaur zwischen Innsbruck und Hall stammt der **hl. Romedius**, angeblich ein Spross der Edlen von Thaur. Er soll sich im 11. Jahrhundert auf der Rückreise von einer Rompilgerfahrt in einer Einsiedelei im Nonstal im Trentino zurückgezogen haben. Sein Attribut ist ein Bär. Als er auf einem Esel nach Trient reiten wollte, so die Legende, soll ein Bär diesen gefressen haben. Daraufhin zähmte Romedius das Tier und ritt auf ihm in die Stadt. Pilgermuschel und Pilgerflasche sind zusätzliche Attribute.

Hl. Notburga von Eben

Um 1250 wurde der **selige Heinrich von Bozen** geboren, ein besonders gottesfürchtiger Mann, um den sich zahlreiche Wunder ranken. Die Habsburger **Erzherzogin Magdalena** war weder eine Selige noch eine Heilige. Die Tochter Kaiser Ferdinands I. gründete zusammen mit ihren Schwestern Margarete und Helena 1567 in Hall das königliche Damenstift. Kräftige Unterstützung erfuhren sie dabei von ihrem Bruder Erzherzog Ferdinand II., Graf von Tirol. Zu ihren Füßen befindet sich der österreichische Bindenschild.

Höttinger Breccie

Über der **Maria mit dem Kind auf der Mondsichel** bekrönt den Giebel der auf einem Pferd reitende **hl. Jakobus**. Ihm ist das Wappen von Propst Dr. Josef Weingartner (1885–1957) beigegeben, ab 1921 Propst von St. Jakob. Zu seinen Lebzeiten schuf Hans Andre fast alle Nischenfiguren.

DIE HÖTTINGER BRECCIE (BREKZIE)

Das in den Hängen der **Nordkette** abgebaute **Sedimentgestein** prägt entscheidend das Innsbrucker Stadtbild. Es besteht aus eckigen Bruchstücken, die nicht wie Konglomerat durch fließendes Gewässer abgerundet, sondern meist in feines Sediment eingebettet wurden. Die Bezeichnung leitet sich vom italienischen Wort „breccia“ (Geröll) ab. Das geologisch junge Gestein ist im Wesentlichen auf Muren von den steilen Hängen der Nordkette zurückzuführen. Die Breccie besteht aus dunklen Kalksteinen und Dolomiten, die mit einer feinen Grundmasse verkittet sind. Entstanden ist sie in der letzten Eiszeit, die das Gebiet des mittleren Inntals vor rund 25.000 Jahren bis in eine Höhe von ca. 2200 m mit Eis aus den Zentralalpen auffüllte. Bis in die Mitte der 1980er-Jahre wurde das Gestein im Bereich der Hungerburgterrasse und etwas unterhalb davon in mehreren Steinbrüchen abgebaut. Der letzte große Abbruch erfolgte 1987/88 für die Verkleidung der Innuferwände.
In Innsbruck begegnet man der Höttinger Breccie auf Schritt und Tritt: Westfassade des Doms, Erdbebenmauern an den Häusern, Erker, Portale und Säulen an Häuser- und Kirchenfassaden, Sockelzone des Neuhofs (Goldenes-Dachl-Gebäude), Fassade des Alten Regierungsgebäudes, Denkmäler wie Triumphpforte, Stadtturm und viele mehr.

DOM ZU ST. JAKOB – GEOGRAFISCHE KOORDINATEN

An der südlichen Seite des Südturms von St. Jakob befindet sich eine **Gedenktafel** mit Angaben über die **geografische Länge** (29°03'39,57" östlich von Ferro) und die **geografische Breite** (47°16'11,27") des Turms. Anlässlich der Erstellung des österreichischen Grundkatasters von 1817 wurde für die in Tirol und Vorarlberg durchgeführte Detailmessung der südliche Turm der damaligen Pfarrkirche als Koordinatenursprung gewählt.

GEOGRAFISCHE KOORDINATEN DES SÜDTURMS

Heute beträgt die **geografische Lage der Stadt 47°16'11" nördliche Breite** (vom Äquator aus) sowie **11°23'39" östliche Länge** (vom Nullmeridian in der Londoner Sternwarte in Greenwich). 1817 wurde jedoch für die damalige Donaumonarchie der Nullmeridian mit Ferro (westlichste der Kanarischen Inseln im Atlantik) festgelegt. Der Ferro-Meridian war von der Antike bis 1884 der verbreitetste Nullmeridian in Europa. Ferro (spanisch „El Hierro") weist 17°40' westlicher Länge von Greenwich auf. Diese Insel galt in der Antike als das westliche Ende der damaligen Welt. Ihre Durchsetzung als Referenzpunkt geht auf den bedeutenden Astronomen Claudius Ptolemäus im Jahre 150 zurück.

Ein Punkt auf der Erdkugel wird heute durch seine Lage nördlich oder südlich des Äquators (geografische Breite, 0° bis 90° nördliche Breite bzw. 0° bis 90° südliche Breite) sowie des Nullmeridians von Greenwich (geografische Länge, 0° bis 180° östliche Länge bzw. 0° bis 180° westliche Länge) bestimmt und in Grad, Minuten und Sekunden angegeben. Breitengrade verlaufen parallel zum Äquator, Längengrade durch Nord- und Südpol. 1884 setzte sich auf Seekarten der Nullmeridian von Greenwich durch, was auf Großbritannien als führende Seemacht zurückgeht. In der Internationalen Meridian-Konferenz in Washington übernahmen die meisten Staaten diese Regelung. Vorher hatte fast jedes europäische Land seinen eigenen Nullmeridian. Österreich-Ungarn verwendete bis 1918 den alten Ferro-Meridian parallel zum Greenwich-Nullmeridian. Eine Eselsbrücke zum Merken der Koordinaten Innsbrucks bietet das bekannte Duftwasser „Kölnisch Wasser 4711" (47° nördlich, 11° östlich).

Auf der **Geografensäule im Waltherpark in St. Nikolaus** (> 48) sind ihre genauen Koordinaten angegeben, ebenfalls auf Ferro bezogen.

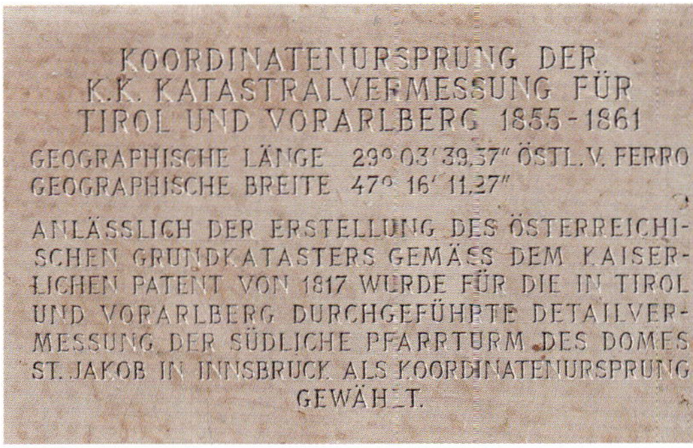

Südturm des Doms – geografische Koordinaten

37

DIE STADTMAUER – SCHUTZ UND SICHERHEIT

Die einstige **Stadtmauer** (> „Innsbruck als mittelalterliche Stadt") bildet noch heute teilweise die Außenseite vieler Häuser entlang von Innrain, Marktgraben, Burggraben, Franziskanerplatz, Rennweg, der Herrengasse und der Herzog-Otto-Straße. So ist bei den Häusern Marktgraben Nr. 13 und Herzog-Otto-Straße Nr. 10 (an der Innseite des Brixner- bzw. Stamserhauses) jeweils ein kleines verglastes Fenster vorhanden, das den Blick auf die freigelegten Steine der Stadtmauer erlaubt. Als Baumaterial dienten in erster Linie die vom Wasser abgerundeten Steine aus dem Inn und den umliegenden Bächen. An der innseitigen Mauer der Ottoburg (Herzog-Friedrich-Straße Nr. 1, > 1) erkennt man noch ein oben abgeschrägtes Stück der Mauer. Beim rund 1 m dicken **Tordurchbruch vom rückwärtigen Domplatz zum Gasthof Fischerhäusl in der Herrengasse** handelt es sich ebenfalls um die ehemali-

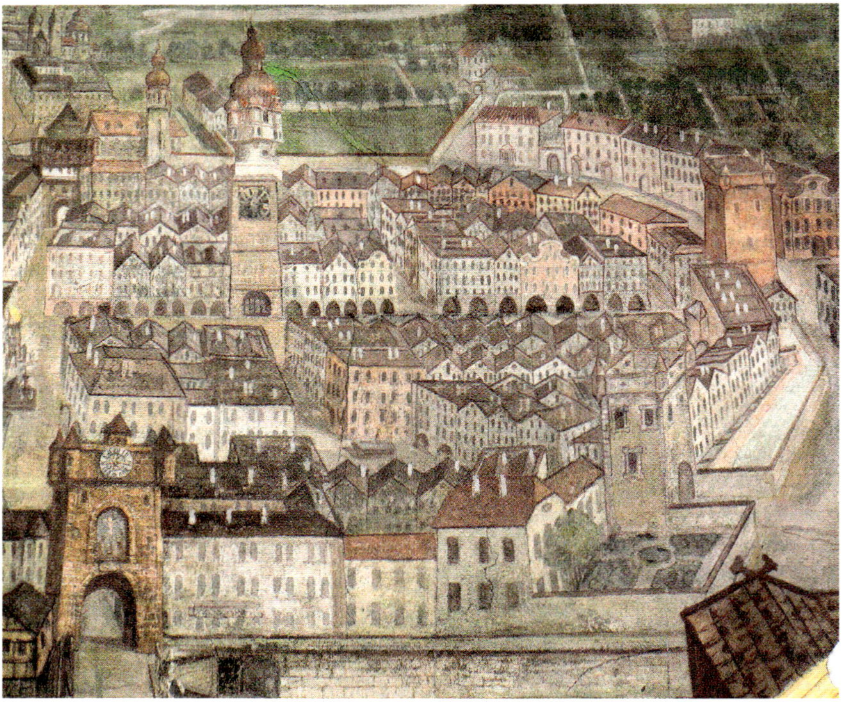

Innsbruck um 1755 mit Inntor und Stadtgraben

ge Stadtmauer. Hier ist noch der Zwinger zwischen der Außenseite der Häuser und der niederen Zwingermauer an der Herrengasse erhalten.

DIE STADTMAUER IN INNSBRUCK

Eine mittelalterliche Stadt musste eine Befestigung haben. Wer sich von außen näherte, gelangte zuerst meist zu einem **Schüttwall**. Danach folgte der **Stadtgraben**, der, je nach Möglichkeit, mit Wasser geflutet wurde. Hinter dem Graben bot die niedere **Zwingermauer** Schutz. Dahinter erstreckte sich bis zur eigentlichen hohen Stadtmauer der sogenannte **Zwinger**, meist nur wenige Meter breit. Feinde waren somit zwischen der niederen Zwingermauer und der hohen **Hauptmauer** in ihrer Bewegungsfreiheit „eingezwungen". Im Zuge der 1765 in Innsbruck abgehaltenen Hochzeit (> 21) von Erzherzog Leopold, einem der Söhne Maria Theresias, mit der spanischen Prinzessin Maria Ludovica wurden der **Stadtgraben** zugeschüttet, das Vorstadt- oder Spitalstor 1765, das Inntor 1790 (> 1) und das Frauen- oder Pickentor (> 22) 1779 entfernt. Das Rumer- oder Saggentor mit dem Wappenturm (> 27) ist im Umbau der Hofburg unter Maria Theresia aufgegangen. Das Wasser im Stadtgraben wies nur eine sehr geringe Strömung auf. Da sich darin allmählich Unrat angesammelt hatte, war auch eine gewisse Geruchsbelästigung gegeben.

An der **Innenseite der Stadtmauer**, wo ursprünglich ein hölzerner Wehrgang bestand, wurden später Häuser angebaut, weshalb die Stift- und Schlossergasse sehr eng sind. Ab etwa 1500 durften die dortigen Hausbesitzer die Mauer für den Einbau von Fenstern und Türen durchbrechen, mussten jedoch im Kriegsfall diese Öffnungen auf eigene Kosten verschließen. Wo an der **Westseite des Franziskanerplatzes** noch einige ebenerdige Geschäfte bestehen, erstreckten sich bis 1765 der Zwinger und der Stadtgraben. Schon bald nach 1765 entstanden entlang des gesamten Markt- und Burggrabens vereinzelt Verkaufsläden, ab etwa 1860 durchgängige eingeschossige Ladenvorbauten. Diese wurden infolge von Kriegsschäden nach 1945 großteils abgerissen, einige entlang des nördlichen Marktgrabens bestanden jedoch bis in die 1980er-Jahre. Marktgraben und Burggraben waren also bis zur Entfernung dieser Vorbauten für Verkehr und Fußgänger viel schmäler.

Rest der ehemaligen Stadtmauer am Marktgraben

RESTAURANT FISCHERHÄUSL – JAGD UND FISCHEREI ALS VERGNÜGUNGEN DES ADELS

Im Bereich des einzigen noch erhaltenen Stadtzwingers mit Teilen der ehemaligen Zwingermauer befindet sich das Restaurant **Fischerhäusl** (Herrengasse Nr. 8) in einem 1753 erbauten Gebäude. Links vom Eingang weist ein kleines **Wandbild auf Jagd- und Fischerei** hin.

JAGD UND FISCHEREI IN TIROL

Jagd und Fischerei waren ein Privileg des Landesfürsten, der dieses an andere weitergeben konnte. Das einfache Volk war davon ausgeschlossen, Wilderei wurde streng bestraft.
Vor allem Erzherzog Sigmund der Münzreiche (> 6), Kaiser Maximilian I. (> „Kaiser Maximilian I. und Innsbruck“) und Erzherzog Ferdinand II. (> 80) sind als passionierte Jäger in die Geschichte eingegangen. Maximilian sah in der Jagd Körper- und Charakterschulung und vertrat die Meinung, dass Sorgen und Krankheiten durch die Jagd geheilt werden konnten. Jedermann, auch das einfache Volk, konnte den Kaiser in der freien Natur ansprechen und seine Anliegen vorbringen. Deshalb ging er auch im Beisein seines Sekretärs und seiner Räte auf die Jagd. Beliebte **Jagdgebiete** waren das Halltal, das Karwendel, weiters das Navis-, Gschnitz- und Sellraintal sowie die Gegend um den Achensee und Plansee. Zur Zeit Maximilians wurde vor allem mit der Armbrust gejagt.

Auf der Jagd

Zentren der **Fischerei** waren der Achensee, der Plansee und Heiterwanger See, aber auch große Fischweiher. Das Ende einer Jagd- bzw. Fischereiveranstaltung wurde mit einem Festmahl mit Musik und Tanz groß gefeiert. Erzherzog Ferdinand II. hielt am Achensee eine kleine Bootsflotte mit einem Prunkschiff, das von 50 bis 60 Ruderern bewegt wurde. Jedes Jahr im Sommer zog der Ambraser Hof an den Achensee und entfaltete ein prächtiges Hofleben. Eine Sonderstellung genossen dort schwangere Frauen, die für den Eigenbedarf mit einer Bettdecke frei fischen durften. Unmut rief 1536 aber hervor, dass zehn bis zwanzig Schwangere zugleich kamen, vier bis fünf Strohsäcke und Bettlaken aneinanderknüpften und so ihre Chancen auf einen Fang vergrößerten.
Neben den üblichen Hofjagden gab es tagelange **Schau- und Staatsjagden** für ausländische Herrscher und Diplomaten. Dazu wurde zahlreiches Personal benötigt. Bei großen Überlandjagden spürten

Hunde hetzen das Wild

eigens geschulte Leithunde die Hirschfährte auf, verfolgten das Rotwild und trieben es zu den im Tal wartenden Windhunden herab, die es weiterhetzten. Die Bergkämme waren mit Bauern besetzt, damit das Wild nicht in das nächste Tal wechseln konnte. Im Tal wurden Netze mit groben Schlingen aufgespannt. Die Jäger verfolgten das Wild auf Pferden und fingen es mit dem Schwert oder dem Spieß ab. Damit das Wild nicht entkommen konnte, wurden bunte Stofffetzen, bezeichnet als „Lappen“, aufgehängt. Brach das Wild jedoch durch, „ging es durch die Lappen“.

Eine besondere Stellung nahmen die eigens gezüchteten **Jagdhunde** ein, die auch häufig als wertvolle Geschenke dienten. Junge Hunde wurden zur Aufzucht an Pfarrhöfe und Klöster verteilt. Die Tiere bekamen sehr gutes Futter und mussten sauber gehalten werden. Bäuerliche Hunde waren dem Adel ein Dorn im Auge. Damit sie nicht dem Wild nachstellen konnten, mussten sie eine Art Knüppel an einer Kette um den Hals tragen. 1594 wurde den Haushunden im Umkreis von zwei Stunden um Schloss Ambras eine Vorderpfote abgeschlagen.

Eine spezielle Form der Jagd in Tirol betraf die **Gamsjagd**. Gerade hier konnte der Jäger seinen Mut und sein Können beweisen. Häufig wurden die Gämsen so weit in die steilen Felswände verfolgt, bis sie nicht mehr weiterkamen. Mit einem bis zu sieben Meter langen Gamsspieß stachen die Jäger die Tiere aus der Wand. Gamsjagden begannen meist schon gegen drei Uhr morgens, damit man zuvor noch die Messe hören und etwas essen konnte. Nicht selten verstieg sich ein Jäger im Fels, kam weder vor- noch rückwärts, wartete ohne Hoffnung auf Rettung und starb qualvoll. Am Fuße des Felsens konnte nur noch der Priester mit der Monstranz Trost spenden.

39

GESTAPO-ZENTRALE IN INNSBRUCK – SCHRECKENSHERRSCHAFT DER NAZIS

Die **Herrengasse** nördlich der Altstadt stellt die Verbindung zwischen dem Rennweg und der Herzog-Otto-Straße am Inn her. Die Bezeichnung bezieht sich auf das 1854 ausgestaltete „Neugebäude" mit den Kanzleien der Statthalterei (Landesregierung).

Durch Einquartierung der **Gestapo** und des Sicherheitsdienstes des Reichsführers SS (SD) in das Haus Herrengasse Nr. 1–3 von 1939 bis 1945 war der Bau mit Angst und Schrecken verbunden. Danach waren hier das Landesarchiv und die Landesbaudirektion beheimatet. Seit Beginn der 1990er-Jahre gehört der gesamte Komplex zum Congress.

Eine **Tafel erinnert an alle Opfer des nationalsozialistischen Terrors in Tirol**, wobei hier exemplarisch der Widerstandskämpfer **Robert Moser**, der am 23. April 1945 in diesem Haus von der geheimen Staatspolizei zu Tode gefoltert wurde, angeführt wird.

DIE GESTAPO IN INNSBRUCK

Ein Zugang verband das Gebäude Herrengasse Nr. 1 mit einem Gefängnistrakt. Ab 1944 bestanden etwa zehn Zellen in den vormaligen Räumlichkeiten der Statthalterei.

Die Gestapo war ein wichtiger Teil des NS-Terrors bei der „Säuberung" der Gesellschaft in politischer und rassistischer Hinsicht. In der Innsbrucker Zentrale waren mit den Außenstellen Bregenz und Brenner etwa 210 bis 230 Personen beschäftigt, 1944 in Innsbruck 125.

Unmittelbar nach Einmarsch der deutschen Truppen begann die **Verhaftung von Regimegegnern**. Zuerst betraf dies vor allem Mitglieder der Vaterländischen

Gedenktafel für den Widerstandskämpfer Robert Moser

Einstiges Gestapogebäude, heute Teil des Congress

Front, der einzigen zugelassenen politischen Organisation unter der autoritären Regierung der Bundeskanzler Engelbert Dollfuß und Kurt Schuschnigg. Jeder, der sich gegen das Regime stellte und aufgegriffen wurde, war Misshandlungen und Folter physischer und psychischer Art ausgesetzt. Weitere Stationen für die Gefangenen waren das Arbeitserziehungslager Reichenau und verschiedene Konzentrationslager.

Die Gestapo verhaftete den auf der Gedenktafel angeführten **Robert Moser** um den 18./19. April 1945. Er war Angehöriger einer Widerstandsgruppe und starb an den Folgen der Folterungen am 23. April 1945.

Als weiteres Opfer der Gestapo unter vielen sei noch **Rosa Hirschegger** genannt. Sie verweigerte öffentlich die Teilnahme am Demonstrationszug anlässlich des „Tags der Arbeit" am 1. Mai 1939. Damals wurde sie erstmals von der Gestapo verhört. 1941 erhielt sie an ihrer Arbeitsstelle einen Brief einer Freundin, in dem „es lebe Österreich und die Freiheit" stand. Obwohl sie das Schreiben sofort vernichtete, konnte es eine Bürokollegin sehen und der Gestapo melden. Etwa drei Monate lang wurde Rosi Hirschegger zweimal wöchentlich von Gestapo-Beamten verhört, dabei bedroht und geohrfeigt. Schließlich ließ die Gestapo von ihr ab. 1994 erinnerte Rosi Hirschegger bei einer antifaschistischen Demonstration an die Gestapo-Zentrale in der Herrengasse. Die Folge war eine gemeindepolitische Diskussion um eine Gedenktafel, die jedoch erst 1998 angebracht werden konnte. Dr. Rosa Hirschegger verstarb 2017.

40

BADSTUBE – SAUBERKEIT, GESUNDHEIT UND VERGNÜGEN

An der Stelle des heutigen **Stadtarchivs** in der Badgasse Nr. 2 (Eckhaus Badgasse/Herzog-Otto-Straße) befand sich einst die städtische **Badstube**, die 1524 als „**Bad im Ofenloch**" urkundlich erwähnt wird, doch schon im 14. Jahrhundert bestand. Gegen Voranmeldung konnte man sich einen Zuber dampfenden Wassers reservieren. 1914 wurde an gleicher Stelle das neue Volksbad eröffnet, das 1963 endgültig schloss. Seit 1966 ist hier das Innsbrucker Stadtarchiv untergebracht, 2002 folgte das Stadtmuseum. Eine **Abbildung** im zweiten Stock zeigt den **Kräuterturm** (> 34) an der Nordwestecke des Domplatzes.

DIE BADSTUBE – DER BADER

In der früheren Heilkunst waren **Bäder** von großer Bedeutung. Die meisten Tiroler Städte und größeren Dörfer besaßen

Vergnügen im Badezuber

öffentliche Badehäuser. Als allgemeiner Badetag galt der Samstag, doch auch vor Fest- und Feiertagen war die Körperreinigung üblich. In den alten Badstuben befanden sich meist enge Kammern und hölzerne Wannen für kalte und warme Bäder. Beliebt waren auch Schwitzbäder ähnlich der heute üblichen Sauna, bei denen man Wasser auf heiße Steine schüttete und so Dampf erzeugte.

Über längere Zeit bestanden in Innsbruck und seiner Umgebung vier Bäder: als einziges öffentliches Bad das „Bad im Ofenloch" (Badgasse), das „Bad im Valpach" (Maximilian-Venus-Bad in der Riedgasse Nr. 77, das bis 1957 bestand), das „Bad im Kerschental in Hötting" sowie das Bad in der Neustadt (Maria-Theresien-Straße Nr. 13).

Hauptaufgabe der Bäder war die **Körperreinigung** und die **Körperpflege**. Der **Bader** oder einer seiner Gehilfen wusch und massierte die Besucher. Für Frauen waren die **Bademägde** zuständig. Dazu kam die Gesundheitspflege, da Schwitzbäder als Schutz und Hilfsmittel gegen Krankheiten betrachtet wurden. Schließlich waren die Badstuben auch Stätten der **Unterhaltung** und des Vergnügens verbunden mit üppigen Speisen und Getränken. Das konnte sogar so weit führen, dass durch das gemeinsame Baden von Frauen und Männern Badstuben zu Bordellen abstiegen, wo sich manche Krankheiten schnell verbreiteten. Es gab Zeiten, in denen die einst angesehene Tätigkeit des Baders zum unehrenhaften Beruf verkam. Waren zwei Baderäume vorhanden, einer für Männer und einer für Frauen, bestand dazwischen grundsätzlich eine hölzerne Trennwand. An dieser standen der Badeofen und die meist dreistufig angelegten Schwitzbänke. Allerdings hatte diese Holzwand zur Verteilung der heißen Luft in beiden Räumen im oberen Bereich ein Gitter. Den besten Schwitzeffekt bot die oberste Bank nahe der Decke, von wo aus man aber durch das Gitter auch den Blick in den anderen Baderaum genießen konnte. Deshalb war die oberste Bank speziell bei den Männern sehr beliebt. Allerdings konnte es wegen der großen Hitze vorkommen, dass jemand ohnmächtig wurde.

In den Badstuben bot der Bader auch den Aderlass an. Die antiken Gelehrten Hippokrates und Galen vertraten die **Viersäftelehre**, die im Mittelalter und in der Neuzeit weit verbreitet war. Danach geht alles Geschaffene auf die vier Elemente Feuer, Wasser, Luft und Erde zurück. Alle Elemente, ob belebt oder unbelebt, haben daher vier Eigenschaften (Temperamente): warm, kalt, trocken und feucht. Jedes Zuviel an Hitze, Kälte, Trockenheit oder Feuchte ist für den Körper schädlich. Wichtig für die Gesundheit ist ein Ausgleich der vier Körpersäfte Blut (Zuordnung Luft – warm und feucht), Weißschleim (Zuordnung Wasser – kalt und feucht), schwarze Galle (Zuordnung Erde – kalt und trocken) und gelbe Galle (Zuordnung Feuer – warm und trocken). Durch **Aderlass, Schröpfen** und das Ansetzen von **Blutegeln** konnte der aus dem Gleichgewicht geratene Säftehaushalt laut damaliger Vorstellung wieder normalisiert werden. Prophylaktisch wurden diese Prozeduren auch ohne Erkrankung mehrmals pro Jahr durchgeführt, was sich meist wenig positiv auf den Körper auswirkte. Dazu kam noch die Verabreichung von **Klistieren**.

Häufig war mit dem Baden auch das **„Barbieren"**, das Waschen des Kopfes, das

Ehemaliges Bad, heute Stadtarchiv

Schneiden der Haare und des Bartes, verbunden. Der Bader führte nicht nur das Bad, sondern übte auch **chirurgische Tätigkeiten** aus. Medizin und Chirurgie waren damals voneinander getrennt. Wurde die Medizin von akademisch ausgebildeten Ärzten ausgeübt, so waren es in der Chirurgie hauptsächlich handwerklich geschulte Personen, die Bader und Barbiere. Die chirurgischen Aufgaben umfassten die Behandlung von Verletzungen und Wunden, von Brüchen, Verrenkungen, Hautleiden und Geschwüren. Dazu dienten ihnen der Aderlass, das Schröpfen, das Ansetzen von Blutegeln und das Klistieren. Eine weitere Aufgabe der Bader war das Zahnziehen.

41–54

NÖRDLICH DER INNBRÜCKE – MARIAHILF-ST. NIKOLAUS

Nach der Zerstörung ihrer Burg Ambras ließen sich **ab 1133** die **Grafen von Andechs** auf der **Nordseite des Inns** nieder und gründeten dort das **erste Innsbruck als Marktsiedlung** (> „Entwicklung des Innsbrucker Stadtgebiets"), bezeichnet als Anbruggen. Die erste urkundliche Nennung erfolgte erst 1180. Heute handelt es sich um den Stadtteil Mariahilf-St. Nikolaus.

Direkt neben dem Inn erstrecken sich die **Mariahilfstraße** nach Westen sowie der **Waltherpark** und die **Innstraße** mit ihren Nebenstraßen nach Nordosten. Zwischen beiden führt die steil ansteigende **Höttinger Gasse** nach Nordwesten. Während die **Innstraße** und die **Sankt-Nikolaus-Gasse** schon von Beginn an als Durchzugsstraßen in Richtung Osten dienten, war die Mariahilfstraße zunächst eine Sackgasse und reichte etwa bis zur Mariahilfkirche. Erst zu Beginn des 16. Jahrhunderts führte sie im Talboden weiter in Richtung Westen. Zahlreiche Häuser entlang beider Straßen weisen Kopien des Mariahilfbildes von Lucas Cranach d. Ä. auf, dessen Original sich im Dom von Innsbruck befindet.

Entlang der Häuserzeile der **Innstraße** ist zuerst das **Haus Nr. 3** (41) zu nennen, das mit seinem Mittelerker und seiner üppigen Barockstuckatur aus der Zeit um 1730 stammt. Dazu gehören Akanthusblätter, Laub- und Bandelwerk, Muscheln und Blumengirlanden. Im aufgeschwungenen Mittelgiebel sticht das farbige Mariahilfbild hervor. Als Besonderheit ist die im zweiten Obergeschoss eingelassene **Kano-**

Häuserzeile in Mariahilf

nenkugel von der Erstürmung der Innbrücke am 12. April 1809 (> 2, 79) zu erkennen, ein Relikt der Tiroler Freiheitskriege. Zu den einstigen Besitzern gehörte von 1500 bis 1505 **Conrad Seusenhofer**, Hofplattner zur Zeit Kaiser Maximilians I. Seine Werkstätte, aus der zahlreiche kostbare Prunkharnische hervorgingen, befand sich an der Stelle des heutigen Alten Landhauses (> 70, „Maria-Theresien-Straße"). Anfang des 17. Jahrhunderts waren weitere Hauseigentümer der Gießer **Heinrich Reinhart** sowie der Modelleur **Caspar Gras**, beide bekannt durch den Leopoldsbrunnen (> 60) am Platz vor der Hofburg.

Im nur zweiachsigen **Haus Nr. 11 (42)** mit einem Erker und einer Fensterfront wohnte ab 1607 **Johann Stadlmayr** (1570–1648), Kapellmeister am landesfürstlichen Hof (> 33). Seine Kompositionen umfassen ausschließlich Kirchenmusik. Stadlmayr genoss großes Ansehen und seine Werke wurden auch in München, Augsburg, Wien und Antwerpen aufgeführt.

Durch seine Malereien sticht der **Ansitz Rainfels (Haus Nr. 17) (43)** hervor, ab 1547 Eigentum von Niklas Türing d. J. Die aus Memmingen in Süddeutschland eingewanderte **Baumeister- und Steinmetzdynastie Türing mit Niklas d. Ä., Gregor und Niklas d. J.** prägte das Stadtbild Innsbrucks am Übergang von der Gotik zur Renaissance: Goldenes Dachl (> 8), Wappenturm (> 27), Sandsteinstatue des Burgriesen Niklas Haidl (> 13, 28), Umgestaltung zahlreicher Altstadthäuser und Schmückung mit Portalen (etwa Burgriesenhaus, > 28) sowie Reliefs und Wappen (etwa Trautsonhaus > 16, Deutschordenshaus > 29, Schöpferhaus > 12, Prechthaus > 31, Katzunghaus > 11). Auffallend sind hier das breite Portal, die beiden seitlichen Erker, das Mariahilfbild sowie der aufgeschwungene Giebel. Die beiden gemalten Wappen rechts des Portals weisen auf die Familien Rainfels (links) und Woertz hin. Bewegte barocke Wandmalereien rahmen die Fenster ein. Dabei sind reizende Putti (Kinderengel), Muschelformen, Voluten sowie Akanthusblätter zu finden.

Kanonenkugel und Stuck (Haus Nr. 3), Malereien beim Ansitz Rainfels (Haus Nr. 17)

Am **Haus Nr. 21 (44)** erinnert eine Tafel an **Jacob Regnart** (1540–1599), dem das Haus einige Jahre gehörte. Der in Flandern geborene Musiker war ab 1585 Hofkapellmeister unter Erzherzog Ferdinand II. und einer der angesehensten Komponisten seiner Zeit (> 33). Er ist in die Musikgeschichte als einer der wichtigsten Vertreter des mehrstimmigen deutschen Liedes im letzten Drittel des 16. Jahrhun-

Ungefähr an dieser Stelle fertigte Albrecht Dürer 1495 die älteste Ansicht Innsbrucks an.

derts eingegangen. In diesem Haus wurde **Dr. Josef Glatz** (1825–1890), Stadtarzt und Gemeindearzt von Innsbruck, geboren. Oft behandelte er sozial schwache Menschen kostenlos, weshalb er sich als „Armenarzt" große Verdienste erwarb. Sein Vermögen vermachte er der armen Bevölkerung von St. Nikolaus.

Walther von der Vogelweide

Direkt am Nordufer des Inns liegt seit 1875/76 der heutige **Waltherpark**, Rest eines einst ausgedehnten Holzlagers und Gewerbegebiets mit wenigen Wohnbauten. Dazu gehörten etwa die Hofhütte zum Bohren der hölzernen Brunnenrohre, eine Stein- und Ziegelhütte, ein großes Holzlager, die Hofzimmerhütte u. a. Das am Rand des Waltherparks noch vorhandene **Flößerkreuz** weist auf den Lande- und Ablageplatz für Flöße und Boote hin. Im Park befinden sich einige interessante Denkmäler.

Direkt am Inn steht ein Betonpavillon, bezeichnet als **Dürerblick** (45). Albrecht Dürer schuf 1495 bei seiner Durchreise nach Italien die Skizze für die älteste Ansicht Innsbrucks etwa von dieser Stelle aus. 2015 zogen Katharina Cibulka und Silvia Boday die Konturen von Dürers Aquarell nach und passten diese als Stahlgebilde in den Pavillon ein. Das Jahr 1877

brachte die Aufstellung der vom Bildhauer Niggl für das Bayerische Nationalmuseum in München gegossenen Figur des mittelalterlichen Minnesängers **Walther von der Vogelweide (46)**. Der barocke **Joachimsbrunnen (47)**, geschaffen nach einem Entwurf von Johann Martin Gumpp (> 23), wird bekrönt von der Figur des hl. Joachim und seiner Tochter Maria vermutlich von Ingenuin Lechleitner. 1709 wurde er als Gegenstück zu dem in der Maria-Theresien-Straße südlich der Annasäule aufgestellten Josefsbrunnen platziert und gelangte 1851 in den Waltherpark. 2015 befestigte ein junges Pärchen eine Hängematte an einem Baum und an der Brunnensäule. Die Säule fiel um und erschlug die junge Frau. 2021 wurde der Brunnen restauriert und verschönert wieder den Park.
In Richtung Innbrücke begegnet man der 1878 von den Innsbrucker Bürgern in Auftrag gegebenen **Geografensäule (48)**. Am Sockel finden sich leider nur mehr sehr schwer lesbare Höhenangaben der umliegenden Berge. Im Aufbau darüber befinden sich ein Thermometer mit Angabe der Durchschnittstemperaturen der einzelnen Monate, eine Sonnenuhr mit Angabe der Meereshöhe (572,3 m) sowie der geografischen Länge und Breite des Standorts (29°3'22" östliche Länge, 47°16' 14" nördliche Breite) bezogen auf Ferro (> 36). Weiters gibt es Informationen zur durchschnittlichen Witterung sowie eine Widmungstafel. Nahe der Innbrücke erinnert das **Denkmal für Franz Thurner** (1828–1879, **49**) an den akademischen Turnlehrer und Gründer der Feuerwehr, eine Bronzebüste auf einem Steinsockel von Norbert Pfretschner, geschaffen 1902.

Denkmal Franz Thurner

Hl. Joachim mit Jesuskind

Tiroler Freiheitskämpfer 1809

Besonders beeindruckend ist die Häuserzeile entlang der **Mariahilfstraße** mit ihren barocken Giebelformen, die vor allem von der anderen Innseite mit der Nordkette im Hintergrund ein malerisches Bild bietet. Der Stadtteil ist nach dem schon vorher erwähnten Mariahilfbild von Lucas Cranach d. Ä. (>32) im Dom von Innsbruck benannt. Kopien davon zieren auch hier die Fassaden.

Am **Eckhaus Höttinger Gasse/Mariahilfstraße** (50) fällt ein in Stein gehauener und bemalter Schrein mit einer **Kreuzigungsgruppe** aus den Jahren um 1430 auf, vermutlich die älteste Wandskulptur Innsbrucks. Die Vorderseite zeigt Christus am Kreuz, begleitet von seiner Mutter Maria und dem Apostel Johannes, die linke Schmalseite eine weibliche Heilige ohne Attribute, die rechte Schmalseite den hl. Nikolaus mit drei goldenen Kugeln auf einem Buch.

„Ruhmreiche Tirolerhelden beim Kampfe an der alten Höttinger Innbrücke und in Mariahilf am 12. April 1809" werden auf einer Marmortafel am **Haus Nr. 12** (51) geehrt: Josef Eller, Jakob Heiß, Josef Hutter, Josef und Wolfgang Natterer sowie Johann Sturm. Es handelt sich also um eine **Erinnerung an die Tiroler Freiheitskämpfe** des Jahres 1809 (>2, 79). Direkt darüber findet sich in einer Nische die Darstellung der **Muttergottes** als Himmelskönigin mit dem Jesuskind.

Dass im **Haus Nr. 14** (52) einst ein Hufschmied arbeitete, zeigt das Holzrelief mit dem **hl. Eligius**. Eligius erlernte das Goldschmiedehandwerk und wurde von 639 bis 641 Bischof von Tours. Laut Legende schnitt er einem störrischen Pferd, das er beschlagen sollte, das Bein ab, befestigte das Hufeisen auf dem Amboss und setzte das Bein wieder an. Genau diese Szene ist hier abgebildet.

Die Kirschentalgasse mündet in einen **Platz mit Brunnen und Grünanlage** (53). Die **Mariahilfmadonna** (>32) auf dem Brunnenschaft schuf Franz Santifaller 1926. Der **Erker** beim **Haus Nr. 48** zeigt den Tiroler Adler, einen Mann und eine Frau in Tiroler Tracht, Engelsdarstel-

Ein Holzrelief mit dem hl. Eligius am Haus Mariahilfstraße 14.

Platz mit Brunnen in Mariahilf

lungen sowie wiederum eine Kopie des Mariahilfbildes von Lucas Cranach d. Ä. Im Park erinnert eine Statue des Wasserheiligen **Johannes von Nepomuk** (> 56) an die Mündung des Höttinger Baches, der jedoch schon lange zugedeckt ist.
Im Dreißigjährigen Krieg (1618–1648) gelobten die Tiroler Landstände (Vertreter von Adel, Geistlichkeit, Bürgern und Bauern) im Jahre 1647 den Bau eines Gotteshauses, sollte das Land von Feindeseinfall verschont bleiben. Hofbaumeister Christoph Gumpp (> 23) erhielt den Auftrag und konnte die **Mariahilfkirche (54)** im Stil des italienischen Frühbarocks in zwei Jahren bis 1749 fertigstellen. Als Hinweis auf die Vollkommenheit der Gottesmutter Maria wählte er die zentrale Kreisform. Die Deckenfresken mit Szenen aus dem Marienleben stammen von Kaspar Waldmann, die Kopie des Mariahilfbildes im Hochaltarbild von Michael Waldmann d. Ä.

Die Mariahilfkirche im gleichnamigen Stadtteil

55

DER INNRAIN – EINSTIGES SCHULKLOSTER DER URSULINEN

Urkundlich wird der Innrain erstmals **1454** im Zusammenhang mit einem Acker genannt. In älterer Zeit diente er nur der **Landwirtschaft** sowie als **Holzlände** und war praktisch unbesiedelt. Durch die lokale Verbindungsstraße nach Völs wurde das Gebiet etwas aufgewertet.

Im **16. Jahrhundert** entstanden der Ansitz Hechtenburg (um 1546–50) durch den Hofsekretär Hans Neuner und der Ansitz Albersheim (um 1560/61) durch den Tiroler Kanzler Dr. Mathias Alber. Bis 1665 kamen nur sechs weitere Wohnbauten dazu, die sich alle an der Südseite befanden. **Dichtere Verbauung** erfolgte erst **nach 1700**.

Bis zum **Beginn des 18. Jahrhunderts** gab es zwischen der Straße und dem Innufer nur das um die Mitte des 17. Jahrhunderts erbaute Hofbauamtsgebäude, genannt Prügelbau. Heute befindet sich dort die Landespolizeidirektion, die in den nächsten Jahren in die Kaiserjägerstraße übersiedeln wird.

Die östlich davon anschließende Häuserzeile Innrain Nr. 6–10 entstand erst in den Jahren **1717/19** als **Wohnbereich für Hof-Handwerker, Künstler, Beamte u. a.** So lebten dort etwa der Bildhauer Nikolaus Moll, von dem die Kanzel im Dom zu St. Jakob stammt, sowie der Steinmetz und Maurermeister Franz Appeller.

Ab dem 17. Jahrhundert diente der Innrain ab der Innbrücke und im Bereich des Marktgrabens als **Marktplatz** (> 22), der bis zum 20. Jahrhundert bis kurz vor die

Ehemaliges Ursulinenkloster am Innrain

Kirche zum hl. Johannes Nepomuk ausgeweitet wurde.
Seine letzte bedeutende Funktionsänderung erhielt der Innrain durch die **Ansiedlung des Stadtspitals** (ab 1882 bzw. 1889) und durch den Bau der **Neuen Universität** (1914–1924).

DIE URSULINEN

Nahe der Einmündung der Stainerstraße in den Marktgraben ist an der Fassade des zweiten Stocks des ehemaligen Ursulinenklosters eine Abbildung der **hl. Ursula** erhalten, dargestellt als junge Königstochter mit einer Fahne, einer Märtyrerpalme und einem Pfeil. 1535 gründete die **hl. Angela Merici** aus Brescia einen Verein von Jungfrauen mit dem Ziel, die weibliche Jugend durch Unterricht und Erziehung im Christentum zu festigen. Nach ihrer Patronin Ursula wurde die neue Gemeinschaft Ursulinen oder Ursulinerinnen genannt. Heute gibt es rund 400 Ursulinenklöster, deren Hauptaufgabe nach wie vor die Mädchenerziehung in Schulen, Internaten, Pensionaten etc. ist.
1689 stiftete **Graf Hieronymus Ferrari d'Occhieppo**, Obersthofmeister der Erzherzogin Eleonora von Lothringen, der Schwester Kaiser Leopolds I., das Kloster der Ursulinen. 1691 eröffneten sie zunächst in der Universitätsstraße eine Schule, siedelten aber 1693 in den Burggraben um, bis von 1700 bis 1705 ihr Kloster nach Plänen von Johann Martin Gumpp d. Ä. (> 23) an der Stelle des Ansitzes Hechtenburg erbaut wurde. 1971 ließen die Schwestern in der Höttinger Au nahe dem Flughafen ein neues Kloster (mit Kapelle, Friedhof und Garten) und eine neue Schule mit Internat nach Plänen von Josef Lackner errichten. Die Übersiedlung erfolgte 1979. Ein Jahr zuvor wurde die Kirche profaniert und von

Die hl. Ursula an der Fassade des ehemaligen Ursulinenklosters

der Raiffeisen-Landesbank Tirol gekauft. Nach dem Einziehen einer Zwischendecke entstanden die zwei Ursulinensäle als Veranstaltungsräume. Der Schultrakt westlich der Kirche wurde 1980 abgebrochen und durch Geschäfte, Büros und Wohnbauten ersetzt. Im sanierten Teil am Marktgraben ist heute u. a. die städtische Musikschule untergebracht. Ein Teil des ehemaligen Klosterhofes wurde mit Wohnbauten, Büros und einer Einkaufspassage verbaut.
Im Giebel der **ehemaligen Klosterkirche** ist noch eine **Herz-Jesu-Darstellung** vorhanden. Das Herz Jesu steht für seine uns erlösenden Leiden und für seine nie endende Liebe. In zahlreichen Tiroler Kir-

Ehemaliges Ursulinenkloster

Herz-Jesu-Bild

chen sind Herz-Jesu-Abbildungen in Form von Statuen oder Bildern zu finden. Im Zuge der Eroberungskriege Napoleons um die Jahrhundertwende gelobten die Tiroler Landstände im Jahre 1796 in der Bozner Pfarrkirche (dem heutigen Dom) dem Herzen Jesu die jährliche Verehrung mit einer Prozession. Das ganze Land Tirol wurde dem Herzen Jesu geweiht und unter seinen Schutz gestellt.

Ende des 19. Jahrhunderts erlangte die Verehrung im Kulturkampf des Katholizismus gegen liberal-nationale Ideen neuen Schwung. Die Herz-Jesu-Feuer auf den Bergen wurden als Gegenstück zu den Sonnwendfeuern eingeführt. Öfter wurde die Herz-Jesu-Verehrung mit politischen Motiven verbunden, vor allem seit der Abtrennung Südtirols im Jahre 1919. Das traf etwa 1946 beim Versuch der Wiedervereinigung der beiden Landesteile zu, aber ebenso in der sogenannten „Feuernacht" vom 11. auf den 12. Juni 1961, in der Mitglieder der Befreiungsgruppe Südtirol in Südtirol 37 Strommasten sprengten.

56

DER HL. JOHANNES NEPOMUK UND DAS HOCHWASSER IN INNSBRUCK

Als Abschluss des einstigen Marktplatzes am Innrain steht in der Mitte die **Kirche zum hl. Johannes von Nepomuk** (1729–1732), ein Werk des Baumeisters Georg Anton Gumpp (> 23). Vorbilder für den hochbarocken Langhausbau mit Zweiturmfassade fand er in Rom. Sowohl Hauptfassade als auch Langseiten sind kraftvoll durchgestaltet mit vor- und rückspringenden Elementen, Dreiviertelsäulen, Pilastern, einem eigenen Attikageschoss und einem wuchtigen Sakristeiumgang. Im Inneren fallen vor allem das stark verkröpfte Gebälk, die weißen Wände mit den Statuennischen und der Stuck auf. Dass die Kirche eine besondere Bedeutung für Innsbruck hatte, zeigen die zahlreichen Stiftungen des Tiroler Adels für die Ausstattung. 1794 malte Josef Schöpf das Deckengemälde im Kirchenschiff, das den Tod des hl. Johannes von Nepomuk darstellt. In Erinnerung an den beliebten Innsbrucker Diözesanbischof Dr. Reinhold Stecher (1921–2013, Bischof 1981–1997) wurde der Platz mit dem Josefsbrunnen vor der Kirche nach ihm benannt.

HL. JOHANNES VON NEPOMUK

Der um 1350 in Nepomuk (Südböhmen) geborene **böhmische Heilige** erlitt seinen Martertod 1393. Auf seine Funktion als Generalvikar der Erzdiözese Prag und Domherr von St. Veit in Prag weist seine geistliche Tracht mit Schulterumhang, Birett auf dem Haupt und Kreuz in der Hand hin. Laut Legende wurde er in die Moldau gestürzt, da er sich weigerte, dem König den Inhalt der Beichte der Königin preiszugeben. Fünf leuchtende Sterne umgaben sein Haupt, als der Leichnam im Fluss trieb. Begraben wurde er im Veitsdom in Prag. Als man dort 1719 seine Zunge, die das Beichtgeheimnis bewahrt hatte, unversehrt fand, folgte 1729 die Heiligsprechung. Meist wird er mit einem Kruzifix, manchmal mit einer Zunge in der Hand, dargestellt, kann jedoch auch den Zeigefinger als Hinweis auf das Schweigegelübde an die Lippen legen. Die fünf Sterne werden als die lateinische Inschrift „**Tacui**" gedeutet: „Ich habe geschwiegen.' Johannes Nepomuk ist einerseits Patron des Beichtgeheimnisses, andererseits Beschützer gegen Wassernot, Patron der Flößer und Schiffer, der Müller und der Rei-

Hl. Johannes Nepomuk

Kirche zum hl. Johannes Nepomuk

senden, die Brücken überqueren. In Tirol gibt es fast 300 Statuen und Bilder von ihm, häufig auf Brücken oder in ihrer Nähe. 1709 wird eine Johannesstatue auf der Innbrücke erwähnt, die jedoch 1762 ein Hochwasser mitriss. Es folgten weitere Nepomukstatuen, wobei die letzte 1849 als Verkehrshindernis entfernt wurde.

Wasserstand des Inns 1772 und 1762

INNSBRUCK UND DAS HOCHWASSER

In Verbindung mit dem Heiligen als Wasserpatron ist an der Hinterseite der Kirche eine **Tafel mit dem Hochwasserstand des Inns am 17. September 1772 und am 11. Juli 1762** angebracht. Von Überschwemmungen in Innsbruck wird immer wieder berichtet. Die meisten Orte im Inntal, wie auch in anderen Alpentälern, wurden auf den erhöhten Schwemmkegeln der Seitenbäche errichtet und nicht im Talboden. Gerade die Städte Innsbruck, Hall und Rattenberg waren stark gefährdet, kleinere jährliche Überschwemmungen Teil des täglichen Lebens. Verheerende Überschwemmungen gab es 1518, 1528, 1566, 1567, 1571, 1576, 1588, 1604, 1628, 1640, 1669 oder 1670, 1762, 1772, 1776, 1789, 1802, 1806, 1831, 1837, 1845, 1851, 1855, 1868, 1871, 1959, 1965, 1985, 1987, 2005.

So wird vom 21. September 1588 berichtet: *Der Yhn-Stromm zu Ynsbrugg also groß und hoch sich ergossen / daß der Stadt-Graben vor den Picken-Thor voller Wasser ware.*

10. und 11. Juli 1762: *Das Steigen des Innflusses begann am 10. und ging so rasch vor sich, dass es mit freiem Auge zu erkennen war. Am nächsten Tag stand die ganze Umgebung von Innsbruck unter Wasser und viele Menschen, die die Fluth im Freien überraschte, fanden ihren Tod. Um 2 Uhr ergriff das Wasser den ärarischen Holzplatz, schwemmte von hier mehrere Tausend Klafter Brennholz fort und warf einen Theil desselben auf die Innbrücke, vor der es sich haushoch aufstaute. Der Fluss, hierdurch noch mehr geschwellt, ergoss sich nun über die Stadt auf beiden Ufern, stand am Innrain bei der Johanniskirche 1,29 Mtr. über der Strasse. Zwischen 4 und 5 Uhr nachmittags wurde die Brücke fortgerissen, welches Los übrigens schon vorher viele Brücken oberhalb von Innsbruck betroffen hatte.*

57

DIE AMERIKANER KOMMEN – BEFREIUNG TIROLS

Am nördlichen Ende des Burggrabens erstreckt sich der **Franziskanerplatz**. Vor dem Franziskanerbogen liegt links das **Adelige Damenstift**, das Maria Theresia aus Anlass des Todes ihres Ehemanns Kaiser Franz I. Stephan von Lothringen während der Hochzeitsfeierlichkeiten ihres Sohnes Erzherzog Leopold im Jahre 1765 errichten ließ (> 21, > 74). Rechts befinden sich die Hofkirche sowie die Gartenmauer des Franziskanerklosters. 1563 wurden die **Franziskaner** zur Betreuung der Hofkirche geholt und im Oktober 2021 in dieser Funktion von den Kapuzinern abgelöst.

An dieser Mauer erinnert eine **Bronzetafel** mit der Inschrift **„Zum Gedenken an die in den letzten Tagen des 2. Weltkriegs bei der Befreiung Tirols gefallenen Soldaten der U.S.-Armee“** an die Befreiung Tirols. In den Tafelecken sind die Embleme der vier US-Divisionen abgebildet: die 44. Infanterie-Division (oben links – zwei Rücken an Rücken gestellte Vierer), die 103. Infanterie-Division (oben rechts – „Kaktus-Division“), die 36. Infanterie-Division (unten links – „Texas-Division“) und die 42. Infanterie-Division (unten rechts – „Regenbogen-Division“). Die Regenbogen-Division entstand 1917 und setzte sich aus Eliteregimentern der Nationalgarde von 26 Bundesstaaten und dem District of Columbia zusammen. Der damalige Major Douglas MacArthur äußerte, dass sich die Aufstellung dieser Einheit wie ein Regenbogen über das ganze Land ziehe. Die Soldaten der in den frühen 1920er-Jahren aufgestellten Kaktus-Division stammten mehrheitlich aus den wüstenhaften Bundesstaaten Arizona, Colorado und New Mexiko.

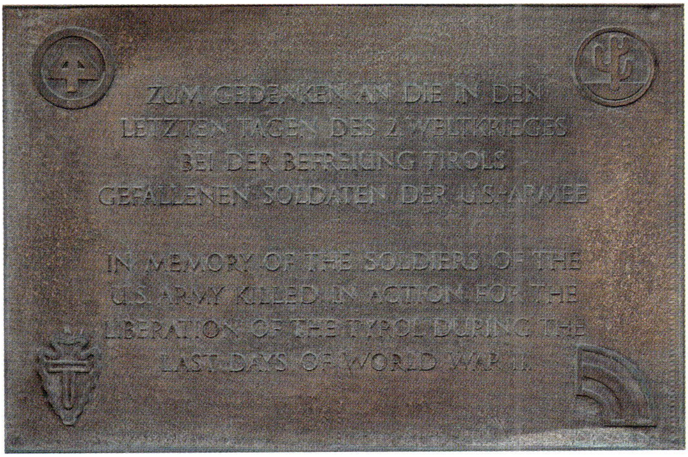

Erinnerungstafel an die Befreiung Tirols

LETZTE KRIEGSTAGE UND BEFREIUNG TIROLS 1945

Die zunehmenden Niederlagen der Wehrmacht und der Vormarsch der französischen und US-amerikanischen Truppen zu den Grenzen Tirols und Vorarlbergs machten den Widerstandskämpfern Mut. Gauleiter Franz Hofer war sich der nun unabwendbaren Niederlage bewusst und hielt sich durch geschicktes Taktieren mehrere Optionen für die Zeit nach dem Krieg offen.

Am **1. Mai 1945** durchbrachen US-Verbände die Scharnitzer Klause. In Reith bei Seefeld, Zirl sowie am Fernpass leistete die Wehrmacht heftigen Widerstand. Die Amerikaner drohten mit der Bombardierung Innsbrucks, sollte die Stadt weiter verteidigt werden. Als sie am 2. Mai ein Ultimatum stellten, lenkte Hofer ein. Adolf Hitler war zu dieser Zeit schon tot. Hofer war jedoch nicht befugt, eine offizielle Kapitulation Innsbrucks oder gar Tirols anzuordnen, dies stand General Erich Brandenberger, Oberbefehlshaber der 19. Armee, und Generalfeldmarschall Kesselring als Oberbefehlshaber West zu. Erst mit der Gefangennahme von General Brandenberger erhielten die Amerikaner am 5. Mai die offizielle Kapitulationsurkunde.

Die Mitglieder des Widerstands besetzten bis zum Abend des **2. Mai 1945** die Inn-Kaserne, die Prinz-Eugen-Kaserne, die Conradkaserne sowie die Gendarmeriekaserne. Am 3. Mai übernahmen sie die Polizeidirektion und besetzten kampflos das Gauhaus (Neues Landhaus bzw. Landhaus 1). Damit konnten sie weitgehend die Macht in Innsbruck übernehmen. Es gab jedoch noch vereinzelt Kampfhandlungen, bei denen der Widerstandskämpfer Prof. Dr. Franz Mair nahe dem Kaufhaus Tyrol erschossen wurde. Am Alten Landhaus erinnert eine Gedenktafel (> 71) daran.

Am **3. Mai 1945** um 19.45 rückte das 1st US-Batallion der 103. Infanterie-Division von Zirl aus in Innsbruck ein. Die Tiroler Widerstandsbewegung unter der Führung von Karl Gruber übergab Major Sheldon D. Elliott Innsbruck als befreite Stadt. Der Empfang der US-Truppen seitens der Bevölkerung war teils euphorisch. Doch ein Großteil der Bevölkerung blieb daheim und wartete zunächst ab. Die meisten Männer befanden sich als Soldaten noch fern der Heimat.

Nach der Befreiung Tirols durch die US-Amerikaner erlebte Nordtirol eine zehnjährige Besatzungszeit durch die Franzosen, in Osttirol durch die Briten. Erst mit dem Staatsvertrag vom 15. Mai 1955 war Österreich wieder frei (> 77).

DES KAISERS LETZTER BESUCH – DIE HOFKIRCHE

Im Durchgang des einstigen Wappenturms am Ende der Hofgasse zur Hofkirche erinnert ein **Bronzerelief an den Empfang Kaiser Maximilians I.** (> „Kaiser Maximilian I. und Innsbruck“) durch drei Mädchen, ein Werk des Tiroler Künstlers Emmerich Kerle. Eine der drei kredenzt dem Kaiser Wein. Hinter ihm sind ein Harfenspieler und ein Ritter mit dem österreichischen Bindenschild zu erkennen. Zwischen dem Kaiser und den drei Mädchen ist das Stadtwappen mit der Innbrücke (mit drei Pfeilern) zu sehen.

Für Kaiser Maximilian war Innsbruck das Zentrum seines Reiches. Er war jedoch ein **„Wanderkaiser“ ohne Hauptstadt**. Auf seinen Reisen begleitete ihn ein engeres Gefolge von mindestens 450 Personen vom einfachsten Bediensteten bis zum höchsten Adeligen. Dazu gehörten Köche, Küchenbuben, Heizer, Beleuchter, Wasserträger, Holzträger, Türhüter, Ärzte, Chirurgen, Geistliche, Schneider, Schuster, Musikanten und viele mehr. Zusätzlich bestand noch ein umfangreiches Wachpersonal. Diese Menschen wollten untergebracht, verköstigt und unterhalten werden. Vor allem die Adeligen pochten auf standesgemäße Versorgung.

Ende **Oktober 1518** traf der Kaiser, von Augsburg kommend, in Tirol ein, müde und von schwerer Krankheit gekennzeichnet. Die Innsbrucker Wirte ließen nur ihn und sein engeres Gefolge in die Stadt, verweigerten jedoch seinem Tross wegen unbezahlter Schulden in der enormen Höhe von 24.000 Gulden Stallungen und Quartier. Das traf den niedergeschlagenen Mann schwer. Schon am 2. November 1518 reiste er in einer Sänfte in Richtung Wien weiter. In **Wels**, wo er am **12. Jänner 1519 verstarb**, bestimmte er in seinem letzten Testament einige Tage vor seinem Tod die Burgkapelle von **Wiener Neustadt** als **Begräbnisort**.

DIE HOFKIRCHE UND DAS LEERE GRABMAL

Schon zu Lebzeiten plante der Kaiser ein großes **Grabmal**. Wie dieses aussehen und wo es stehen sollte, hat er jedoch nie genau definiert. Am wahrscheinlichsten war eine Grabeskirche am Falkenstein über

Franziskanerplatz und Hofkirche

Schwarze Mander in der Hofkirche

dem Wolfgangsee. Jedenfalls gab er den Auftrag zum Guss 40 überlebensgroßer Bronzefiguren (> 72) von Vorgängern, Familienmitgliedern und Vorbildern. Weiters wollte er 34 römische Kaiserbüsten und 100 Statuetten der Heiligen des Hauses Habsburg als Begleiter. Bei seinem Tod waren 11 große Figuren fertig, die zunächst gelagert wurden. Die Georgskapelle in Wiener Neustadt war vermutlich für deren Aufstellung nicht geeignet.
Erst sein Enkel und Nachfolger Kaiser Ferdinand I. beschloss den Weiterguss der Bronzefiguren (insgesamt 28) und den Bau einer Grabeskirche in Innsbruck. Die **Hofkirche** wurde **von 1553 bis 1563** nach Plänen von Andrea Crivelli von Niklas Türing d. J. (> 43) und Marx della Bolla errichtet. Das Kenotaph (leeres Grabmal) entstand nach einem Entwurf von Florian Abel aus Prag. Drei der 24 Marmorreliefs mit bedeutenden Ereignissen aus dem Leben des Kaisers stammen von Bernhard und Arnold Abel, die restlichen 21 von Alexander Colin. Die kniende Figur Maximilians auf dem Grabmal goss Ludovico di Duca 1584. Dieses größte deutsche Kaisergrabmal ist die bedeutendste kunstgeschichtliche Kostbarkeit Innsbrucks in Verbindung mit Maximilian I. Planung und Ausführung der Kirche und des Grabmals dauerten von 1502 bis 1584. Bedingt durch diesen langen Zeitraum ist die Entwicklung der Bildhauerei während des 16. Jahrhunderts gut nachvollziehbar.
Für die Betreuung der Kirche wurden 1563 die Franziskaner geholt, die im Oktober 2021 von den Kapuzinern abgelöst wurden. Seit 1929 ist im ursprünglichen Kloster das Volkskunstmuseum untergebracht.
In der **Silbernen Kapelle**, einem Anbau der Hofkirche, sind die sterblichen Überreste von Erzherzog Ferdinand II. und seiner ersten Ehefrau Philippine Welser (> 80) bestattet.

59

JESUITENKIRCHE UND THEOLOGISCHE FAKULTÄT – DIE JESUITEN UND INNSBRUCK

An der Ecke Universitätsstraße/Angerzellgasse ist zweimal der **österreichische Bindenschild** abgebildet, einmal mit der Jahreszahl **1562**, ein Hinweis auf den Bau des Jesuitenkollegs an dieser Stelle.

1561 holte **Kaiser Ferdinand I.** die Jesuiten nach Innsbruck. Sie sollten mithelfen, den katholischen Glauben in den habsburgischen Ländern zu bewahren, und den Kampf gegen den Protestantismus unterstützen. Eng verbunden mit der Gründung in Innsbruck war der bedeutende Prediger und Kirchenlehrer Petrus Canisius, seit 1964 Patron der Diözese Innsbruck.

Von 1568 bis 1571 wurde das schon bestehende alte Salvatorkirchlein zur ersten Dreifaltigkeitskirche erweitert. Zwischen 1619 und 1622 entstand eine große Hallenkirche, die jedoch bereits 1626 einstürzte. Es folgte von **1627 bis 1633** der dritte **Kirchenbau**, ausgeführt von Pater Fontaner und Maurermeister Andreas Pfefferle (Weihe 1646). Santino Solari, der Erbauer des Salzburger Doms, sowie der Augsburger Architekt Elias Holl dienten als Gutachter. Vorbild ist der Salzburger Dom. Die Fassade geht auf den Innsbrucker Christoph Gumpp (> 23) zurück. Die zwei Türme und der Giebelaufsatz wurden erst 1900/1901 hinzugefügt. Der Aufsatz wird bekrönt von einer Darstellung der Dreifaltigkeit (Gottvater, Gottsohn und Heiliger Geist) sowie einer Tafel mit

Blick auf den Hauptaltar der Jesuitenkirche

Wappen (Ecke Universitätsstraße-Angerzellgasse)

den Buchstaben A.M.D.G. (Ad Maiorem Dei Gloriam – „zur größeren Ehre Gottes“ – als Leitspruch der Jesuiten) und der Jahreszahl MCMI (1901).
Die frühbarocke Fassade erinnert in ihrer Schmucklosigkeit und stark horizontalen und vertikalen Gliederung noch an die Renaissance. Die jeweils von einem Erzherzoghut bekrönten **Wappen Erzherzog Leopolds V.** (> 60, links österreichischer Bindenschild sowie Burgund) und **Claudia de' Medicis** (rechts österreichischer Bindenschild und Wappen der Medici – sechs Kugeln auf goldenem Grund, fünf davon rot, die obere blau mit drei goldenen Lilien) erinnern an das Stifterehepaar, das mit seinen Kindern in der Gruft bestattet liegt.
Zu Ehren des berühmten Innsbrucker Theologen Karl Rahner erhielt der Kirchenvorplatz seinen Namen. Beim **langgestreckten Gebäude rechts** davon, das bis zum Volkskunstmuseum reicht, handelt es sich um das einstige Kolleg. Die barocken Kartuschen über dem Portal links mit „L I.“ und rechts mit „F I.“ nennen Kaiser Leopold I. als Begründer der Universität (1669) sowie ihre Wiedereinrichtung durch Kaiser Franz I. von Österreich (1826). Die Hochschule war zweimal von 1781 bis 1792 und 1810 bis 1826 aufgelöst. Sie trägt deshalb die Bezeichnung „Leopold-Franzens-Universität“. Die Eule in der Kartusche in der Mitte steht für Gelehrsamkeit. Das **Gebäude links des Platzes** beherbergte das ehemalige **Jesuitengymnasium**, 1562 gegründet, 1603 bis 1606 errichtet und von 1722 bis 1724 in der Regierungszeit von Kaiser Karl VI. nach Plänen von Georg Anton Gumpp

Hl. Nikolaus (Eckhaus Universitätsstraße – Sillgasse)

Einstiges Jesuitenkolleg, heute Theologische Fakultät

(> 23) erweitert. Über dem Portal weist das linke Wappen auf Kaiser Karl VI. hin. Der doppelköpfige Adler steht für ihn als Kaiser des Heiligen Römischen Reiches (> 19), der Erzherzogshut kennzeichnet ihn als Erzherzog von Österreich (> 60). Der Tiroler Adler im rechten Wappen zeigt ihn als Graf von Tirol. Darüber befinden sich in einer Kartusche die Buchstaben „IHS" als Kurzform für „Jesus". Heute ist in beiden Bauten die Theologische Fakultät der Universität Innsbruck untergebracht. Das jetzige Jesuitenkolleg erstreckt sich entlang der Sillgasse.

Auf Betreiben von Pater Nikolaus de Lanoy schenkte 1587 Erzherzog Ferdinand II. das **Eckhaus Sillgasse/Universitätsstraße** östlich der Jesuitenkirche den Jesuiten zur Unterbringung armer Schüler, zu Ehren des Initiators „Nikolaihaus" genannt. Als Erinnerung an die dortige Nikolauskapelle befindet sich am genannten Eckhaus eine **Mosaikdarstellung** mit dem hl. Nikolaus. Übrigens war der hl. Nikolaus von Myra Patron der Schüler.

Nachdem Papst Clemens XIV. 1773 den Jesuitenorden aufgehoben hatte, verließen die Ordensmitglieder die Bauten und kehrten erst 1838/1839 zurück. Sie übernahmen zunächst die Leitung des Gymnasiums, eines Adeligenkonvikts und die Betreuung der Dreifaltigkeitskirche.

DIE BEDEUTUNG DER JESUITEN FÜR INNSBRUCK

Die **Gesellschaft Jesu** (SJ – Societas Jesu), kurz Jesuiten, wurden 1534 vom spanischen Edelmann Ignatius von Loyola (1491–1556) gegründet und 1540 von Papst Paul III. bestätigt. Ignatius musste seine militärische Laufbahn wegen einer schweren Kriegsverletzung frühzeitig beenden. So begann er in Paris sein Theolo-

Diözesanpatron hl. Petrus Canisius

giestudium und tat sich dort mit Gleichgesinnten zusammen.

Hauptziele des Ordens waren die Ausbreitung der katholischen Lehre, die Zurückdrängung des Protestantismus, die Pflege der Wissenschaften, eine strenge und sorgfältige Ausbildung der Mitglieder, Exerzitien, Predigt und Seelsorge. Als Beichtväter des Adels und schulische Ausbilder der männlichen adeligen Jugend in Gymnasien und später in Universitäten gewannen sie großen Einfluss in verschiedenen Herrscherhäusern. Zahlreiche männliche Habsburger wurden so von ihnen nachhaltig beeinflusst. Somit konnten sie auch engste Beziehungen zum Kaiserhaus aufbauen. Dazu kam die Missionstätigkeit in Übersee, etwa in Indien, auf den Philippinen, den Molukken und in Süd-, Mittel- und Nordamerika. Ihr striktes Vorgehen bei der Bekehrung der Ureinwohner bzw. Andersgläubiger warf zeitweise ein schlechtes Licht auf den Orden. Neben den drei üblichen Ordensgelübden Armut, Keuschheit und Gehorsam gegenüber Gott kam als viertes der absolute Gehorsam gegenüber dem Papst dazu, weshalb sie auch gerne als „Soldaten Christi" und „Elitetruppe der Kirche" bezeichnet werden.

In Tirol sind die Jesuiten mit den ursprünglichen Gymnasien in Innsbruck und Hall engstens verbunden. Das heutige Akademische Gymnasium Innsbruck und das Franziskanergymnasium in Hall sind daraus hervorgegangen. Als Kaiser Leopold I. 1669 die Universität in Innsbruck gründete, konnten die Jesuiten ihren großen Einfluss geltend machen. Ihre erste Heimstätte hatte die Universität nördlich des Stadtgrabens in der heutigen Herrengasse. 1776 übersiedelte die Hochschule in das Kolleggebäude des 1773 aufgelassenen Jesuitenordens.

Petrus Canisius (1521–1597), geboren in den heutigen Niederlanden, war einer der ersten deutschen Jesuiten und einflussreicher geistlicher sowie politischer Vorkämpfer der Gegenreformation. An der Universität Ingolstadt wirkte er als Rektor und Theologieprofessor. In Wien gründete er mit Unterstützung von Kaiser Ferdinand I. das erste Jesuitenkolleg im deutschen Sprachraum. Dort schrieb er auch den ersten katholischen Katechismus. Von 1560 bis 1580 hielt er sich meist in Innsbruck auf, wo er u. a. 1562 das Jesuitenkolleg in Innsbruck und 1569 jenes in Hall eröffnete. Ab 1571 wirkte er als Hofprediger bei Erzherzog Ferdinand II. 1580 ging er nach Fribourg in der Schweiz, wo er 1597 starb und bestattet wurde. Papst Leo XIII. sprach Petrus Canisius 1925 heilig.

Die Jesuiten haben keine eigene Ordenstracht und kein Chorgebet. Ihre Gebäude werden nicht als Kloster bezeichnet, sondern als Kolleg.

60

LEOPOLDSBRUNNEN – DER ERZHERZOG HOCH ZU ROSS – BAUTEN AM RENNWEG

Zwischen dem Haus der Musik und der Hofburg ragt als besonderes Kunstwerk der **Leopoldsbrunnen** empor. Den Auftrag dazu erhielt 1621 der Hofbossierer Caspar Gras durch Erzherzog Leopold V. Für den Guss (1622–1630) waren Heinrich Reinhart und sein Vetter Friedrich verantwortlich. Bedingt durch den Tod Leopolds im Jahre 1632 gelangte der Brunnen jedoch nie zur Aufstellung. Die Figuren wurden deponiert. Wie das Meisterwerk aussehen und wo es aufgestellt werden sollte, ist nicht bekannt. Schon im 17. Jahrhundert wurden die einzelnen Figuren voneinander getrennt im Hofgarten bzw. am Rennweg präsentiert. Während der Tiroler Freiheitskämpfe von 1809 erregten die unbekleideten weiblichen Plastiken im Hofgarten Ärgernis. Andreas Hofer wollte sie einschmelzen lassen, doch wurden sie in der Hofburg vor ihm „in Sicherheit" gebracht. 1826 erfolgte die Platzierung der Reiterfigur auf einem hohen Sockel vor dem Hoftheater, dem heutigen Landestheater. Die übrigen Figuren kamen nach Schloss Ambras. Die Landesausstellung 1893 bot den Anlass zur Zusammenstellung des heutigen Brunnens nach Plänen von Johann Deininger und Heinrich Fuß.

Der **Brunnen** besteht aus einem annähernd quadratischen Becken, einem dreiteiligen Steinaufbau in der Beckenmitte und elf Bronzefiguren. Vier der Sitzfiguren sind an den Ecken des Beckens platziert: Oceanus (mit Wassergefäß auf der Schulter und rechter Hand auf einem Delphin), Diana (als Jagdgöttin auf einen Hirsch gelehnt, mit Monddiadem und Gurt für Köcher und Pfeil – der einstige Jagdspieß ist nicht mehr vorhanden), Amphitrite (Tochter des Oceanus und Gemahlin Neptuns mit Vase) und „Moosgöttin" (mit Kranich). Auf dem unteren Bereich des mittleren Steinaufbaus sitzt der Meeresgott Neptun auf einer Schildkröte und hält einen Dreizack und eine Kanne in Händen. Triton, ebenfalls Meeresgott, sitzt auf einem Delphin und bläst kräftig in eine große Muschel.

Der unten breitere Steinaufbau weist Rundbogennischen mit Muscheln und Satyrköpfen auf, aus deren Mund sich ein

Der Leopoldsbrunnen nahe dem Landestheater

dünner Wasserstrahl ergießt. Der Aufbau verjüngt sich, wobei vier bronzene Knabenfiguren mit erhobenen Händen weit ausladende, muschelförmige Schalen tragen, in welche aus kleinen Löwenköpfen Wasser spritzt. Bekrönt wird das Kunstwerk vom Reiterstandbild des Erzherzogs. Es handelt sich dabei um die erste ausgeführte monumentale Bronzefigur eines springenden Pferdes, sie ist deshalb für die Geschichte des europäischen Bronzegusses von ganz besonderer Bedeutung. Das Pferd steht nur auf den Hinterbeinen, wobei zum Gewichtsausgleich der Schweif mit Blei gefüllt ist. Der Erzherzog erscheint als selbstbewusster Feldherr und Politiker. Die **Vorbilder** für diesen Brunnen sind im Augsburger Augustusbrunnen (1589–1593) und im Wittelsbacherbrunnen in München (um 1588), Werke von Hubert Gerhard, zu suchen. Als richtungweisend für das Reiterstandbild in der Darstellung eines autoritären Fürsten gilt Giambologna im Italien des 16. Jahrhunderts. Typisch für ihn sind auch die stark bewegten, gedrehten und von allen Seiten ansichtigen Figuren (**figura serpentinata**). Das Kunstwerk zählt zum Stil des **Manierismus**, der etwa zwischen 1520 und 1630 auftrat und sich zwischen Renaissance und Barock schiebt. Kennzeichen sind Auflösung und Verzerrung der Formen, groteske Ornamentik, überlängte oder verkürzte Proportionen und allgemein Verfremdung des Dargestellten.

Zur blauen Stunde besonders pittoresk: der Leopoldsbrunnen mit Hofburg und -kirche im Hintergrund

An der Brüstung befinden sich das **Innsbrucker Stadtwappen** (> 13) und der **österreichische Bindenschild**.

Zu den modernsten Bauten Innsbrucks zählt das **Haus der Musik** (2015–2018, Projekt Erich Strolz, ARGE Strolz-Dietrich-Untrifaller). An der Stelle des **Tiroler Landestheaters** (1844–1846, Giuseppe Segusini) befand sich ursprünglich das von 1653 bis 1655 von Christoph Gumpp (> 23) erbaute **Hofopernhaus**. Nördlich davon dehnt sich der **Hofgarten** aus. Links vor dessen Haupteingang erinnert das von Hans Andre (> 20) 1957 geschaffene **Denkmal Erzherzog Eugen** (1863–1954) an den Oberbefehlshaber der österreichischen Truppen im Ersten Weltkrieg in Südtirol und Hochmeister des Deutschen Ordens. Sein Grabmal befindet sich im Dom. Nördlich an die Hofburg schließt der heutige **Congress** an, entstanden 1973. Christoph Gumpp (> 23) errichtete hier mit dem **Comediehaus** (1628–1630) eines der ersten freistehenden Theatergebäude nördlich des Brenners mit einer Länge von 100 m und einer Breite von 30 m. Rossballette und Wasserschlachten wurden dort aufgeführt. Nach dem Aussterben der Tiroler Linie der Habsburger 1665 diente es als Reithalle und später als Mauthaus, bezeichnet als „Dogana".

ERZHERZOG LEOPOLD V. (1586–1632)

An der südlichen Brüstung des Brunnens ist folgende Inschrift zu lesen: „LEOPOLD V. / ERZHERZOG V. ÖSTERREICH / GRAF VON TIROL. / MDCXIX-MDCXXXII."

Erzherzog Leopold V. und Claudia de' Medici

Erzherzog Leopold V. wurde Bischof von Passau und Straßburg mit kirchlichen Würden, aber nur mit niederen Weihen, war also kein Priester. In Rom legte er seine religiösen Ämter zurück und hielt auf dem Rückweg nach Österreich in Florenz um die Hand von **Claudia de' Medici** an. 1619 wurde er Statthalter in Tirol und den Vorlanden, ab 1623 Landesfürst.

1626 fand das zehntägige **Hochzeitsfest** in Innsbruck mit rund 2400 Gästen statt. In der Neustadt wurden drei Triumphpforten aus Holz und Stuck errichtet. Als Trauungsort diente die Hofkirche. Beim Festmahl in der Hofburg spielte ein vierzigköpfiges Orchester. Zahlreiche Unterhaltungen wie Narren, Mohren, Türken heiterten die Menschen auf. Es gab Jagden, Feuerwerke, Bärenhatzen, Schauspiele, Tanz, Musik und vieles mehr. Die neue Landesfürstin zog mit ihrem 40 bis 50 Personen umfassenden Hofstaat in die Hofburg ein.

Da seine Regierungszeit mit dem Dreißigjährigen Krieg zusammenfiel, ließ er etwa die **Festungen** bei Ehrenberg südlich von Reutte und am Scharnitzpass ausbauen. Tirol blieb von diesem Krieg verschont. Claudia de' Medici brachte die **italienische Sprache**, italienische Musiker, Schauspieler und andere Künstler an den Innsbrucker Hof. Innsbruck wurde zum Mittelpunkt von **Opern- und Theateraufführungen** sowie fröhlicher Hoffeste. Nachfolger wurde der ältere **Sohn Erzherzog Ferdinand Karl**, der Vergnügungen den Vorzug gab und sich wenig um das Land kümmerte. Sein jüngerer Bruder **Erzherzog Sigismund Franz** regierte bis zu seinem Tod **1665** nur zwei Jahre. Mit ihm **endete die zweite Linie der Tiroler Habsburger.** Innsbruck verlor seine Bedeutung als Residenzstadt. Die Regierung fiel an den Kaiser in Wien zurück, der sich durch Statthalter vertreten ließ. An das Fürstenpaar erinnern etwa der Leopoldsbrunnen, Stift Wilten (>79), die Mariahilfkirche (>54) und die Jesuitenkirche (>59) mit der Grablege der Familie.

Leopold auf seinem Pferd

Erzherzogshut von Mariastein

ERZHERZOG VON ÖSTERREICH – GRAF VON TIROL

Der **Name Österreich** geht auf das erstmals 996 erwähnte „Ostarrichi“ zurück. Darunter versteht man die Markgrafschaft Österreich als Teil des Herzogtums Baiern. 1156 wurde im Privilegium minus diese Markgrafschaft aus dem Stammesherzogtum Baiern herausgenommen und in ein unabhängiges Herzogtum umgewandelt. Von 976 bis zu ihrem Aussterben 1246 waren die **Babenberger** für diese Gebiete verantwortlich. Sie waren zuerst Markgrafen, ab 1156 Herzöge. Ihnen folgten ab 1278 die **Habsburger** zunächst als Herzöge. 1356 legte Kaiser Karl IV. in der Goldenen Bulle die Wahl des deutschen Königs durch die sieben Kurfürsten schriftlich fest. Sein Schwiegersohn war Herzog Rudolf IV. von Habsburg, den er allerdings nicht in das Wahlgremium aufnahm. Herzog Rudolf IV. wollte sich 1359 im sogenannten Privilegium Maius mit den sieben Kurfürsten gleichstellen und nahm deshalb den Titel **„Erzherzog“** („erz“ = mehr, über) an. Allerdings lehnte sein Schwiegervater dies ab. Erst 1453 bestätigte Kaiser Friedrich III., der Vater Kaiser Maximilians I., den Titel. Somit waren alle Habsburger offiziell ab 1453 bis zum Ende der Monarchie 1918 Erzherzöge bzw. Erzherzoginnen. Schon 1414 bezeichnete sich Herzog Ernst der Eiserne, Großvater Kaiser Maximilians I., als Erzherzog. Der Tiroler Landesfürst Sigmund der Münzreiche, Graf von Tirol, Herzog von Österreich, nannte sich ab 1477 Erzherzog. Zwei weitere Beispiele: Maximilian I. war römisch-deutscher König, Kaiser des Heiligen Römischen Reiches, Erzherzog von Österreich, Graf von Tirol u. a., Maria Theresia Erzherzogin von Österreich, Gräfin von Tirol, aber auch Königin von Böhmen, König von Ungarn (für Ungarn gibt es die Bezeichnung „Königin“ nicht) u. a. Information zum Titel Kaiser siehe > 19.

Tirol war **Grafschaft**, seit Kaiser Maximilian sogar „Gefürstete Grafschaft“.

Drei **Erzherzogshüte** sind heute noch erhalten. Einer befindet sich in der Burg Mariastein nahe Wörgl, ein weiterer in Stift Klosterneuburg und der dritte in Graz.

61

HOFBURG – ZWEI WAPPEN ERZÄHLEN GESCHICHTE

Erzherzog Sigmund der Münzreiche (> 6) und sein Nachfolger **Kaiser Maximilian I.** (> „Kaiser Maximilian I. und Innsbruck“) ließen eine mittelalterliche Burg als Wohnsitz und Residenz errichten. **Maria Theresia** gab den Auftrag zum völligen Umbau der mittelalterlichen Burg (1754–1756 und 1765–1773. Der alte Riesensaal wurde zum Familiensaal umgestaltet und beinhaltet die Porträtgalerie von Maria Theresias Familie. Im südlich an die Hofburg angebauten Trakt („Stiftskeller“) ist das von Maria Theresia gegründete Adelige Damenstift untergebracht. Die Institution besteht heute noch und wird vom Tiroler Landeshauptmann verwaltet.

1765 heiratete **Erzherzog Leopold**, einer der Söhne Maria Theresias und späterer Kaiser Leopold II., in Innsbruck die spanische Prinzessin **Maria Ludovica**. Während der Hochzeitsfeierlichkeiten (> 21) verstarb **Kaiser Franz I. Stephan von Lothringen** (> 74), Maria Theresias Ehemann, in der barocken Hofburg. Sein Sterbezimmer wurde in eine Kapelle umgewandelt. Weitere bedeutende, prunkvolle Räume sind der Riesensaal mit Porträts der Familie Maria Theresias und drei großen Fresken, der Gardesaal, das Audienzzimmer und das Kaiserin-Elisabeth-Appartement.

ZWEI WAPPEN AN DER RENNWEGFASSADE

In den beiden geschwungenen Giebelaufsätzen an der Rennwegfassade befinden sich zwei doppelköpfige Kaiseradler, wobei jeder der vier Köpfe von einer königlichen Rangkrone bekrönt ist. In der Mitte über den zwei Köpfen ist jeweils die kaiserliche Mitrenkrone zu sehen. Beide Doppeladler tragen in ihren goldenen Fängen einerseits Schwert und Szepter, andererseits den Reichsapfel. Bei beiden ist die vergoldete Collane mit dem Orden vom Goldenen Vlies vorhanden.

Dem **linken (südlichen) Adler** ist ein Deutschordenskreuz (> 29) aufgelegt, in dessen Mitte sich ein Brustschild mit dem Wappen des Hauses Habsburg-Lothrin-

Zwei Wappen an der Rennwegfassade der Hofburg

Kaiserliche Mitrenkrone

gen befindet. Der Löwe weist auf die Familie Habsburg hin, der Bindenschild in der Mitte auf Österreich und die drei Adler auf Lothringen.
Das Deutschordenskreuz findet sich auch beim **rechten (nördlichen) Wappen**, hier mit einem Brustschild mit dem schwarzen Monogramm „F.I."
Bei beiden Darstellungen handelt es sich um die Embleme von Kaiser Franz II., dem Enkel von Kaiser Franz I. Stephan von Lothringen. Das Jahr 1806 brachte das Ende des Heiligen Römischen Reiches, doch schon 1804 wurde das Erzherzogtum Österreich zum Kaisertum Österreich erhoben. Kaiser Franz II. des Heiligen Römischen Reiches wurde somit zu Kaiser Franz I. von Österreich, deshalb „F.I.".
Der **doppelköpfige schwarze Adler** war schon im alten Babylon als Herrschaftszeichen in Verwendung. Ab 1433 stand er für das Heilige Römische Reich, von 1804 bis 1918 für das Kaisertum Österreich bzw. die Doppelmonarchie Österreich-Ungarn. Das **Szepter** gehört als Symbol des Herrschers für Regierungsgewalt und Hoheitsrecht zu den Krönungsinsignien, besteht meist aus wertvollem Metall und ist mit Edelsteinen geschmückt. Im Alten Testament wird im 2. und 4. Buch Mose angeführt, dass Aaron zur Ausübung seines hohepriesterlichen Amtes einen Stab mit sich führte. Der **Reichsapfel**, eine kostbar geschmückte Kugel als Symbol für die Erde bzw. Welt, steht als Hinweis für die „weltumspannende" Herrschaft. Das aufgesetzte Kreuz zeigt das Bekenntnis zum christlichen Glauben. Ursprünglich war der Reichsapfel dem Kaiser bzw. römisch-deutschen König vorbehalten. Im Sinne von Autorität und Herrschergewalt ist das **Schwert** zu verstehen.
Bleibt noch die Erklärung der **kaiserlichen Mitrenkrone** über den Adlerköpfen. Die Herrscher sahen ihre Herrschaft und Würde als gottgegeben an. Der Kaiser als höchster Herrscher der Christenheit beanspruchte wie die Bischöfe sakrale Würde und Autorität. Die Krone besteht deshalb einerseits aus einem hohen Bügel, meist mit Kreuzaufsatz, andererseits aus einer Mitra (Bischofsmütze), die schon im Alten Testament Symbol der Priesterschaft war. Solche Kronen gab es in verschiedenen Monarchien.
Die Habsburger besaßen verschiedene **Hauskronen**, von denen jedoch nur noch die **Rudolfskrone** (> 19) erhalten ist. 1602 ließ sie Kaiser Rudolf II. in Prag anfertigen. Ab 1804 verwendete sie Kaiser Franz I. mit der Entstehung des Kaisertums Österreich als Kaiserkrone. Heute befindet sie sich, zusammen mit der römisch-deutschen Kaiserkrone bzw. Reichskrone, in der Kaiserlichen Schatzkammer in Wien.

62

DAS STADTSPITAL – SORGE UM KÖRPER UND SEELE – SPITALSWESEN IN INNSBRUCK

Verlässt man die Altstadt in Richtung Süden und überquert den einstigen Stadtgraben, steht rechts, gleich am Beginn der Maria-Theresien-Straße, die barocke Spitalskirche. Wie praktisch jede mittelalterliche Stadt besaß Innsbruck schon sehr früh ein **Stadtspital**. 1307 rief Herzog Heinrich von Kärnten, Graf von Tirol, Vater der Margarete Maultasch, die Innsbrucker Bevölkerung zur Gründung eines neuen Spitals auf und unterstützte sie tatkräftig. Umfangreiche Schenkungen bildeten den Grundstock für den Bau und dessen Erhaltung. Eine wichtige Geldquelle war auch das Haller Salz. Die Lage ist typisch für mittelalterliche Hospitäler: außerhalb der Stadtmauer, unmittelbar am Stadtgraben.
Zwischen 1312 und 1315 wurde das Gebäude fertiggestellt, das sich von der alten gotischen Spitalskirche westwärts erstreckte. In seiner heutigen Gestalt dürfte die Anlage mit dem Bau der Spitalskirche um 1700 entstanden sein. 1837/38 brachte die Verlängerung entlang des Marktgrabens bis zur Stainerstraße. In das 1869/70 errichtete Gebäude zog 1890 die „Realschule" ein. Heute bildet es das Hauptgebäude des Bundes-Realgymnasiums am Adolf-Pichler-Platz. 1889 übersiedelte das Spital in die Neubauten im Westen der Stadt.
Beim alten Spital befand sich ein eigener **Friedhof**. 1509/10 ließ Kaiser Maximilian I. den Stadtfriedhof um die St. Jakobskirche hierher verlegen. 1855 entstand dann der Westfriedhof außerhalb der Stadt. An den alten Friedhof erinnert noch der Adolf-Pichler-Platz.

Spitalskirche zum Hl. Geist

Johann Martin Gumpp d. Ä. (> 23) schuf die Pläne für die von **1700 bis 1705** gebaute barocke **Spitalskirche**. Sie fügt sich in die Häuserflucht der Maria-Theresien-Straße ein, weist einen Turm mit Haube und Laterne, zwei Portale sowie stuckverzierte Fensterumrahmungen auf. Das saalartige Innere ist reich stuckiert und besitzt eine doppelgeschossige Empore.

Durch Bombenschäden im Zweiten Weltkrieg wurden die barocken Fresken von Johann Josef Waldmann zerstört, nur jenes über der Orgel blieb erhalten. Die heutigen Deckenfresken malte der Innsbrucker Künstler Hans Andre (> 20) im Jahre 1962: im Chor Moses mit den Gesetzestafeln und dem Goldenen Kalb, im Hauptraum die Bergpredigt, das Pfingstfest und die Acht Seligkeiten.

SPITALSWESEN IN FRÜHERER ZEIT

Der Begriff „**Hospital**“ leitet sich vom lateinischen Wort *hospitalitas* (Gastzimmer, Gastlichkeit) ab. In den Alpenregionen wird häufig die Bezeichnung *Hospiz* für Hospital verwendet. Hospize entstanden auf Gebirgsübergängen, bei Pässen (etwa Hospiz St. Christoph am Arlberg) und wichtigen Straßenkreuzungen.

Ursprünglich handelte es sich um **Pilger-, Fremden- und Armenherbergen**. Schon in der Spätantike errichteten Klostergemeinschaften Hospitäler und führten sie im Sinne christlicher Barmherzigkeit und Gastfreundschaft. Dort wurden Obdachlose, Reisende, Arme, Kranke, Gebrechliche, Witwen und Waisen aufgenommen und versorgt. Mit den Kreuzzügen entstanden entlang der Pilgerwege nach Jerusalem zahlreiche Hospitäler, betreut von den neu gegründeten Bruderschaften. Besonders bekannt wurden in diesem Zusammenhang die drei großen internationalen Ritterorden: Templer, Johanniter (Malteser) und Deutscher Orden. Viele Jahrhunderte dominierten religiöse Orden und die Kirche das Fürsorgewesen. Das 14. Jahrhundert brachte in den langsam entstehenden und aufblühenden europäischen Städten eine Gründungswelle von Spitälern. Medizinische Versorgung im heutigen Sinn gab es erst ab dem 19. Jahrhundert.

Betreuung von Kranken

Die meisten spätmittelalterlichen Spitäler, wie auch in Innsbruck, sind dem **Heiligen Geist** geweiht, der die göttliche Liebe und Barmherzigkeit verkörpert. Dieser Heilig-Geist-Orden wurde um 1180 in Montpellier gegründet. Als weiterer Patron tritt **Johannes der Täufer** auf. Um 1050 gründeten italienische Kaufleute in Jerusalem eine Laienbruderschaft für Pilger, aus welcher der Ritterorden der Johanniter bzw. Malteser hervorgegangen ist. Ihr Patron war der hl. Johannes der Täufer, dem ihr erstes Hospital in Jerusalem geweiht wurde.

Reiche Leute übertrugen dem Spital ihr ganzes Hab und Gut gegen lebenslange Verpflegung, man spricht von **„Einpfründung“**. Diese Pfründe betrafen Immobilien, Wiesen, Wälder, Äcker, Geld und Naturalien: Wer es sich leisten konnte, schloss einen solchen Vertrag schon in jungen Jahren ab – ein Vorläufer des modernen Pensions- oder Sozialversicherungswesens. Spitäler wurden dadurch reich, konnten ihre Besitzungen verpachten und nahmen auf diese Weise wieder Geld ein. Die Güter des Innsbrucker Stadtspitals reichten im Süden bis in die

Spitalskirche zum Hl. Geist (Hochaltarbild Pfingstwunder)

Gegend des Brenners, im Westen gegen Telfs und im Osten gegen Hall. So war das Innsbrucker Spital einer der größten Grundbesitzer Tirols. Es war jedoch schriftlich festgelegt, dass arme Innsbrucker ein Recht auf unentgeltliche Verpflegung hatten.

Spitäler wurden von Bruderschaften, Stiftern, Klöstern und Städten unterhalten. Als Stifter traten vor allem reiche Leute auf, die Spitäler mit Geld, Häusern, Grund und Boden zur Versorgung und zum Erhalt ausstatteten. Stiftungen waren eine Möglichkeit, sich den Weg in den Himmel zu ebnen.

In Innsbruck gab es noch zwei weitere Einrichtungen der Krankenpflege, die allerdings wegen der Ansteckungsgefahr möglichst weit außerhalb der Stadt angesiedelt wurden. Das **Sondersiechen- oder Leprosenhaus** ist erstmals 1313 erwähnt und befand sich bis zu seinem Abbruch im Jahre 1789 im westlichen Bereich des Friedhofs von St. Nikolaus neben dem bestehenden Haus St. Nikolaus-Gasse Nr. 33. Dort wurden vor allem die an Lepra oder Aussatz Erkrankten betreut. Auf 1564 geht das **Prestenhaus** in der Kohlstatt zurück, ein **Pestspital** (> 15) in der heutigen Weinhartstraße Nr. 2, gegenüber dem Einkaufszentrum Sillpark. Im großen Pestjahr 1611 musste es erneut instandgesetzt werden. 1612/1613 wurde daneben die **Dreiheiligenkirche** errichtet. Noch zu erwähnen ist das **Kaiserliche Hofspital** im Haus Domplatz Nr. 3 (> 34), eine Stiftung Kaiser Maximilians I. aus dem Jahre 1518. Doch erst 1581/82 war dieses Hospital für die Hofangestellten bis zu seiner Auflösung 1789 tatsächlich in dem auch als „Kräuterhaus" bezeichneten Gebäude untergebracht.

63

MOSAIK VON MAX WEILER – MODERNE KUNST

1956 schuf Max Weiler (geb. 1910 in Absam, gestorben 2001 in Wien) die **Mosaiksäule „Landschaft"** für das Portal des ehemaligen Gasthofes Breinössl in der Maria-Theresien-Straße Nr. 12–14. Er ummantelte einen bestehenden Stahlpfeiler mit bunten Mosaiksteinchen, wobei die Farbe Rot dominiert.

MAX WEILER

Max Weiler zählt zu den großen Vertretern der österreichischen Malerei des 20. Jahrhunderts und ging den Weg einer spezifisch österreichischen Form der internationalen Moderne. Nach seiner Schulzeit und Ausbildung als Lehrer besuchte er die Malschule Toni Kirchmayr. Ab 1930 studierte er an der Akademie der bildenden Künste in Wien bei Karl Sterrer, der ihm den Zugang zu Bildern der **altchinesischen Landschaftsmalerei** der Song-Dynastie (960–1279) ermöglichte. Von 1939 bis 1942 unterrichtete er als Hilfslehrer in Telfs und in Zams. Nach dem Zweiten Weltkrieg übernahm er verschiedene öffentliche Werke in Tirol, so etwa die Fresken in der Theresienkirche auf der Hungerburg (1945–1947), das Maximiliansfresko an der ehemaligen Hauptschule in Hall in Tirol (1952), die Wandmalereien in der Halle des Hauptbahnhofs in

Kaiser Maximilian I. – Fresko im Hauptbahnhof

Innsbruck (1954/55), die Mosaiksäule beim Gasthof Breinössl in Innsbruck (1956), die Wandmalereien im ehemaligen Innsbrucker Stadtsaal (1960), die Gestaltung des Eisernen Vorhangs im Tiroler Landestheater (1967) u. a. 1964 führte er eine Meisterklasse für Malerei an der Akademie der bildenden Künste in Wien, wo er bis 1981 seine Lehrtätigkeit ausübte.

Neben Ölgemälden, Zeichnungen und Fresken widmete er sich auch Mosaiken, Keramiken und Betonglasfenstern. Gerade die chinesische Landschaftsmalerei begleitete ihn sein Leben lang. Er will keine topografische Wiedergabe, sondern die **Natur als Ganzes in ihrem Werden und Vergehen** verstehen und das **Geistige in der Natur begreifen und darstellen**. Daraus ergibt sich eine gestisch expressive bis meditative, gegenstandslose Malerei. Seine Landschaften und Figuren, darunter auch zahlreiche Porträts, sind radikal vereinfacht und zeigen tiefe Verbindung von Naturerfahrung und Spiritualität. Eine besondere Rolle spielte für ihn die **Farbe**. Viele seiner Bildwerke sind Farbensymphonien.

Fresko in der Theresienkirche auf der Hungerburg

Mosaiksäule „Landschaft“

Max Weiler provozierte gerne, wie etwa bei den Fresken in der **Theresienkirche** auf der Hungerburg (1946–1947) und im Hauptbahnhof Innsbruck (1954/55). Im Fresko „Lanzenstich“ in der Theresienkirche zeigt er das Geschehen von Golgotha, wobei die Figur, die Christus am Kreuz mit einer Lanze in die Seite sticht, eindeutig als Tiroler Bauernbursch abgebildet ist. Diese Darstellung wurde als Herabwürdigung des Bauernstandes angesehen, weshalb die Bilder von 1950 bis 1958 verhüllt blieben.

64

DIANA BUDISAVLJEVIĆ – USTASCHA-REGIME UND VÖLKERMORD

Am Haus Maria-Theresien-Straße Nr. 15 (Obexer-Haus) erinnert eine 2021 angebrachte **Gedenktafel an Diana Budisavljević**, die 1891 als Mitglied der Kaufmannsfamilie Obexer in Innsbruck geboren wurde und 1978 hier verstarb. Beim Besuch eines Pflegekurses an der Universitätsklinik Innsbruck lernte sie den aus Kroatien stammenden serbischen Assistenzarzt Julije Budisavljević kennen. Beide heirateten und zogen nach Zagreb, wo ihr Mann als Chirurg lehrte und arbeitete. 1972 kamen sie zurück nach Innsbruck, wo sie bis zu ihrem Lebensende wohnten. Die serbischstämmige **Familie Budisavljević** war durch das totalitäre Ustascha-Regime gefährdet. Diana Budisavljević entschloss sich unter Einsatz ihres Lebens, etwas gegen die Gräueltaten der Bewegung zu unternehmen. Als sie im Oktober 1941 von den Zuständen im KZ Loborgrad erfuhr, organisierte sie eine private Hilfsaktion. Durch ihren beispiellosen Einsatz gelang es ihr, tausende Kinder aus verschiedenen Konzentrationslagern des Regimes herauszuholen und in Heimen, bei Familien und auf Bauernhöfen unterzubringen. Die genaue Zahl der von ihr geretteten Menschen ist nicht bekannt, es könnten jedoch etwas mehr als 15.000 Mädchen und Buben gewesen sein.

DAS USTASCHA-REGIME UND DER VÖLKERMORD

Nach dem Zusammenbruch der Österreichisch-Ungarischen Monarchie mit Ende des Ersten Weltkriegs bildeten die Königreiche Serbien und Montenegro, gemeinsam mit verschiedenen zuvor zur Monarchie gehörigen Gebieten (Kroatien, Bosnien-Herzegowina u. a.), das Königreich der Serben, Kroaten und Slowenen, woraus später das Königreich Jugoslawien hervorging.

1930 entstand die **Ustascha**, ein kroatischer nationalistisch-terroristischer Geheimbund im Sinne einer faschistischen Bewegung, der gegen die Diktatur des jugoslawischen Königs Alexander I. auftrat. Ihr Ziel war der bewaffnete Kampf für einen unabhängigen großkroatischen Staat. 1941 konnte die Bewegung die Macht im neu gegründeten Unabhängigen Staat Kroatien übernehmen. Auf dem Gebiet des heutigen Kroatien sowie Bosnien und Herzegowinas wurde eine totalitäre Diktatur errichtet. Groß angelegten ethnischen Säuberungen fielen vor allem Serben, Juden und Roma zum Opfer. Dazu wurden nach deutschem Vorbild Konzentrationslager errichtet. Die Zahl der Opfer des Völkermords ist bis heute umstritten, die Angaben variieren zwischen 300.000 und 750.000, darunter 330.000 bis 390.000 Serben.

Nach dem Zweiten Weltkrieg und dem Sieg der jugoslawischen Partisanen flohen zahlreiche Mitglieder ins Ausland. Ab 1990 lebte im Zuge der Jugoslawienkriege die Ustascha-Ideologie wieder auf und rief vor allem unter der serbischen Minderheit in Kroatien Angst und Schrecken hervor.

65

DIE ANNASÄULE – DER „BOARISCHE RUMMEL“ 1703

In Innsbrucks Prachtstraße erinnert die Annasäule an ein wichtiges Ereignis in der Tiroler Geschichte. Am **Festtag der hl. Anna (26. Juli) 1703** wurden die eingefallenen bayerischen Truppen aus Tirol vertrieben.

Auf einem über Stufen erreichbaren Postament stehen **vier Heiligenstatuen**. Die **hl. Anna** im Norden, dargestellt als ältere Frau, ist die Mutter Marias. Im Westen erinnert der **hl. Kassian** als Patron der Diözese Brixen, im Osten der **hl. Vigilius** als Patron der Diözese Trient an die einstige Zugehörigkeit weiter Teile Tirols zu diesen Diözesen. Beide sind als Bischöfe dargestellt. Während Kassian hier kein Attribut beigegeben ist, weist ein Holzschuh bei Vigilius darauf hin, dass er laut Legende damit erschlagen wurde. Beim Heiligen im Süden mit dem Drachen und der Lanze handelt es sich um **Georg**, Ritterheiliger und Tiroler Landespatron. 1772 wurde er in dieser Funktion vom hl. Josef abgelöst, ist jedoch seit 2006 nach Josef zweiter Landespatron.

Unter den vier Heiligen halten jeweils zwei Putten Tuchdraperien mit lateinischen Inschriften in Großbuchstaben. Dabei sind, außer an der Nordseite, bestimmte Buchstaben, die römischen Ziffern entsprechen, besonders hervorgehoben. Man spricht von einem Chronogramm. Zählt man die römischen Ziffern einzeln zusammen, ergeben sie die Jahreszahl 1703. Kartuschen beinhalten die **Wappen** von Kaiser Leopold I. (Nordseite), Fürstbischof von Brixen Kaspar Ignaz Graf Künigl (Westseite), Fürstbischof von Trient Johann Michael Graf von Spaur und Valör (Ostseite) sowie Tirol (Südseite)

Über dem Sockel erhebt sich eine Säule aus rötlichem Kramsacher Marmor, geschmückt mit vier Putti (Kinderengel).

Die Annasäule ist ein beliebter Treffpunkt in der Innenstadt.

Madonna auf der Mondsichel

Den oberen Abschluss bildet ein korinthisches Kapitell, bekrönt von einer imposanten **Madonna**, die auf einer Mondsichel steht. Der Mond ist Symbol des Weiblichen, aber auch des Lebens im Sinne von Geburt, Wachsen, Reifen, Abnehmen und Tod. In der Offenbarung des Johannes (12,1) steht: *„Dann erschien ein großes Zeichen am Himmel: eine Frau, mit der Sonne bekleidet, der Mond war unter ihren Füßen und ein Kranz von zwölf Sternen auf ihrem Haupt.*" Diese Stelle wird auf Maria gedeutet und Sonne, Mond und der Sternenkranz weisen auf ihre Schönheit hin. Seit 1958 befindet sich die originale Marienstatue als Leihgabe in der ehemaligen Stiftskirche Fiecht. Aus konservatorischen Gründen musste sie durch eine Kopie ersetzt werden. 2008 geschah dasselbe auch mit den vier Heiligenstatuen. Die Originale stehen im Alten Landhaus.

DER „BOARISCHE RUMMEL" 1703

Hl. Georg mit Lanze und dem Drachen

Aus der ersten Ehe Kaiser Maximilians I. mit Maria von Burgund (1477–1482) gingen die Kinder Philipp der Schöne, Margarete und Franz hervor. **Philipp der Schöne** heiratete 1496 **Johanna die Wahnsinnige** von Spanien. Durch verschiedene unvorhersehbare Todesfälle in der Familie wurde Johanna die Erbin Spaniens und der spanischen Länder in der Neuen Welt. Ihre beiden Söhne, die späteren Kaiser Karl V. und Kaiser Ferdinand I., traten das Erbe an. Dadurch entstanden **zwei Linien der Habsburger**, eine **österreichische** und eine **spanische**. Der letzte spanische König Karl II. starb im Jahre 1700 kinderlos. Kurz vor seinem Tod setzte er einen französischen Bourbonen zum Erben ein. Um das begehrte Erbe rangen nun die beiden führenden Dynastien Europas – die österreichischen Habsburger und die französischen Bourbonen im **Spa-**

Boarischer Rummel 1703 – Heerlager des bayerischen Kurfürsten

nischen Erbfolgekrieg (1701–1714). Beide Kontrahenten hatten Verbündete. So konnten die österreichischen Habsburger, in deren Armee Prinz Eugen eine führende Rolle spielte, etwa England als Bundesgenossen gewinnen. England erhielt damals Gibraltar. Kaiser Karl VI. verlor den Krieg und damit die spanischen Besitzungen. 1714 wurde der Krieg durch den Frieden von Rastatt beendet. Ergänzungen dazu erfolgten im Frieden von Baden.

Tirol war von diesem Krieg insofern betroffen, als der mit Frankreich verbündete **bayerische Kurfürst Max Emanuel** 1703 mit 9000 bayerischen und 2500 französischen Soldaten einfiel. Max Emanuel zog am 2. Juli mit großer Prachtentfaltung in die Stadt ein. Aufgrund des heftigen Widerstands der Tiroler sah sich der Kurfürst jedoch schnell zum Rückzug gezwungen. Am **26. Juli** verließen seine Truppen Innsbruck und zogen in Eilmärschen über Scharnitz ab. Die Tiroler verfolgten die Flüchtenden bis nach Bayern, raubten, plünderten und steckten dort Höfe, Dörfer und Klöster in Brand. 1704 gelobten die Tiroler Landstände (Vertreter von Adel, Geistlichkeit, Bürgern und Bauern) die Errichtung einer Marmorsäule durch Christoforo Benedetti als Erinnerung daran. Die Marienstatue ist auch ein Hinweis darauf, dass der Feind am Fest Mariä Geburt (9. September) die Stadt Trient verlassen hatte. In diesem Gelöbnis steht, dass jede Samstagnacht eine Laterne an der Säule angezündet und jedes Jahr am 26. Juli von der St.-Jakobs-Pfarrkirche eine feierliche Prozession zur Annasäule abgehalten werden soll. Im Zuge dieser Prozession erhalten sechs arme Männer und sechs arme Frauen aus der Landeskasse je einen Gulden. So geschieht es auch am Fest Mariä Geburt in Verbindung mit einer Andacht.

66

RATHAUSGALERIEN - GROSSSTÄDTISCHES KONZEPT

1358 wurde das **Alte oder Historische Rathaus in der Altstadt** (> 13) erbaut, von 1442 bis 1450 der **Stadtturm**. 1897 brachte die Übersiedlung in das **Neue Rathaus** (Maria-Theresien-Straße Nr. 13), das heute einen Teil der **Rathausgalerien** bildet. Johann Martin Gumpp d. Ä. (> 23) errichtete im 18. Jahrhundert das barocke Palais Künigl. Nach mehrmaligem Besitzerwechsel erfolgte 1848/1849 der Umbau zum Hotel „Österreichischer Hof". Damals entstand die heutige sechzehnachsige Fassade. Wegen der Konkurrenz zu den neu gebauten Hotels am Bahnhofplatz musste der Betrieb jedoch 1876 eingestellt werden. 1882 kaufte der Papiergroßhändler Leonhard Lang, einer der großen Wohltäter der Stadt, das Haus und schenkte es 1897 den Bürgern als Rathaus. An ihn erinnert die Langstraße in Pradl. Auf dem Grund des einstigen Gartens wurde 1938/1939 in nationalsozialistischer Zeit von Wilhelm Nicolaus Prachensky ein **Erweiterungsbau** (Fallmerayerstraße Nr. 1) errichtet, allerdings getrennt vom Trakt an der Maria-Theresien-Straße. Im Zweiten Weltkrieg beschädigten Bomben das Gebäude.
Durch das stete Wachstum der Stadt nahm auch die Verwaltung zu, verschiedene Ämter mussten in anderen Gebäuden untergebracht werden. Dadurch tauchte der Wunsch nach einem großzügigen Verwaltungszentrum auf. Die in den 1980er-Jah-

In den Rathausgalerien

ren entwickelten Projekte fanden jedoch keine Realisierung. Der französische Stararchitekt Dominique Perrault wurde mit seinem Partner Rolf Reichert aus München zum Wettbewerb geladen und gewann. Perrault, Reichert, Pranschke und Maluche verfolgten einerseits das Ziel, eine neue, zentrale Anlaufstelle für Bürgeranliegen und Verwaltung zu schaffen. Andererseits sollten ein neues Shopping-Center, Gastronomiebetriebe, eine große Tiefgarage und ein Vier-Sterne-Hotel zur Belebung der Stadtmitte beitragen. Die Bauzeit erstreckte sich von 2000 bis zur Eröffnung 2004.

Denkmal Adolf Pichler

DIE RATHAUSGALERIEN

Die Anlage der neuen Rathausgalerien entspricht den Kriterien einer **klassischen Einkaufspassage des 19. Jahrhunderts**, indem sie die Verbindung wichtiger schon bestehender Straßen herstellt. So verbinden überdachte Galerien die Stainerstraße mit der Anichstraße in Nord-Süd-Richtung und die Maria-Theresien-Straße mit der Fallmerayerstraße in Ost-West-Richtung. An ihrem Kreuzungspunkt liegt der Eingang zu den verschiedenen Ämtern. Darüber erhebt sich als Markierungspunkt der 37 m hohe, gläserne **Stiegenhausturm**, neben dem die **Bar 360°** einen weiten Blick über die Stadt und die sie umrahmende Bergwelt bietet. Der völlig neu gestaltete Adolf-Pichler-Platz, Teil des einstigen Spitals- bzw. Stadtfriedhofs, wird im Osten vom **Hotel Penz** abgeschlossen.

Als Verbindung zwischen den beiden vorhandenen Gebäuden an der Maria-Theresien-Straße und der Fallmerayerstraße erstreckt sich der siebengeschossige Trakt des **Rathauszubaus** mit schwarz-weißer Glasfassade im rechteckigen Schachbrettmuster. Die Bekrönung bildet der verglaste Plenarsaal, eingehaust von einem Geflecht aus Nirostastäben. Materialien wie diese stehen für Leichtigkeit und Transparenz. Transparenz ist übrigens ein Kennzeichen für den gesamten neuen Rathauskomplex, wobei es auch um ein gedeihliches Verhältnis zwischen Bediensteten und Bürgern geht.

Die Südseite des gläsernen Turms ist über die gesamte Höhe mit einem Kunstwerk des Innsbruckers Peter Kogler versehen, einer durchscheinenden Applikation, auf der ein unregelmäßiges System von Röhren und Schläuchen zu sehen ist. Daniel Buren integrierte einzelne bunte Glasfelder in die Überdachung der Passage, wodurch der Raum darunter in angenehmes natürliches Licht getaucht wird.

Westlich der Rathausgalerien mit dem Hotel Penz schließt der **Adolf-Pichler-Platz** an, einst Teil des Friedhofs hinter der Spitalskirche. Im Jahre 1909 erfolgte die Aufstellung des **Adolf-Pichler-Denkmals**, ein Werk des Bildhauers Hermann Klotz. Adolf Pichler (1819–1900), Arzt, Geologe, Mineraloge und Literat, trägt einen Berganzug, hält in der linken Hand seinen Hut, in der rechten den Geologenstock mit Hammer als Griff.

67

MARIA THERESIA – LEBEN DER ERZHERZOGIN

Das gemalte **Bild Maria Theresias** zwischen dem zweiten und dritten Stockwerk des Frechingerhauses in der Maria-Theresien-Straße Nr. 22 stellt sie als junge Fürstin dar, links und rechts eingerahmt von zwei Kinderengeln mit Blumengirlanden, einem Löwen unter ihr und der kaiserlichen Mitrenkrone (> 61) über ihr.

MARIA THERESIA ALS PERSON

Maria Theresia (1717–1780, reg. 1740–1780, > 21, 24, 74) war zweimal in Innsbruck, 1739 als junge Erzherzogin mit ihrem Ehemann Franz Stephan von Lothringen auf der Rückreise von Florenz nach Wien und 1765 zur Hochzeit ihres Sohnes Erzherzog Leopold.

Die **letzte Herrscherin aus dem Hause Habsburg** war Erzherzogin von Österreich und mit Franz Stephan I. von Lothringen (Kaiser des Heiligen Römischen Reiches von 1745 bis 1765) verheiratet. Sie selbst war niemals Kaiserin, das wäre für eine Frau damals gar nicht möglich gewesen. Allerdings wird sie immer wieder als „Kaiserin" bezeichnet und nennt sich auch selbst so im Sinne von „Kaiserin-Gemahlin" und nach 1765 von „Kaiserin-Witwe". Deshalb kann ihr auch symbolisch die kaiserliche Mitrenkrone (> 61) beigegeben sein, die sie jedoch nicht auf dem Kopf

Maria Theresia und Kaiser Franz I. Stephan von Lothringen (Triumphpforte)

trägt. Dargestellt wird sie häufig mit dem österreichischen Erzherzogshut (> 60) sowie der böhmischen und ungarischen Königskrone. Diese Kronen stehen ihr rechtlich auch zu, da sie zur Königin von Böhmen und zum König von Ungarn gekrönt wurde (den Titel „Königin“ gibt es für Ungarn nicht).

Als Maria Theresias Vater Kaiser Karl VI. im Jahre 1740 unerwartet verstarb, musste sie im Habsburgerreich in seine Fußstapfen treten. Männlichen Erben gab es keinen. Karl VI. legte 1713 in der Pragmatischen Sanktion die Unteilbarkeit der habsburgischen Länder und die Nachfolge auch in weiblicher Linie fest. Als Frau wurde sie von einigen europäischen Fürsten, allen voran König Friedrich II. von Preußen, nicht akzeptiert und musste in mehreren Kriegen ihre Territorien verteidigen. Besonders bitter für sie war der Verlust des wirtschaftlich bedeutenden Schlesiens an Preußen. Durch die Hochzeit mit Franz Stephan von Lothringen entstand die neue Dynastie Habsburg-Lothringen, die heute noch existiert. Bekannt ist Maria Theresia für ihre zahlreichen Reformen (Heeres- Schul-, Straf-, Verwaltungsreform, staatliche Aufsicht der Kirche u. a.). Viele ihrer 16 Kinder (elf weiblich, fünf männlich), von denen zehn das Erwachsenenalter erreichten, versuchte sie möglichst günstig zu vermählen. So heiratete etwa Erzherzogin Maria Antonia (Marie Antoinette) den französischen König Ludwig XVI. und Erzherzogin Maria Carolina König von Ferdinand IV. von Neapel-Sizilien. Ihr ältester Sohn Erzherzog Joseph regierte im Habsburgerreich gemeinsam mit ihr von 1765 bis 1780, allein von 1780 bis 1790. Von 1765 bis 1790 war er als Joseph II. auch Kaiser des Heiligen Römischen Reiches. Ihm folgte von 1790 bis 1792 sein Bruder Erzherzog Leopold als Kaiser Leopold II. Es handelt sich um jenen Leopold, der in Innsbruck 1765 heiratete. Übrigens trugen alle Habsburger offiziell ab 1453 den Titel „Erzherzog“ bzw. „Erzherzogin“ (> 60).

Maria Theresia in jungen Jahren

Maria Theresia (Frechingerhaus)

KAUFHAUS TYROL – JÜDISCHE FAMILIEN BAUER UND SCHWARZ

Zu Beginn des 19. Jahrhunderts entstanden in vielen europäischen Städten große **Warenhäuser**, in denen verschiedene Geschäfte in einzelnen Abteilungen zusammengefasst wurden. In Innsbruck geht dieser Schritt auf die jüdischen Familien Bauer und Schwarz zurück. 1908 konnten sie an der Stelle der früheren Wohnhäuser Maria-Theresien-Straße Nr. 33 und 35 das **Warenhaus Bauer & Schwarz** gründen.
Die **Nationalsozialisten** traten gegen die Juden auf und trieben das Warenhaus in den Konkurs, weshalb die Familien Bauer und Schwarz so schnell wie möglich Tirol verließen. Ferdinand Kraus übernahm das arisierte Warenhaus, das im Zweiten Weltkrieg zerstört und von 1945 bis 1954 wieder aufgebaut wurde. Bis zur Mitte der 1960er existierte das **„Kaufhaus Kraus"** weiter.

Kaufhaus Tyrol

Von 1966 bis 2007 bestand das **„Kaufhaus Tyrol"**. Es hatte verschiedene Eigentümer, dabei etwa die Gerngross-Gruppe und den KONSUM. Die eng verflochtenen Besitzerstrukturen sowie verschiedene Unstimmigkeiten führten schließlich zum Niedergang. Das Nebeneinander verschiedener Abteilungen ohne räumliche Abtrennung war das damals übliche Verkaufskonzept, entsprechend dem Motto: „Alles unter einem Dach".
2004 kaufte der Investor René Benko als Teilhaber der SIGNA Holding das Kaufhaus. Er eröffnete **2010** den kompletten Neubau nach drei Jahren intensiven öffentlichen Streits um das Aussehen der Fassade und nach weiteren drei Jahren Bauzeit. Es ging bei den Auseinandersetzungen um die Frage der Erhaltungswürdigkeit der Fassaden an der Maria-Theresien-Straße. Verschiedene Entwürfe wurden abgelehnt, bis 2007 jener des britischen Stararchitekten **David Chipperfield** allgemeine Zustimmung fand. Mit einer gekrümmten und geknickten Glasfassade sollte die vertikale Struktur der bestehenden Häuserfront aufgenommen werden, allerdings mit einem vorgeblendeten Raster aus geschliffenen Betonfertigteilen mit Natursteineinschlüssen. An der rückseitigen Fassade zur Erlerstraße wirkt die Metallhaut jedoch weniger schwer. Neu gegenüber dem Vorgängerkaufhaus ist die Unterbringung räumlich klar voneinander getrennter Geschäfte aus verschiedenen Branchen, zugänglich von der lichtdurchfluteten großen Innenhalle. Angesiedelte Markengeschäfte mit hochwerti-

gen Waren entsprechen dem Zeitgeist und den Ansprüchen an ein Shopping-Center in der Innenstadt. Der Einkauf soll zum Erlebnis werden, das neue Kaufhaus zum Ort der sozialen Begegnung und des Aufenthalts. Dazu gehören Cafés, Restaurants, Friseur, Lebensmittelsupermarkt u. a.

Kaufhaus Tyrol

BESONDERHEIT DES KAUFHAUSES BAUER & SCHWARZ

Josef Bauer aus Mattersburg und **Victor Schwarz** aus dem kroatischen Esseg/Osijek stiegen vom Marktfahrer und Reisenden zu Pächtern kleiner Geschäfte auf. Sie ließen sich in Tirol nieder, mieteten bzw. kauften in teils desolaten Häusern in der Maria-Theresien-Straße mittelgroße Geschäfte. Bauer und Schwarz hatten den Umbruch und Strukturwandel im Handel in Wien persönlich erlebt und entschieden sich auch in Innsbruck für ein völlig neues Verkaufskonzept. In den Jahrzehnten um 1900 stieg auch in Innsbruck die Bevölkerung stark an (1870 über 25.000 Einwohner, 1910 über 65.000). Der Bau der Eisenbahn, der Haller und der Igler Bahn sowie der Straßenbahn brachte eine bessere Erschließung und stärkere Mobilität.

In ihrem Kaufhaus wurden in verschiedener Hinsicht zahlreiche **Neuerungen** umgesetzt. Die in Massenproduktion in den Fabriken hergestellten Waren trafen auf eine wachsende Schicht zahlungskräftiger Käufer. Außergewöhnlich war dabei die Gestaltung der Architektur mit elektrischen Aufzügen und Rolltreppen, weiten Hallen, breiten Stiegen, lichtdurchfluteten Räumen unter Glaskuppeln, großen Schaufenstern aus Glas bis zum Gehsteigniveau. Dazu kamen Cafés, Leseecken und Friseurstuben. Als besonders modern in der Architektur galt die Verwendung von Glas, Gusseisen, Stahl und Beton. Weitere Attraktionen waren eine aufwändige Beleuchtung und ein wirkungsvolles Heizsystem. Geringe Spannen, niedrige Fixpreise sowie großzügiger Umtausch und regelmäßige Ausverkäufe und Sonderangebote stellten ein Novum dar. Intensive Werbung durch Plakate, Zeitungsannoncen, Werbesendungen an die Haushalte sowie das Versandgeschäft und die Möglichkeiten der schriftlichen und telefonischen Bestellung trugen zum Erfolg bei. Das Warenhaus Bauer & Schwarz erfreute sich schnell großer Beliebtheit und stellte eine beachtliche Konkurrenz zu den kleinbetrieblich geführten Geschäften in der Stadt dar.

69

PALAIS TRAPP – TIROLER ADEL IM BAROCK

Gegenüber dem Alten Landhaus steht das **barocke Palais Trapp** (Maria-Theresien-Straße Nr. 38), entstanden aus zwei Häusern. Nach der Zerstörung durch den verheerenden Großbrand 1620 war ab 1626 Freiherr Berchtold von Wolkenstein Besitzer des neu erbauten nördlichen Hauses, das als „Wolkenburg“ bezeichnet wurde. Weitere adelige Besitzer waren die Lodron, die Spaur, die Künigl und die Wolkenstein-Rodenegg. Um 1700 dürfte die Neugestaltung des Haupttrakts von Johann Martin Gumpp (> 23) durchgeführt worden sein. Seit 1804 ist das Palais im Besitz der Grafen Trapp. Allerdings wirkt die Fassadengestaltung sehr uneinheitlich. Das Palais wird heute noch von der Familie Trapp bewohnt und enthält neben Wohnungen Geschäftslokale und Büros. Die Gesamtanlage entspricht der eines **italienischen Palastes**. Ein langgestreckter Straßentrakt, zwei Quertrakte, an der vierten Seite seitliche Risalite, gegen die Mitte niedere Zwischenbauten und ein Gartentor umschließen einen rechteckigen Hof. Nach hinten ist noch ein Garten mit einem Gartenhaus vorhanden. Ungewöhnlich erscheint das Vorspringen des Haupttraktes um eine Fensterachse gegenüber dem nördlichen Verlauf der Neustadt. Hier befand sich bis etwa 1570 das **St. Georgentor** (siehe Erinnerungstafel) als Abschluss der ab 1281 genannten Vor- oder Neustadt. Das 15. Jahrhundert brachte die Erweiterung dieser Neustadt vom Georgentor bis ungefähr zur heutigen Triumphpforte.

St. Georgstor – Tafel am Palais Trapp

Die breite **Toreinfahrt** führt in ein **Vestibül**, von dem aus das **Treppenhaus** betreten wird. Über der Toreinfahrt und dem im zweiten Stock gelegenen Balkon sind in barocken Stuckkartuschen ein **Marienbild** mit zwei Engeln, einer Krone und einer Stuckrosenumrahmung sowie die **Allianzwappen** (Hochzeitswappen) der Trapp und Spaur angebracht. Eine Krone verbindet diese beiden Wappen. Leopold Trapp Graf von Matsch (1764–1797) ehelichte Maria Crescentia von Spaur-Burgstall (1769–1793). Für die Trapp stehen die roten Trappen in den Feldern 1 und 4 sowie die zweimal gebrochenen roten Sparren in den Feldern 2 und 3. Die drei blauen Adlerflügel im zentralen Herzschild erinnern an die Grafen von Matsch, die 1487 in Ungnade gefallen waren und deren Besitzungen im heutigen Südtirol großteils an die Familie Trapp fielen. Das

Hinter dem Palais Trapp ist noch ein lieblicher kleiner Garten zu entdecken.

Wappen der Spaur zeigt in den Feldern 1 und 4 einen roten Löwen mit einem goldenen Doppelbecher sowie in den Feldern 2 und 3 blau-silberweiße Quadrate, getrennt durch einen roten Balken (erloschene Familie Lichtenberg).

Die Familie **Trapp** entstammt dem steirischen Uradel und wird erstmals 1250 genannt. Seit der Mitte des 15. Jahrhunderts war sie in Tirol ansässig und Familienmitglieder bekleideten das Amt des Erblandhofmeisters. Heute gehören der Familie neben dem Palais in der Maria-Theresien-Straße die Churburg im Vinschgau sowie Burg Friedberg bei Volders.

TIROLER ADEL IM BAROCK

Eine interessante Frage ist jene nach der **Entstehung des Adels**. Eine Antwort ist nicht leicht. Die den Menschen verliehenen körperlichen und geistigen Fähigkeiten sind ungleich verteilt. Dies führte dazu, dass kraftvolle Persönlichkeiten sich über schwächere stellten und sie zu Untertanen machten. Schwache suchten den Schutz der Stärkeren. Aus Kriegen und politischen Umstürzen gingen Sieger und Verlierer hervor. Die Sieger wurden zu Regierenden und benötigten verlässliche Gefolgsleute, die sie mit Landbesitz, Reichtum sowie Macht und damit mit Einfluss ausstatteten. Von diesen meist abhängigen Ministerialen forderten die Landesherren Gefolgschaft im Krieg, Verwaltung von Ländereien und Gütern, Eintreibung der Steuern und Sorge für Ruhe und Ordnung. Von gesicherten Burgen aus konnten diese Ritter ihre Aufgaben erfüllen. Im Laufe der Zeit gewannen sie immer größere Freiheiten und Rechte gegenüber ihren Herren. Langsam entstanden unterschiedliche Adelsränge (niederer Adel, Grafen, Fürsten, Herzöge etc.). Mächtig gewordene Adelige konnten sich gegen ihre Landesherren auflehnen, dabei siegen oder untergehen. Nach Möglichkeit wurden Ämter gehäuft, Landbesitz ver-

Eingang zum Palais Trapp

größert und ein Familienvermögen angelegt.

Adelstitel wurden vom Kaiser, vom Landesfürsten und von den Bischöfen verliehen. Hofämter, Kriegsdienste und wirtschaftliche Belange wie etwa Bergbau eröffneten neue Einnahmequellen. Gerade der Dienst bei Hof wurde immer begehrter und umfangreicher. So suchten ab dem 16. Jahrhundert viele Adelige ihr Auskommen fast ausschließlich durch Beamtendienste. Mit dem Ende der Tiroler Linie der Habsburger im Jahre 1665 fiel die Regierung an den Hauptzweig in Wien zurück. In Innsbruck residierte ein Statthalter des Kaisers in der Hofburg. Gerade im 19. Jahrhundert ist ein starker Rückgang des Adels zu bemerken.

Was Tirol betrifft, erlebte die **Kunst des Barocks** in den Jahrzehnten um 1700 eine Hochblüte. Hauptauftraggeber waren die Kirche, der Adel sowie in den Städten das aufstrebende Bürgertum. Verschiedene Adelsfamilien ließen sich in Innsbruck Palais errichten. In der Maria-Theresien-Straße sind noch die Palais Lodron, Troyer-Spaur, Trapp, Sarnthein, Taxis sowie das Alte Landhaus (> 70) erhalten, in anderen Stadtteilen die Palais Tannenberg-Enzenberg, Ferrari und Pfeiffersberg. Diese Palais weisen gewisse Gemeinsamkeiten auf. Von einem geräumigen Vestibül im Erdgeschoss des Haupttraktes gelangt man über eine seitliche Prunktreppe in die oberen Geschosse. Weiters haben sie eine prunkvolle Hauptfassade, eine Hauskapelle und zumindest einen repräsentativen Saal in einem der Obergeschosse. Dazu kommt die Ausstattung verschiedener Räumlichkeiten mit Stuck und Fresken. Die Wohnräume für das Dienstpersonal befanden sich meist im obersten Stockwerk, Stallungen, Küchen, Lager- und Wirtschaftsgebäude in eigenen Anbauten oder den Seitenflügeln. Von den einstigen großen Gartenanlagen ist nur mehr jene beim Palais Trapp teilweise erhalten. Um- und Zubauten, vor allem im 19. und frühen 20. Jahrhundert, haben vielfach die klare und wohldurchdachte Anlage der alten Bauten verwässert.

ALTES LANDHAUS – EMBLEME DER LANDSTÄNDE

Das **Frankhaus** in der **Altstadt** (Herzog-Friedrich-Straße Nr. 29) diente von 1613 bis 1666 als erstes Tiroler Landhaus. Die Landstände übersiedelten dann in die heutige Maria-Theresien-Straße Nr. 45. An dieser Stelle gründete Kaiser Maximilian I. die Hofplattnerei. 1567 entstand als Nachfolgebau die Residenz für den Brixner Fürstbischof Kardinal Andreas von Österreich, einen Sohn von Erzherzog Ferdinand II. und der Philippine Welser. Das Gebäude gelangte etwa ein Jahrhundert später an den Hofkapellmeister Antonio Cesti, der es 1666 mit dem ersten Landhaus der Tiroler Landstände in der Altstadt tauschte.

Durch einen Brand und mehrere heftige Erdbeben befand sich das Gebäude in einem schlechten Zustand. 1722 entschlossen sich die Landstände zum Abbruch und zum Bau eines prächtigen barocken Landhauses. Der Innsbrucker Barockbaumeister **Georg Anton Gumpp** (> 23) führte den Bau von **1724 bis 1728** aus, die Ausstattung dauerte bis 1735.

Es handelt sich um ein typisches **Barockpalais** (> 69) mit einer reich verzierten Hauptfront und zwei rechtwinklig angebauten Seitenflügeln. Der quadratische Innenhof wird ostseitig von der **Landhauskapelle** abgeschlossen. Dahinter erstreckte sich einst ein ausgedehnter Garten. Drei mächtige Holztüren führen von der Straße in das Vestibül. Von dort leitet eine Prunktreppe in die oberen Geschosse. Höhepunkt ist der zweigeschossige Landhaussaal, der Sitzungssaal des Tiroler Landtags. Das Deckenfresko „*Der Weg von den irdischen Schätzen zu den geistigen und himmlischen*“ mit Graf Meinhard

Altes Landhaus und rechts Palais Taxis

Fresko mit Graf Meinhard II. im Landtagssitzungssaal

II. im Zentrum und der Darstellung der Schätze Tirols stammt von Cosmas Damian Asam.

Direkt an das Alte Landhaus schließt im Süden das **Palais Fugger-Taxis** an, 1679/1680 von Johann Martin Gumpp d. Ä. (> 23) erbaut. 1784 kauften die Grafen von Thurn und Taxis das Palais und richteten dort das neue Postgebäude ein. 1785/86 malte Martin Knoller das Deckenfresko mit dem Titel „**Urteil des Paris**“. Kaiser Maximilian I. beauftragte die Taxis mit dem Postwesen. 1905 gelangte der Ansitz an das Land Tirol, das dort weitere Büros für die Landesregierung unterbrachte. Das Postamt übersiedelte dann in die Hauptpost in der Maximilianstraße.

Stiegenhaus im Alten Landhaus

DIE EMBLEME DER VIER LANDSTÄNDE

Als ein Juwel barocker Architektur und Ausstattung zeigt sich der vorspringende Mittelrisalit der Schauseite. Die vier im Erdgeschoss pylonenartig eingesetzten Torpfeiler schließen die drei Eingangstore ein und werden nach oben durch mächtige Kolossalpilaster fortgesetzt. Ihren oberen Abschluss bilden die in Stuck gestalteten Embleme der Tiroler Landstände. Auf die **Bürgerschaft** weisen Füllhorn mit Münzen, Statue, Kette mit Kreuz, Bild und Geige hin. Die **Geistlichkeit** ist durch Kreuz, Kerzenständer, Mitra (Bischofsmütze) und Bischofs- bzw. Abtstab gekennzeichnet. Schild, Helm, Turban, Osmanenkopf, Schwert und Kanonenkugeln stehen für den **Adel**. Die **Bauernschaft** ist durch Garben, Früchte sowie Rad vertreten. In den Dreiecksgiebel reicht eine Kartusche mit der Darstellung des Tiroler Adlers hinein. Über dem gesamten Gebäude weht die Tiroler Fahne.

Im dreiteiligen Mittelrisalit zeigen sich typisch geschwungene barocke Formen, wie etwa der leicht nach außen bewegte Balkon im zweiten Stockwerk mit dem aufgewölbten Gesims und dem ovalen Ochsenauge darüber. Im ersten Stock sind hinter dem breiten Balkon die Räume des Landeshauptmanns, darüber der die gesamte Höhe des Mittelteils einnehmende **Landtagssaal**.

Aus den Tiroler Landständen ist der heutige **Landtag** hervorgegangen. Es handelt sich um eine Einrichtung der Tiroler Verfassung, die in ihren Ansätzen auf Graf Meinhard II. (1258–1295) zurückgeht. Diese demokratische Institution kontrollierte den Landesfürsten und seine Regierung, bewilligte Steuern und erließ Gesetze. Sie bestand aus Vertretern des Adels, der Geistlichkeit, der Bürger und der Bauern. Eine Besonderheit für Tirol war die schon frühe Einbeziehung der Bauern, besonders ab dem 15. Jahrhundert, bestand doch die Bevölkerung des Landes vor allem aus dieser Bevölkerungsgruppe. Allerdings handelte es sich zunächst nur um einen kleinen Teil der bäuerlichen Oberschicht, der am politischen Geschehen beteiligt war, aber nicht um die Bauern als Stand. Bis 1848 gestalteten die vier Landstände die Regierung mit, dann wurden sie von den politischen Parteien abgelöst.

Embleme für Bürgerschaft, Geistlichkeit, Adel und Bauernschaft

71

PROF. DR. FRANZ MAIR – TOD FÜR DIE RETTUNG INNSBRUCKS

An der **Fassade des Alten Landhauses** (Maria-Theresien-Straße Nr. 45) erinnert eine **Bronzetafel** an die Aktivitäten der Mitglieder des **österreichischen Widerstands** für die Freiheit Tirols Anfang Mai 1945. In diesem Kampf um das Landhaus fiel der Englischlehrer **Prof. Dr. Franz Mair**.

Der in Niederndorf nahe Kufstein geborene **Franz Mair** maturierte 1930 am Akademischen Gymnasium in Innsbruck. Nach seinem Studium der Anglistik und Germanistik an der Universität Innsbruck trat er als Lehrer in diese Schule ein. Durch sein intensives Engagement war der „Englisch-Mair" sehr beliebt. Er wird sogar als außergewöhnlicher Lehrer bezeichnet, der sich sehr um die ihm anvertrauten Kinder und Jugendlichen kümmerte und sie sehr positiv förderte. Als er öffentlich gegen die Nationalsozialisten auftrat, entging er nur knapp einem Todesurteil. Gemeinsam mit ehemaligen Schülern gründete er gegen Ende des Zweiten Weltkriegs die **Widerstandsbewegung** „Gruppe Franz Mair". Am 3. Mai 1945 wurde er bei der Verteidigung des Alten Landhauses in der Nähe dieses Gebäudes bei einem Schusswechsel verwundet und erlag seinen Verletzungen am 6. Mai.

In Erinnerung an Prof. Mair wurde die östliche Angerzellgasse (Straßenstück von der Museumstraße bis zum Akademischen Gymnasium) in Prof.-Franz-Mair-Gasse umbenannt. Das einzige Haus dort ist das Akademische Gymnasium mit der Adresse „Angerzellgasse 14". Nach langwierigen und emotionalen Diskussionen wurde jedoch eine Adressänderung im Sinne von „Prof.-Franz-Mair-Gasse 1" abgelehnt. Somit gibt es in der Prof.-Franz-Mair-Gasse keine postalische Zustelladresse.

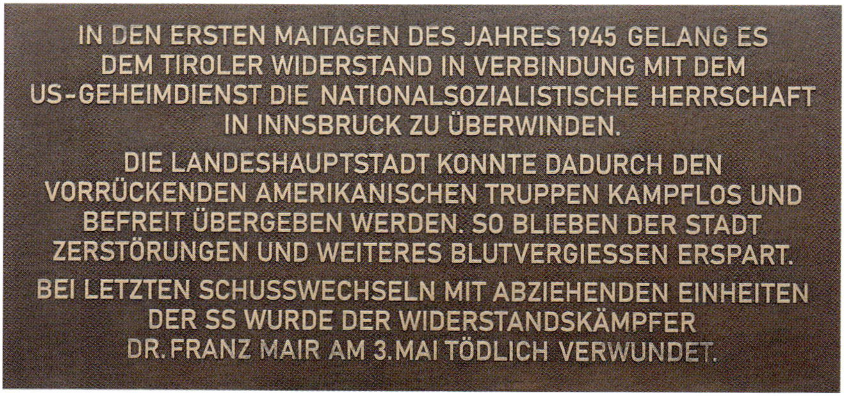

Gedenktafel für Prof. Dr. Franz Mair

WIDERSTAND IM ZWEITEN WELTKRIEG

Bald nach dem Einmarsch der Nationalsozialisten in Österreich bildeten sich **Widerstandsgruppen**. Vor allem **Jugendorganisationen** und **Gymnasiasten** äußerten ihren Unmut über die Besatzer, wurden aber schnell zur Wehrmacht eingezogen. In Tirol waren erste Ansätze eines organisierten Widerstands jedoch erst ab 1940 erkennbar. Viele Widerstandskämpfer wurden verhaftet, wobei die meisten ins **Arbeitserziehungslager Reichenau** gebracht wurden.

Vor allem ab 1944, als schon deutliche Anzeichen einer Niederlage der Wehrmacht zu erkennen waren, nahm der Widerstand immer mehr zu. Die im Herbst 1944 immer öfter in Erscheinung tretende **Widerstandsgruppe O5** verfügte mit Fritz Molden über einen ausgezeichnet vernetzten Kontaktmann zum amerikanischen Geheimdienst OSS. Führende Mitglieder waren daneben vor allem Helmut Heuberger und Eduard Reut-Nicolussi (O5: 5. Buchstabe im Alphabet = E, OE = Österreich).

Das **erste alliierte Team**, das in Nordtirol landete, erhielt die Bezeichnung „**Greenup**". Es bestand aus drei Personen: den in die USA geflohenen Juden Fred Mayer und Hans Wijnberg sowie dem desertierten Wehrmachtssoldaten Franz Weber aus Oberperfuss. Die drei sprangen in der Nacht vom 25. auf den 26. Feber 1945 über den Stubaier Alpen ab und schlugen sich bis Oberperfuss durch. Durch eigene Tätigkeit und in Zusammenarbeit mit anderen Tiroler Widerstandskämpfern gelangten sie an wichtige Informationen, die sie an die Alliierten weitergaben. Gegen Kriegsende konnten sie einen bedeutsamen Beitrag zur Befreiung von Innsbruck leisten.

Zentrale Figur des Tiroler Widerstands wurde ab Mitte März 1945 **Karl Gruber**. Er konnte Kontakte zum deutschen und zum Wiener Widerstand sowie zu amerikanischen Diplomaten in der Schweiz aufbauen. Ihm gelang es auch, verschiedene Tiroler Widerstandsgruppen zu einer einheitlichen Organisation zusammenzuführen. Gruber nahm Verbindungen zu den US-Truppen auf.

Mit dem **Überschreiten der Tiroler Grenze** bei Vils am **28. April 1945** durch **US-amerikanische Truppen** (> 57) stiegen die Aktivitäten der Widerstandskämpfer stark an. Sie konnten wichtige Gebäude in Innsbruck besetzen und am 3. Mai 1945 das Gauhaus (Neues Landhaus bzw. Landhaus 1) einnehmen. Gauleiter Hofer war bereit, Innsbruck kampflos an die Amerikaner zu übergeben. Die Situation in Innsbruck war jedoch in diesen ersten Maitagen noch sehr unübersichtlich. Es gab noch einzelne Einheiten der SS und der Wehrmacht, die sich vehement wehrten. Als es im letzten Moment zu Schießereien vor und in der Nähe des Alten Landhauses kam, wurden die Widerstandskämpfer Franz Mair und Rolf Winkler getötet.

72

„IN MEMORIAM DEN GESTALTERN DES MAXIMILIAN-GRABMALS“

Die zum Innenhof gerichtete Westfassade des Hauses Maria-Theresien-Straße Nr. 49a ist mit insgesamt **4 Sgraffiti** in vier Zonen und der Jahreszahl **1956** geschmückt. Künstler und Erzgießer in Form von Brustbildern weisen auf das leere Grab Kaiser Maximilians I. in der Hofkirche (> 58) hin. Im obersten Feld schwebt ein Stadtengel mit dem Innsbrucker Wappenschild. Beim Künstler handelt es sich um den Tiroler **Max Spielmann** (1906–1984).

Die unterste Gruppe zeigt links Jörg Kölderer (mit dem Plan des Grabmals und der Figuren), in der Mitte Gilg Sesselschreiber (mit der Figur von König Rudolf I. von Habsburg) und rechts Stefan Godl (mit der Figur von Herzog Karl dem Kühnen von Burgund). Darüber sind links Leonhard Magt (mit der Figur des Gottfried von Bouillon), in der Mitte Gregor Löffler (mit der Figur von König Chlodwig) und rechts Peter Vischer (mit der Figur von König Artus) dargestellt. Es handelt sich dabei um jene Männer, die an der Gestaltung des Maximiliangrabes maßgeblich beteiligt waren. Über ihnen schwebt ein Engel mit dem Innsbrucker Stadtwappen.

GUSS DER FIGUREN DES GRABMALS MAXIMILIANS I. IN DER HOFKIRCHE

Innsbruck besaß ab dem 15. Jh. eine bedeutende **Tradition des Geschützgusses**, betrat jedoch auf dem Gebiet des Kunst- und Bildgusses absolutes Neuland. Ab 1502 war der Maler **Gilg Sesselschreiber** aus München mit Vorarbeiten im Sinne von Entwürfen und originalgetreuen Vorzeichnungen für das Grabmal beauftragt. Sesselschreiber goss in der landesfürstlichen Gusshütte in Mühlau 10 Figuren, von

Jörg Kölderer

Gilg Sesselschreiber

Hofkirche (von links: Elisabeth von Ungarn, Maria von Burgund, Elisabeth von Görz-Tirol, Kunigunde)

denen 3 wieder eingeschmolzen werden mussten. Der Künstler hatte mit dem Gießen keinerlei Erfahrung, konnte jedoch Großartiges leisten. Als Sesselschreiber arg in zeitlichen Verzug geriet, durch häufige Abwesenheit auffiel und zu viel verrechnete, entließ ihn Maximilian 1518.

Der Hofmaler **Jörg Kölderer** erhielt nach dem Weggang Sesselschreibers bzw. nach Maximilians Tod die Gesamtleitung bei der Fortführung der Arbeiten. Er fertigte Nachzeichnungen der schon gegossenen Figuren und der nicht ausgeführten Vorlagen Sesselschreibers an.

1518 übertrug der Kaiser dem Nürnberger Gießer **Stefan Godl** die Gusshütte in Mühlau. Der zweitwichtigste Mann in seiner Werkstatt war der Bildschnitzer **Leonhard Magt**, der die Funktion des Bossierers (Modellierer, schuf die Rohform einer Skulptur aus Gips oder Wachs) übernahm. Aus Godls Werkstatt stammen insgesamt 17 Figuren.

Schon 1513 vergab Maximilian den Guss von zwei Figuren an **Peter Vischer** in Nürnberg. Mit den 7 Figuren von Gilg Sesselschreiber, den 17 von Stefan Godl und 2 von Peter Vischer, kommt man auf 26, es fehlen noch 2. Die erste überhaupt gegossene Figur stammt von **Peter Löffler** (1509) und die letzte von **Gregor Löffler** (1550), beide in der Gusshütte am Gänsbühel bei Büchsenhausen im Stadtteil St. Nikolaus.

73

SERVITENKLOSTER – VON DER LANDESFÜRSTIN ZUR NONNE

1614 gründete **Erzherzogin Anna Caterina Gonzaga** in der Neustadt ein **Männerkloster**, das jedoch 1620 ein Raub der Flammen wurde. Den sofortigen Wiederaufbau leitete der Mailänder Hofbaumeister Giovanni Nicolet Sperandio, auch bekannt als Johann Hoffingott. Die 1626 fertiggestellte und dem hl. Josef geweihte Kirche wurde 1722 barockisiert und 1763 mit Deckenfresken des Wiener Hofmalers Joseph Adam Mölk geschmückt. Anfang des 19. Jahrhunderts folgten weitere Veränderungen, darunter 1818 die Ausstattung mit neuen Fresken von Josef Schöpf. Der große Turmabschluss stammt aus dem Jahre 1899. Am 15. Dezember 1943 wurden Kloster und Kirche durch Sprengbomben schwer beschädigt, ein Großteil des straßenseitigen Traktes völlig zerstört. Hans Andre (> 20) schuf im Zuge des Wiederaufbaus nach 1945 neue Deckenfresken und verschiedene andere Kunstwerke.

Servitenkloster und -kirche am südlichen Ende der Maria-Theresien-Straße

1621 starb Anna Caterina und fand ihre letzte Ruhestätte in der Gruft der Regelhauskirche. Ihr Sarg und der ihrer 1649 verstorbenen Tochter Maria wurden 1693 in die Jesuitenkirche überstellt. Seit 1906 befinden sich beide Särge im Kreuzgang des Servitenklosters.

DER SERVITENORDEN

Der **„Orden der Diener Mariens“** (lat. „*servi*“ = Diener) nahm seinen Anfang am Monte Senario bei Florenz. Der Überlieferung nach gründeten „sieben heilige Väter“ 1233 den Orden. Bedeutende Servitenheilige sind der hl. Philippus Benitius (gest. 1288) und der hl. Peregrin (gest. 1345). Zu den Hauptanliegen der Ordensmitglieder gehören die Verehrung der Schmerzhaften Muttergottes, die Predigt, die Beichte, aber auch wissenschaftliche

Servitenkirche

Tätigkeit. Von Italien aus wurden zahlreiche Klöster in Mitteleuropa gegründet. Die über 30 mittelalterlichen Servitenklöster in Deutschland gingen jedoch alle in der Zeit der Reformation unter. In Tirol bestehen noch das Wallfahrtskloster Maria Waldrast im Wipptal, das Kloster in Volders mit der Kirche zum hl. Karl Borromäus und einem Oberstufenrealgymnasium, weiters Maria Weißenstein in Südtirol.

ANNA CATERINA GONZAGA UND INNSBRUCK

Anna Caterina Gonzaga (1566–1621) aus dem Herzogtum Mantua war eine **Nichte Erzherzog Ferdinands II.** (> 80) und bei der **Hochzeit** 1582 mit ihm erst 16 Jahre alt, der Bräutigam immerhin 53 Jahre. Als die Hochzeitsgesellschaft nach Innsbruck aufbrach, reiste Prinz Vincenzo Gonzaga, der Bruder der Braut, mit 80 Pferden und

Anna Caterina als Klosterstifterin – unten: Zerstörung im Zweiten Weltkrieg

Erzherzogin Anna Caterina Gonzaga

einem Gefolge von 120 Personen, Herzogin Eleonore, ihre Mutter, mit 65 Pferden und einem Gefolge von 85 Personen. Anna Caterina brachte eine fürstliche Ausstattung mit, darunter kostbare Kleider und Stoffe sowie exzellenter Schmuck. Ein Stirnband des umfangreichen Brautschmucks war mit 62 Diamanten, 25 Rubinen und 120 Perlen verziert. Die Trauung fand am 14. Mai 1582 in der Hofkirche statt. Die mehrtägigen Feierlichkeiten, dabei etwa der Aufmarsch von 5000 Landsknechten und Schützen, das Hochzeitsmahl, Turniere, Verkleidungszüge, eine Gamsjagd in der Martinswand und ein prächtiges Feuerwerk, verursachten immense Kosten.
Die junge Erzherzogin brachte drei Töchter zur Welt, 1583 Anna Eleonore, die jedoch nach einem halben Jahr verstarb, 1584 Maria und 1585 Anna. Männliche Nachkommen gab es nicht.
Erzherzog Ferdinand II. verstarb 1595. Eine Vision veranlasste angeblich die Witwe zur **Gründung eines Klosters**. Es handelte sich um ein zum Servitenorden gehörendes Doppelkloster für Frauen (1607–1612) an der Stelle der heutigen SOWI-Fakultät und des MCI. Das **„Versperrte Kloster der Servitinnen“** legte den Nonnen eine strenge Klausur auf, das **„Regelhaus“** verlangte keine strengen Gelübde. Baumeister war Johann Hoffingott. 1612 trat die Erzherzogin unter dem Ordensnamen Anna Juliana in das „Regelhaus“ ein, in Erinnerung an Juliana Falconieri, die Gründerin der Servitinnen. Ihre Tochter Maria entschied sich unter dem Ordensnamen Anna Caterina ebenfalls für das Klosterleben. Anna, ihre andere Tochter, ehelichte Erzherzog Matthias (von 1612 bis 1619 Kaiser Matthias II.). Es ist Anna Caterina Gonzaga zu verdanken, dass von Innsbruck aus zahlreiche Neugründungen von Servitenklöstern im deutschsprachigen Raum erfolgten.
Die beiden Frauenklöster gingen 1782/83 im Zuge der Klosteraufhebungen durch Kaiser Joseph II. unter. Zunächst zogen Soldaten dort ein, die Kirche diente als Militärdepot. 1844 wurde die Anlage abgerissen und bis 1849 die „Klosterkaserne“ errichtet, 1967 in „Fenner-Kaserne“ umgetauft. Feldmarschallleutnant Franz Philipp Fenner von Fenneberg (1759–1824) gründete 1813 das Tiroler Jägerkorps, Vorgänger der Tiroler Kaiserjäger. 1984 gelangte das Areal an die Stadt Innsbruck und die Gebäude wurden abgerissen. An ihrer Stelle stehen seit 1999 die SOWI-Fakultät und das MCI.

74

DIE TRIUMPHPFORTE – HOCHZEIT UND TOD

Zur **Hochzeit** von Maria Theresias (> 21, 67) Sohn **Erzherzog Leopold** mit der spanischen Prinzessin **Maria Ludovica** am 5. August **1765** wurde im Süden der Maria-Theresien-Straße die **Triumphpforte** errichtet. Die Braut nächtigte zuvor im Stift Wilten und wurde gegen sechs Uhr abends ehrenvoll bei dieser Triumphpforte vom Bürgermeister und dem Stadtrat begrüßt.

Für den Bau im frühklassizistischen Stil wurden die Quader des abgebrochenen Vorstadttores, das sich am Ausgang von der Altstadt in die Neustadt befand, verwendet. Entwurf und Bauleitung gehen auf Konstantin von Walter zurück. Aus Zeitgründen musste der plastische Schmuck jedoch zunächst von Johann Baptist Hagenauer aus Holz und Gips angebracht werden. Erst 1774 gestaltete Balthasar Moll die Verzierungen in weißem Marmor.

Als Vorbild diente der Konstantinsbogen in Rom. Die **Südseite** erinnert an die **Hochzeit des jungen Brautpaares**, die **Nordseite** an den während der Hochzeitsfeierlichkeiten **verstorbenen Kaiser Franz I. Stephan von Lothringen**, den Ehemann Maria Theresias und Vater des Bräutigams.

Triumphpforte – Nordseite (Trauerseite) mit Winklerhaus (rechts)

Die **Südseite**, also die Hochzeitsseite (> 21), zeigt über dem linken Bogen die Porträts des Brautpaars mit deren Namensnennung. Leopold wird als Erzherzog von Österreich und Großherzog der Toskana bezeichnet, Maria Ludovica als Infantin, dem damals üblichen Titel für die Kinder der spanischen und portugiesischen Monarchen. Im Medaillon über dem rechten Bogen sind die Erzherzoginnen Maria Anna und Maria Christina, jene zwei Schwestern Leopolds, die bei der Hochzeit anwesend waren, zu erkennen. Die Inschrift der Frieszone weist auf Franz Stephan und Maria Theresia hin, die während der Hochzeit der beiden jungen Leute die Stadt Innsbruck durch ihre Anwesenheit beehrten. Beim Mittelrelief der Attika entzündet Hymenäus, der griechische Gott der Hochzeit, auf dem Altar die Fackel der Liebe. Bei den zwei vergoldeten Kronen handelt es sich links um den österreichischen Erzherzogshut (> 60) mit dem Orden vom Goldenen Vlies und rechts um die böhmische Wenzelskrone mit dem von Maria Theresia gestifteten ungarischen Stephansorden. Maria Theresia war Erzherzogin von Österreich, Königin von Böhmen und König von Ungarn (den Titel „Königin" gibt es für Ungarn nicht). Die Aufsatzgruppe zeigt Kaiser Franz I. Stephan und Maria Theresia. Ein Genius, in der römischen Religion ein persönlicher Schutzgeist eines Menschen, und die Allegorie der göttlichen Vorsehung mit Szepter und Strahlenauge Gottes krönen das Ehepaar mit einem Lorbeerkranz.

Grenzstein Wilten – Innsbruck

Auf der **nördlichen Trauerseite** ist über dem linken Durchgang das Porträt von Kaiser Joseph II. zu erkennen, dem Sohn und Nachfolger Maria Theresias. Die Inschrift darunter weist ihn als Kaiser (Cäsar) des Heiligen Römischen Reichs aus. Maria Theresia über dem rechten Durchgang wird als Königin von Ungarn (König) und Böhmen angeführt. Die Bezeichnung „Augustus" war Teil der Titulatur der römisch-deutschen Kaiser. Ihre Gattinnen übernahmen die Ehrenbezeichnung „Augusta". Die Inschrift der Frieszone berichtet, dass Rat und Volk von Innsbruck den Bogen gewidmet haben und Zeugen sowohl der freudigen Hochzeit als auch der bald folgenden Trauer im Jahre 1765 waren. Im Attikarelief trauern die verwaisten Künste und Wissenschaften um den verstorbenen Kaiser. Im Aufsatz wird Franz Stephan links von der Figur der Unsterblichkeit bekrönt, während sich rechts der trauernde Saturn mit gesenkter Sense abwendet.

Bei den Porträts von Herzog Karl von Lothringen, Hochmeister des Deutschen Ordens, sowie von Herzogin Karoline von Lothringen im Innern des Hauptbogens handelt es sich um zwei Verwandte von Franz Stephan von Lothringen.

Am **Eckerker des Hauses Maria-Theresien-Straße Nr. 26** sind **zwei barocke Wappensteine** aus dem Jahre 1745 angebracht. Der obere Stein weist auf die Gerichtsbarkeit des Stifts **Wilten** (> 79) hin, der untere, mit der Darstellung der Innbrücke aus der Vogelschau, auf jene **Innsbrucks**. Maximilianstraße und Salurnerstraße bildeten die einstige Grenze zwischen der Stadt Innsbruck und dem Dorf Wilten, das 1904 eingemeindet wurde.

Nachweisbar ist das **Wappen des Stiftes Wilten** seit dem 17. Jahrhundert. Bei farbiger Darstellung zeigt es, vom Betrachter aus gesehen, eine grüne, mit einem silbernen Balken belegte Spitze (das „Wappen des Riesen Haymon") und in den roten Seitenfächern links einen silbernen Rost, das Attribut des hl. Laurentius, und rechts drei silberne Steine als Attribut des hl. Stephanus. Bei beiden Diakonen handelt es sich um die Stiftspatrone. Laurentius wurde auf einem Rost über glühenden Kohlen langsam zu Tode gemartert. Stephanus gilt als erster christlicher Märtyrer in der Jerusalemer Urgemeinde. Durch seine Predigten geriet er mit den dortigen Juden in Konflikt, weshalb er um 40 n. Chr. von ihnen gesteinigt wurde.

Kaiser Franz I. Stephan von Lothringen

TOD DES KAISERS IN INNSBRUCK

Am 18. August **1765 verstarb Kaiser Franz I. Stephan von Lothringen** während der Hochzeitsfeierlichkeiten seines Sohnes vermutlich an einem Herzinfarkt oder einem Schlaganfall. Während einer Theateraufführung gegenüber der Hofburg fühlte er sich unwohl und ging über den Fröhlichsgang, einen nicht mehr bestehenden Verbindungsgang zur Hofburg vor der Hofkirche, in die Burg zurück. Joseph, sein ältester Sohn, folgte ihm. Der Kaiser verstarb in einem Dienerzimmer. Der Verlust ihres geliebten „Franzl" traf Maria Theresia schwer. Sie trug den Rest ihres Lebens schwarze Trauerkleidung, ließ das **Sterbezimmer** zu einer **Kapelle** umbauen und gründete das **Adelige Damenstift**. Der Verstorbene wurde im mit schwarzem Tuch ausgekleideten Riesensaal aufgebahrt. Am 23. August erfolgte der Transport auf einem Wagen nach Hall. Von dort ging es auf Schiffen innabwärts nach Passau und weiter donauabwärts nach Wien. Seine letzte Ruhe fand der Kaiser zusammen mit seiner Frau in der Kaisergruft des Wiener Kapuzinerklosters. Erzherzog Leopold verließ am 30. August mit seiner Gemahlin Innsbruck in Richtung Florenz, das er von seinem Vater als Großherzog übernommen hatte. Franz Stephan hatte im Zuge der politischen Wirren sein Heimatland Lothringen verloren und dafür das Großherzogtum Toskana erhalten, in dem die Medici ausgestorben waren. Die Abreise des gesamten Hofes erfolgte am 2. September, ebenfalls ab Hall auf dem Wasserweg mit 19 Schiffen.

75

EDUARD-WALLNÖFER-PLATZ – LANDHAUS – BETONWÜSTE MIT DENKMÄLERN

In Verbindung mit der Tiroler Landesregierung und ihren verschiedenen Ämtern sind heute drei Hauptgebäude zu nennen: Das **Alte Landhaus** (> 70) in der Maria-Theresien-Straße, ein barocker Bau aus dem 18. Jahrhundert, das **Neue Landhaus** (Landhaus 1) aus der Zeit des Nationalsozialismus am Eduard-Wallnöfer-Platz sowie das moderne **Landhaus 2** in der Heiliggeiststraße.

1938 gewannen die Brüder Walter und Ewald Guth die Ausschreibung zum Bau der „Reichsstatthalterei" (Gauhaus) als Sitz für die NS-Regierung des Gaues Tirol-Vorarlberg und der NSDAP. Der ursprüngliche Plan sah südlich davor einen weiten Platz mit einem Ehrenmal für jene Tiroler Nationalsozialisten vor, die vor 1938 im Kampf gegen den Ständestaat ums Leben gekommen waren. Als ein Gegenüber zum Gauhaus war auf der Südseite der Salurner Straße das „Haus der deutschen Bergsteiger" gedacht, dazwischen ein großflächiger Aufmarschplatz für verschiedene Kundgebungen und Feiern. Alle drei Vorhaben wurden jedoch nicht umgesetzt.

Das **Gauhaus** zeigt sich als reiner Zweckbau, monumental, fünfgeschossig, mit schmuckloser und nüchterner Fassade, eine Selbstinszenierung des Nationalsozialismus, besonders betont auch durch Starrheit und Symmetrie. Der vorspringende überhöhte Mittelrisalit in Form eines Kubus mit dreiseitigem Stufenaufgang, dem Eingangsportal und dem Stiegenhaus weist mit den überdimensionierten neoklassizistischen Kolossalpilastern starke Ähnlichkeiten zur Reichskanzlei in Berlin auf. Es handelt sich um den größten und wichtigsten Bau während der NS-Zeit in Innsbruck. An der Ostfront zur Wilhelm-Greil-Straße erinnern über der Seiteneinfahrt noch die Wappen von Tirol und Vorarlberg an seine Funktion als Gauhaus beider Bundesländer. Der deutsche Reichsadler mit Hakenkreuz dazwischen wurde jedoch 1945 entfernt.

Abgesehen von einem kleinen Vorplatz war der Rest des heutigen **Eduard-Wallnöfer-Platzes** bis zur Salurnerstraße unregelmäßig verbaut und wurde erst nach 1945 verändert. Die in der Fugger- und Welsergasse befindlichen Häuser mit ihren Gärten und Höfen erlitten durch Bombenangriffe schwere Schäden. Beide Gassen führten von der Maria-Theresien-Straße in Richtung Osten. Während die Fuggergasse ziemlich gerade entlang der Südseite des Palais Taxis nach Osten zur Wilhelm-Greil-Straße verlief, schlängelte sich die Welsergasse durch den heutigen Platz nach Südosten in Richtung Adamgasse. Ein kleines Stück davon besteht noch in der schrägen Verbindung von der Salurnerstraße zur Adamgasse.

1945 ließ die französische Militärbesatzung zwischen dem Neuen Landhaus und der Salurnerstraße einen weiten Platz mit Park und einem Denkmal errichten. Das 1948 errichtete **Befreiungsdenkmal** (> 77) sollte an die österreichischen WiderstandskämpferInnen und die gefallenen alliierten Soldaten erinnern. Als Durchgang zur Maria-Theresien-Straße war die Öffnung zum Palais Taxis vorgesehen. Zwi-

Der 2008 völlig umgestaltete Eduard-Wallnöfer-Platz

schen diesem Denkmal und dem Landhaus entstand eine als Parkplatz bzw. später als Veranstaltungsplatz genutzte Fläche. 1985 erfolgte die Errichtung einer Tiefgarage sowie der erste Bau des Sporthauses „Okay". Südlich des Denkmals bestand weiterhin eine Parkanlage. Seit 1994 trägt der Platz die Bezeichnung „**Eduard-Wallnöfer-Platz**" zu Ehren des wohl bedeutendsten Landeshauptmanns der Nachkriegszeit. Eduard Wallnöfer (1913–1989) leitete die Geschicke Tirols von 1963 bis 1987.

Anfang des 21. Jahrhunderts tauchten in öffentlichen Diskussionen zur Platzgestaltung die Forderungen auf, entweder das einstige Gauhaus oder das Befreiungsdenkmal abzureißen. Das Ergebnis eines Wettbewerbs im Jahre 2008 brachte die völlige Umgestaltung des Platzes im Sinne einer urbanen Bodenplastik, einer bewegten und neuartigen Landschaft aus Beton. Es soll ein Platz der Erinnerung und der Begegnung sein. Dazu tragen das Befreiungsdenkmal, das Pogromdenkmal, das Denkmal „Tirol 600 Jahre bei Österreich" und der Vereinigungsbrunnen bei.

DENKMAL „TIROL 600 JAHRE BEI ÖSTERREICH"

An das Ereignis der Übergabe Tirols durch **Gräfin Margarete Maultasch** (> 10) an den Habsburger **Herzog Rudolf IV.** im Jahre **1363** erinnern zwei Denkmäler. Jenes am **Bozner Platz** (> 78) entstand zum 500-jährigen Jubiläum, jenes am **Eduard-Wallnöfer-Platz** zum 600-jährigen. Das 1963 errichtete, niedere Denkmal nach dem Entwurf des Innsbrucker

Denkmal „Tirol 600 Jahre bei Österreich“

Architekten Franz Kotek besteht aus einem 8 m langen und 1,15 m hohen Sockel aus grünlichem Sarner Porphyr. Ein Bronzerelief des Haller Bildhauers Josef Bachlechner d. J. zieht sich über die gesamte Länge. Es zeigt links groß das Siegel von Margarete Maultasch, an das (kleiner gestaltet) die 14 Siegel und Namen jener Fürsten anschließen, welche die am 26. Jänner 1363 ausgestellte Übergabeurkunde bestätigten. Margarete ist in ihrem Siegel groß dargestellt, allerdings gibt es kein zeitgenössisches Porträt und wir wissen nicht, wie sie ausgesehen hat. Die Wappen von Tirol, Bayern und Kärnten weisen auf ihre Herrschaften und Titel hin.

Vereinigungsbrunnen

VEREINIGUNGSBRUNNEN

Schon 1906 wurde am Bahnhofsplatz (Südtiroler Platz) zur Erinnerung an die **Eingemeindungen der Dörfer Wilten und Pradl** ein zweischaliger Brunnen errichtet, doch 1940 aus verkehrstechnischen Gründen abgetragen. Eine der beiden Brunnenschalen befindet sich am Domplatz (> 34), die zweite ist verschollen. Anfang der 1990er-Jahre formte sich ein Komitee zu Errichtung eines neuen Brunnens. Peter A. Bär schuf den Entwurf aus zwei Steinen aus Osttiroler Serpentin mit drei bzw. fünf Durchbrüchen, die für die insgesamt acht Gemeinden stehen, durch welche Innsbruck im 20. Jahrhundert eine starke Vergrößerung erfuhr: Pradl, Wilten (1904), Amras, Hötting, Mühlau (1938), Arzl (1940), Igls und Vill (1942). Der Ring verdeutlicht diese Vereinigung. In der Mitte steigt eine etwa 5 m hohe Wasserfontäne empor. Ergänzt wird das 1999 aufgestellte Kunstwerk durch drei Sitzgelegenheiten.

EDUARD-WALLNÖFER-PLATZ – POGROMDENKMAL – DER NOVEMBER 1938 IN INNSBRUCK

1995 regten Jugendliche im **Jugendlandtag** die Errichtung eines **Denkmals** für die im **November 1938 ermordeten und misshandelten Jüdinnen und Juden** an. Der damalige Bürgermeister Herwig van Staa griff die Idee sofort auf und schlug den Landhausplatz als Aufstellungsort vor. In einer Projektausschreibung sollten SchülerInnen der Höheren Schulen Tirols Vorschläge ausarbeiten.

Bis zum Sommer 1996 wurden 48 Projekte eingereicht. Eine Fachjury entschied sich für die Idee des 19-jährigen Schülers Mario Jörg von der Höheren Technischen Lehranstalt für Maschinenbau in Fulpmes. Sein Entwurf besteht aus einer siebenarmigen **Menora**, die aus einem **runden kupfernen Sockel** aufsteigt, der mit **Glasscherben** bedeckt ist. Dort sind die **Namen der vier in der Pogromnacht** bzw. in deren Folge im November 1938 **getöteten Innsbrucker Juden** verewigt. Laut Jörg sollten die Glasscherben die zerbrochenen Herzen der Juden und ihrer Angehörigen symbolisieren.

Vervollständigt wird das Denkmal durch einen weiten Metallring, dessen Inschrift die Ereignisse der „Reichskristallnacht" und die Errichtung des Mahnmals erklärt. Die Einweihung erfolgte schließlich am 8. Juni 1997.

Die Menora, ein siebenarmiger Leuchter, zählt zu den wichtigsten religiösen Symbolen des Judentums. Moses erhielt auf dem Berg Sinai von Gott den Auftrag zur Errichtung eines transportablen Heiligtums. Dabei erfolgte für jeden kultischen Gegenstand eine genaue Beschreibung, so auch für einen siebenarmigen Leuchter aus feinem Gold.

NOVEMBERPOGROME – EREIGNISSE IN INNSBRUCK

Am **7. November 1938** tötete der 17-jährige Jude Herschl Grynspan in Paris den deutschen Gesandtschaftsrat Ernst vom

Pogromdenkmal

Inschrift am Pogromdenkmal

Rath, um auf das Schicksal seiner Eltern und weiterer 17.000 polnischstämmiger Juden hinzuweisen, die Deutschland verlassen mussten. Am 9. November 1938 wurde im Alten Münchner Rathaussaal von der NSDAP des gescheiterten Hitler-Putsches von 1923 gedacht. Gegen 21 Uhr erfuhr Hitler vom Attentat auf Ernst vom Rath. Joseph Goebbels nahm dieses Ereignis zum Vorwand für den Start einer schon längst geplanten Aktion gegen Juden. Dabei ging es um die Zerstörung jüdischer Geschäfte, Sicherstellung von Wertgegenständen und das Niederbrennen von Synagogen.

Der Tiroler Gauleiter Franz Hofer kehrte noch in der Nacht von München nach Innsbruck zurück und plante sofort Racheaktionen gegen Innsbrucker Juden. SS-Männer erhielten den Auftrag, **Karl und Wilhelm Bauer**, **Richard Graubart** und **Richard Berger** zu töten. Die Gebrüder Bauer führten in Innsbruck ein Geschäft, Richard Graubart ein Schuhhaus, Richard Berger war Vorsitzender der Kultusgemeinde. Die Überfälle erfolgten kurz vor drei Uhr früh. Wilhelm Bauer und Richard Graubart wurden in ihrem Haus in der Gänsbacherstraße Nr. 5 erstochen. Drei SS-Männer holten Richard Berger aus seiner Wohnung in der Anichstraße Nr. 13, ermordeten ihn am Innufer in Kranebitten und warfen seine Leiche in den Inn. Josef Adler wurde durch Schläge auf den Kopf in seiner Wohnung in der Anichstraße Nr. 5 so schwer verletzt, dass er zwei Monate später verstarb. Weiters drangen die Rollkommandos in die Wohnungen von mindestens 25 jüdischen Familien ein, prügelten und misshandelten Männer und Frauen. Die Synagoge in der Sillgasse wurde verwüstet, zwei jüdische Geschäfte geplündert.

Diese Vergeltungsmaßnahmen in der Nacht vom 9. Auf den 10. November 1938 sind für lange Zeit als **„Reichskristallnacht“** in die Geschichte eingegangen. Der Begriff bezieht sich auf die zerbrochenen Scheiben jüdischer Geschäfte, die am folgenden Tag wie Kristalle auf den Straßen verteilt waren, und die zerstörten Kronleuchter in den Synagogen. Vermutlich wurden nur in dieser einen Nacht im Reich bis zu 1500 Menschen getötet. Heute wird diese Bezeichnung eher abgelehnt und durch die Bezeichnung „Novemberpogrome 1938“ ersetzt. Unter einem Pogrom versteht man die gewaltsame Ausschreitung von Menschen gegen andere abgrenzbare Gruppierungen von Menschen.

77

BEFREIUNGSDENKMAL – BEFREIT UND DOCH WIEDER BESETZT

Nach der **Befreiung Tirols** durch die **US-amerikanischen Truppen im Mai 1945** begann die **zehnjährige Besatzungszeit Tirols** durch **französische Truppen in Nord-** und **britische Truppen in Osttirol**.

1948 wurde auf Initiative der französischen Befreiungsmacht das **Befreiungsdenkmal** errichtet, häufig auch „Franzosendenkmal" genannt. Der französische Architekt und Offizier Major Jean Pascaud plante das nüchterne, schmucklose und stark vertikal gegliederte Denkmal in Form eines neoklassizistischen Triumphbogens. Als Bekrönung schuf der Tiroler Künstler Emmerich Kerle den 3,40 m hohen, lorbeerbekränzten Tiroler Adler mit dem österreichischen Bindenschild. Auf den Innsbrucker Schlossermeister Anton Fritz gehen die Wappen der österreichischen Bundesländer, angeordnet in Kreuzform auf dem Gitter, zurück. Dadurch werden Befreiung und Widerstand unter ein religiöses Vorzeichen gestellt. Im Zuge der Aufstellung wurde auch das Areal zwischen dem Landhaus und der Salurnerstraße zu einem Park umgestaltet. Bei der Bevölkerung fand das Denkmal wenig Anklang. Es handelt sich jedoch nicht um das Siegesdenkmal einer Besatzungsmacht.

Die auf der Nordseite groß angebrachte Inschrift **„Pro libertate Austriae mortuis"**

Befreiungsdenkmal

Tiroler Adler auf dem Befreiungsdenkmal

(Denen, die für Österreichs Freiheit gestorben sind) wird auf der Südseite kleiner in Englisch, Russisch und Französisch übersetzt und lässt einen weiten Interpretationsspielraum zu. Diese Inschrift bezieht sich sowohl auf die österreichischen Widerstandskämpfer als auch auf die alliierten Befreiungssoldaten. Auf der westlichen sowie der östlichen Schmalseite sind die Namen von 123 (Stand Ende August 2021) Männern und Frauen zu lesen, die von Fachleuten ausgewählt wurden, weil sie bewusst eine Handlung gegen die nationalsozialistische Diktatur setzten und deshalb ihr Leben verloren.

DIE ZEIT DER FRANZÖSISCHEN BESATZUNG 1945–1955

Im **Juli 1945** lösten die **französischen Truppen** die US-Streitkräfte als Besatzungsmacht in Tirol und Vorarlberg ab. Der Wechsel geht auf eine Besatzungszonen-Vereinbarung für Österreich im Juli 1945 zurück. Die Franzosen sollten direkten Zugang zu ihrer Zone in Baden-Württemberg haben.

Anstatt das Land beim Wiederaufbau zu unterstützen, nahmen die Franzosen Demontagen in den wenigen noch vorhandenen Industrien und Requirierungen bei Lebensmitteln und Viehbestand der Bauern vor. Dazu kam die Beschlagnahmung von Wohnungen. Trotz dieses angespannten Verhältnisses zu Beginn der Besetzung entwickelte sich doch langsam ein positives Zusammenwirken.

Der französische General und Staatspräsident Charles de Gaulle betrachtete Österreich als befreundetes Land, war aber strikt gegen jede Annäherung Österreichs an Deutschland in politischer und wirtschaftlicher Hinsicht. Dies wurde auch im Staatsvertrag vom 15. Mai 1955 verankert. Frankreich selbst war 1945 und in den Jahren danach wirtschaftlich und politisch wenig gefestigt. Seine Auslandspolitik zielte vor allem auf Kulturtransfer ab und das Land sah sich als geistig überlegene Besatzungsmacht. Dazu kam eine starke Politik der Wiederaufnahme des Kolonialismus, die sich vor allem in der Wiederbesetzung Indochinas zeigte. Durch die Rolle als Besatzungsmacht stand Frankreich an der Seite der großen Siegermächte USA, UdSSR und Großbritannien. Das von Hitler großteils besetzte und von den Alliierten befreite Frankreich sah sich im Aufstieg begriffen, war jedoch damit überfordert.

Frankreichs kulturelles Sendungsbewusstsein äußerte sich im Bemühen um die Verbreitung der französischen Sprache, verbunden mit Theaterstücken, Konzerten, Vorträgen u. a. Als bedeutende Institution wurde das Institut Francais in Wien und Innsbruck eingerichtet. Angestrebt wurde eine Verbindung zwischen französischer und österreichischer Kultur. Die Anfänge waren vielversprechend, doch im Laufe der Zeit zeigte sich wenig Nachhaltigkeit.

78

RUDOLFSBRUNNEN AM BOZNER PLATZ – TIROL KOMMT 1363 ZU ÖSTERREICH

Im Zuge der Erschließung Tirols durch die Eisenbahn wurde weit außerhalb der Stadt der Hauptbahnhof (eröffnet 1858) errichtet. Damit bot sich die Möglichkeit zur Erschließung der noch freien Flächen zwischen Bahnhof und Stadt. So entstand um 1850 etwa der Bozner Platz. Ursprünglich hieß er „Neuplatz", ab 1858 „Margarethenplatz" nach der Frau des Statthalters Erzherzog Carl Ludwig. Seit 1923 gilt die Bezeichnung „Bozner Platz". **1863** wurde das **fünfhundertjährige Jubiläum der Vereinigung Tirols mit Österreich** gefeiert. Die Pläne für ein **Denkmal** stammen vom Wiener Dombaumeisters Friedrich von Schmidt. Auf ihn gehen in Innsbruck noch die Pfarrkirche St. Nikolaus und in Wien das Rathaus zurück. 1877 konnte das Kunstwerk feierlich enthüllt werden. Die Ausführungen in Loferer Marmor stammen vom Steinmetz Hohenauer, die Bronzefiguren von Johann Grissemann aus Imst.

Auf der niederen Beckenumfassung halten vier aus Bronze gegossene Greifen Wappenschilde und Standarten mit dem Tiroler Adler bzw. dem kaiserlichen Doppeladler. In der Mitte des Beckens erhebt sich ein kräftiger Sockel mit vier wasserspeienden Greifen. Darüber weist ein Schriftband auf das Jubiläum hin: *1363 29. September 1863; Zur Erinnerung an die 500 jär. Vereinigung Tirols mit Österreich.* Dem sich nach oben verjüngenden Sockel sind vier Schalen aufgesetzt, in welche das Wasser aus Löwenköpfen sprudelt. Der obere Teil wird von einem Achteckpfeiler mit einem Wappenkranz (österreichischer Bindenschild, Doppeladler, zweimal Tiroler Adler, zweimal steirischer Panther – als Courtoisiewappen einmal nach rechts, einmal nach links steigend – Kärntner Wappen sowie ein Wappen mit Glocke und Kordeln – vielleicht jenes der kaiserlichen Erzgießerei in Wien) gebildet. Bekrönt wird das Denkmal von der Statue

Der Rudolfsbrunnen am Bozner Platz

Blick über den frühlingshaften Bozner Platz

Herzog Rudolfs IV. mit Herzogshut (> 60), Harnisch, Mantel, Schwert und Urkundenrolle. Es handelt sich um jene Urkunde, mit welcher dem Herzog 1363 auch im Namen seiner Brüder die landesfürstliche Herrschaft in Tirol übertragen wurde.

Herzog Rudolf IV.

Detail beim Rudolfsbrunnen

1363 – TIROL KOMMT ZU ÖSTERREICH

Im Jänner **1363** brach der Habsburger **Herzog Rudolf IV. der Stifter** von Wien nach Tirol auf. Vermutlich wollte er Verhandlungen mit der Tiroler Gräfin **Margarete Maultasch** (> 10) über die weitere Zukunft des Landes führen. Ihr einziger Sohn und Erbe Graf Meinhard III. starb am 13. Jänner in Schloss Tirol.

Plötzlich tauchte eine mit 2. September 1359 datierte Urkunde auf, in der Margarete Maultasch allein im Falle des Ablebens ihres zweiten Ehemanns Markgraf Ludwig von Brandenburg (1361) und ihres Sohnes Graf Meinhard III. Tirol den Habsburgern vermachte. Mit großer Wahrscheinlichkeit handelt es sich dabei um eine Fälschung vom Jänner 1363, jedoch zurückdatiert auf 1359. Urkundenfälschung war damals durchaus üblich. Der Adel war alles andere als erfreut über die Absichten der Landesherrin, die nun zum Spielball verschiedener Adelscliquen wurde. In einer am 17. Jänner 1363 ausgestellten Urkunde sagte die Gräfin ihren Landesherrn und Räten verbindlich zu, ohne deren Wissen Tirol nicht zu veräußern, keine Bündnisse einzugehen und keine fremden Fürsten als Gäste aufzunehmen. Die Urkunde von 1359 machte jedoch den Vertrag vom 17. Jänner 1363 ungültig und schwächte die Stellung des Adels. Herzog Rudolf IV. erkannte die drohende Gefahr und traf um den 20. Jänner 1363 mit Margarete in Bozen zusammen. Schon am 26. Jänner 1363 brach sie gemachte Versprechen und schenkte für den Fall ihres Ablebens alle ihre Rechte und Besitzungen den Herzögen Rudolf IV., Albrecht III. und Leopold III. von Österreich. Dass es sich dabei aber dann

Margarete Maultasch (Herzog-Friedrich-Str. Nr. 12)

doch nicht um einen Alleingang handelte, zeigen die an der Urkunde angebrachten Siegel von vierzehn hohen Vertretern des Hofes und des Tiroler Adels.

Ein **Denkmal am Eduard-Wallnöfer-Platz** (> 75) erinnert an die sechshundertjährige Zugehörigkeit Tirols zu Österreich.

Herzog Rudolf IV. bestätigte die alten Rechte und Freiheiten der Tiroler. Margarete ließ sich zunächst von ihm als Statthalterin in Tirol einsetzen, dankte aber am 29. September 1363 endgültig ab. Als Rudolf Mitte Dezember 1363 Tirol verließ, reiste sie mit ihm nach Wien und verbrachte ihre letzten Lebensjahre bis zu ihrem Tod 1369 in einem Palais in der Nähe der Minoritenkirche. An die Tiroler Landesfürstin erinnert in Wien noch der Stadtteil Margareten.

WILTEN – BASILIKA – STIFT – BERGISEL

Schon zwischen **1200 und 800 v. Chr.** lassen sich **Urnengräber am Fuß des Bergisels** nachweisen. Der Ortsname Wilten wurzelt in vorrömischer Zeit. 805 taucht erstmals die Bezeichnung *locus Wiltina* auf. Ein **Römerlager Veldidena** wird im 3. Jahrhundert erstmals erwähnt.
Das **bäuerliche Dorf Wilten** gehörte bis zum 19. Jahrhundert zum Herrschafts- und Gerichtsgebiet des Stiftes. Erst durch den Bau der Arlbergbahn (Eröffnung 1884) entstanden neue Viertel mit städtischer Struktur. Siedlungsmäßig war Wilten bis zur Mitte des 19. Jahrhunderts ein

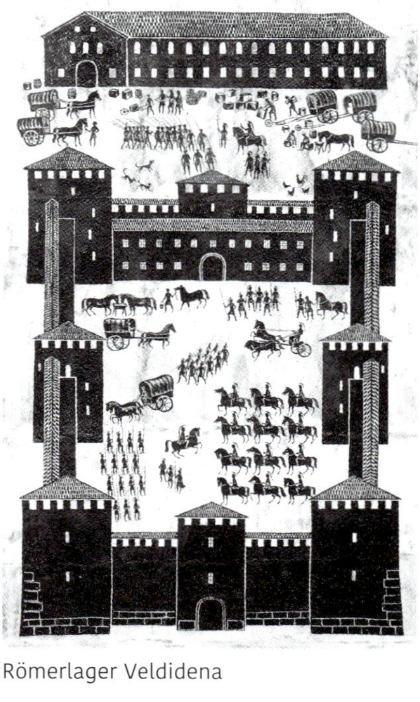
Römerlager Veldidena

Straßendorf an der Brennerstraße. Während der Obere Dorfplatz an der Einmündung der alten Brennerstraße (Haymongasse im Bereich der Grassmayrkreuzung) nicht mehr besteht, ist der Untere Dorfplatz, bezeichnet als Kaiserschützenplatz (an der Einmündung der Franz-Fischer-Straße in die Leopoldstraße), noch vorhanden. Nur wenige Meter nördlich davon besteht im Bereich der Einmündung der Liebeneggstraße und der Mentlgasse in die Leopoldstraße ein „Platzl" mit der seit 2009 offiziellen Bezeichnung „Wiltener Platzl".
Am Eckhaus Maria-Theresien-Straße/Maximilianstraße befindet sich ein **Grenzstein mit den Wappen von Innsbruck und Wilten** (> 74).
Eine entscheidende Gebietserweiterung erfuhr Innsbruck durch die Eingemeindung Wiltens 1904.

RÖMERLAGER VELDIDENA

15 v. Chr. zog Drusus mit zwei Legionen über den Brennerpass in das Inntal. Unter Claudius (41–54 n. Chr.) kam der Hauptteil Tirols zur Provinz Rätien mit der Hauptstadt Augsburg und unter Diocletian um 300 zu Rätia secunda.
Bei **Veldidena** handelte es sich um eine Militärsiedlung und ein Nachschublager, vermutlich um 300 n. Chr. entstanden, zwischen dem heutigen Südring im Norden, der Sill im Osten und der Neuhauserstraße im Westen. Das **Kastell** wies eine Länge von 72 m auf und war von einer 2,5 m dicken Mauer umgeben. Die vier

Zentrum einer bedeutenden Marienwallfahrt: die Basilika Wilten

Ecktürme hatten eine Seitenlänge von 8 m und waren 16 m hoch. Im Inneren befanden sich im Norden und Süden zwei dreischiffige, 60 x 15 m große Hallen für Soldatenunterkünfte sowie als Lager für Waffen und Vorräte. Der mit groben Steinen aus der Sill gepflasterte Innenhof (30 x 60 m) zwischen den beiden Lagerhallen diente als Exerzierplatz und Ladehof. Um das Lager entwickelte sich eine kleine Zivilsiedlung. Die Gründung der Stadt Innsbruck 1180 hat mit Veldidena nichts zu tun.

Die **Brennerstraße** verlief durch den Hohlweg (vom heutigen Sonnenburgerhof bis zur Abzweigung von der Brennerstraße zur Sprungschanze) und weiter durch die Haymongasse nordwestlich der Basilika. Sie war 5,5 m breit, wies einen 30 bis 40 cm tiefen Unterbau und eine festgefahrene Pflasterung aus kleinen Bachsteinen auf.

BASILIKA WILTEN

Die Pfarrkirche des einstigen Dorfes Wilten war zugleich bis 1643 die Pfarrkirche der Stadt Innsbruck und war stark abhängig vom Kloster Wilten.

Der Grund für eine so prächtige Kirche ist vor allem in einer bedeutenden **Marienwallfahrt** seit dem 13. Jahrhundert zu sehen. Die **Ursprungslegende** berichtet von christlichen römischen Soldaten, die hier ein Marienbild „unter vier Bäumen" verehrten. Das Bild wurde bei ihrem Abzug vergraben und später von einem Bauern gefunden. Dass mit seiner Verehrung wundertätige Ereignisse wie Heilungen verbunden wurden, sprach sich schnell herum und ein Kirchenbau folgte. Dort wurde das Marienbild zumindest bei einem Neubau im 14. Jahrhundert zwischen vier Säulen aufgestellt. Durch die Gewährung von Ablässen, das ist der Nachlass zeitlicher Sündenstrafen, kamen zahlreiche Gläubige. Besonders in Notzeiten, etwa in den Bauernkriegen von 1525, im Dreißigjährigen Krieg (1618–1648) und in den beiden Weltkriegen, erlebte die Wallfahrt großen Zustrom. Für 1734 sind in der Kirche 6042 Messen überliefert. Maria Theresia übergab dem Gotteshaus zur Geburt ihrer Kinder jeweils ein silbernes Herz.

Der jetzige Kirchenbau entstand **1751 bis 1755** und ersetzte den gotischen Vorgängerbau. Verantwortlich dafür war der Priester und Hobbyarchitekt Franz de Paula Penz, Pläne und Umsetzung erfolgten durch den Füssener Architekten Joseph Stapf. Die Innenausstattung zeigt eine gelungene Harmonie des Rokokos mit Stuck, Plastik und Malerei. Die Deckenfresken mit Maria und ihren alttestamentarischen Vorbildern stammen vom Augsburger Maler Matthäus Günther, der Stuck von den Brüdern Franz Xaver und Johann Michael Feichtmayr aus der Wessobrunner Schule.

Hauptkennzeichen des **Rokokos**, der Spätphase des Barocks, ist leichter und asymmetrischer Stuck. Ein typisches Element ist die Rocaille, eine aus Frankreich stammende, verzerrte bzw. schiefe Form einer Muschel. Beim Rokoko handelt es sich um eine Dekorationskunst mit verspielten Formen und zart gefärbtem Stuck.

Die Bezeichnung „**Basilika**" ist in diesem Sinne ein vom Papst verliehener Ehrentitel für besonders bedeutende Kirchen. In Tirol bestehen neben Wilten vier weitere Basiliken: Stiftskirche Stams, Damenstiftskirche Hall in Tirol, Wallfahrtskirche Absam sowie ehemalige Klosterkirche Mariathal in Kramsach. Üblicherweise weist über dem Haupteingang das Wappen des jeweils regierenden Papstes auf eine Basilika hin, doch werden die Wappen beim Papstwechsel nicht immer ausgetauscht. Bei der im Wappen dargestellten Krone

Innenansicht der Basilika Wilten

Das Stift Wilten von Süden aus gesehen

handelt es sich um die Papstkrone (Tiara). Die gekreuzten Schlüssel weisen auf Petrus hin. Jesus bestimmte Petrus als seinen Nachfolger und gab ihm symbolisch in Form zweier Schlüssel die Macht über Himmel und Erde, über Leben und Tod.

PRÄMONSTRATENSERSTIFT WILTEN

Schon im **4. Jahrhundert** errichteten christliche Römer an der Stelle der heutigen Stiftskirche ein **Gotteshaus** zu Ehren des **hl. Laurentius**, 565 in einem Reisebericht erwähnt. Eine **Legende** berichtet von der Klostergründung. Der **Riese Haymon** geriet in Streit mit dem **Riesen Thyrsus** und erschlug ihn. Als Wiedergutmachung soll Haymon um 878 bei der alten Laurentiuskirche ein Kloster gegründet habe. Ein Drache aus der Sillschlucht zerstörte das Bauwerk während der Bauzeit jedoch immer wieder, bis Haymon ihn tötete und ihm die Zunge herausschnitt. In der Vorhalle der Kirche steht eine über drei Meter hohe Statue des Riesen aus der Zeit um 1470. Haymon hält dabei die Drachenzunge in der Hand. Eine kleine Bronzeabbildung Haymons mit Schwert und Zunge ist über dem Eingang zur Klosterpforte vorhanden.

1138 wurde eine kleine Gemeinschaft gemeinsam lebender Kleriker dem **Prämonstratenserorden** übertragen und vom Papst bestätigt. Der Prälat (Abt) erhielt als besonderes Recht bis 1918 Sitz und Stimme im Tiroler Landtag. Die jetzige frühbarocke **Kirche** wurde nach Plänen von Christoph Gumpp (>23) von **1651 bis 1665** errichtet. 1667 folgte der Nordturm. Von 1713 bis 1719 blendete Georg Anton Gumpp (>23), ein Enkel von Christoph, der Westfassade einen mo-

numentalen Portikus vor. Dort befinden sich in Nischen die überlebensgroßen Holzfiguren der beiden Riesen Haymon und Thyrsus, auf dem oberen Abschluss die hll. Laurentius (mit Rost, er wurde auf einem Feuerrost gemartert), Augustinus (sein flammendes Herz symbolisiert die unendliche Liebe zu Gott), Maria, Norbert von Xanten (Gründer der Prämonstratenser, mit Monstranz) sowie Stephanus (mit drei Steinen, er wurde gesteinigt). Von der Kirchenvorhalle führt der Weg durch ein kostbares schmiedeeisernes Gitter in den Hauptraum. Kräftiger Stuck umgibt die kleinteiligen Fresken (1702–1707) von Kaspar Waldmann. Einige davon wurden durch Bomben im Zweiten Weltkrieg zerstört und von Hans Andre (> 20) 1952 durch moderne ersetzt.
Ab 1653 entstand auch eine **neue Stiftsanlage**. Im Rahmen einer vorher angemeldeten Führung sind verschiedene Prunkräume mit kostbarer Ausstattung wie das Vestibül, der Altmuttersaal, das Jagdzimmer, der Gartensaal, der Norbertisaal, die Bibliothek sowie Teile der Stiftssammlungen zu besichtigen.

BERGISEL

Vom Stift Wilten gelangt man nach kurzem Anstieg zum Bergisel, der vor allem durch die **Freiheitskämpfe** der Tiroler im Jahre **1809** (> 2) bekannt geworden ist. Damals fielen die mit Kaiser Napoleon verbündeten Bayern und Sachsen in Tirol ein. Überall im Land wehrte sich die Bevölkerung. Auf den südlichen Abhängen mit dem Bergisel als Zentrum fanden vier Schlachten unter der Führung von Andreas Hofer statt, von denen die Tiroler drei gewannen und die vierte verloren.
Die Anhöhe ist heute noch eine wichtige **Gedenkstätte**, nicht nur für die Kämpfe von 1809, sondern allgemein für alle Gefallenen der Freiheitskriege und der Weltkriege. In dem 2011 eröffneten **Tirol Panorama** erinnert das **Riesenrundgemälde** realitätsnah an die dritte Bergiselschlacht. Das **Kaiserjägermuseum** zeigt Bilder, Waffen, Fahnen, Uniformen, Karten etc. aus der Zeit von 1816 bis 1918. Im Zentrum stehen dabei die Tiroler Kaiserjäger, eine Elitetruppe der Österreichisch-Ungarischen Monarchie. In verschiedens-

Bergisel mit Denkmal Andreas Hofer rechts im Hintergrund

Die Tiroler kämpfen 1809 für ihre Freiheit.

ten Ausstellungsgegenständen hinterfragt das Tirol Panorama aber auch den **„Schauplatz Tirol“**, die Identität dieses Landes heute und gestern.
Beim Rundgang im **Freigelände** begegnet man dem großen Andreas-Hofer-Denkmal, einer Statue von Kaiser Franz Joseph, einer Büste von Kaiser Karl I., den Schießständen der Kaiserjäger u. a. Das Urichhaus am Westende ist Sitz des Alt-Kaiserjägerclubs. Im Rahmen von besonderen Ehrentagen finden immer wieder Kranzniederlegungen am Bergisel statt.
Als markanter Fixpunkt im Innsbrucker Stadtbild gilt die **Sprungschanze**. Eine kleine bereits vorhandene Schanze wurde für die Olympischen Winterspiele 1964 neu erbaut, 2002 jedoch durch das heutige Bauwerk der Stararchitektin Zaha Hadid ersetzt. Im Turm befindet sich ein Restaurant.

WALDWANDERUNG VON WILTEN ZUM SCHLOSS AMBRAS (CA. 1 STUNDE)

- Ausgang Gasthof Bierstindl am Fuß des Bergisels: Bahnunterführung – Sillbrücke – Fußgängerübergang Autobahn – Gasthof Bretterkeller – Überquerung der Iglerstraße – breiter Waldweg (beschildert „Tummelplatz, Schloss Ambras“) durch den Kriegerfriedhof Tummelplatz – Überquerung der Straße nach Aldrans zum großen Tor des Schlossparks
- Alternative: Straßenbahn 6 vom Bergisel (Station gegenüber Stiftskirche Wilten) – 2 Stationen bis Tummelplatz
- Von Schloss Ambras zur Innenstadt: Vom Parktor steile Straße (Tummelplatzweg) zur Talsohle, von dort Straßenbahn 3 (Station Philippine-Welser-Straße oder Pradler Friedhof) ins Stadtzentrum (Anichstraße)

80

AMBRAS – EIN SCHLOSS ALS LIEBESBEWEIS – ERZHERZOG FERDINAND II. UND PHILIPPINE WELSER

Als im 11. Jh. die deutschen Könige bzw. Kaiser das „Land im Gebirge", wie Tirol damals hieß, den Bischöfen von Brixen und Trient als Lehen übergaben, reichten es die Kirchenfürsten zur Verwaltung an verschiedene Grafengeschlechter weiter. Dabei gelangten das mittlere Inntal und das Wipptal an die südbayerischen **Grafen von Andechs**. Diese besaßen schon im 10. Jahrhundert Land im Inntal und erbauten auf der Südseite des Tales ihre **Burg Ambras**. Von dort aus konnten sie die am Burgfelsen vorbeiführende Römerstraße und einen Innarm gut kontrollieren.

1133 zerstörte der bayerische Herzog Heinrich der Stolze Burg Ambras. Das bot den Anlass für die Übersiedlung der Andechser auf die Nordseite des Inns und die Gründung einer Siedlung im Bereich des heutigen Stadtteils Mariahilf-St. Nikolaus (> „Entwicklung des Innsbrucker Stadtgebiets"). Genannt ist dieses ursprüngliche Innsbruck erstmals 1180.

Erzherzog Ferdinand II. begann 1564 mit dem **Bau eines Renaissanceschlosses**. Baumeister waren Paul Uschall sowie Giovanni und Alberto Lucchese. Die Anlage gliedert sich in das Unterschloss, das Hochschloss mit dem Spanischen Saal,

Spanischer Saal – Meisterwerk der Renaissance

Schloss Ambras – Hochschloss und Spanischer Saal

den Keuchengarten mit der Bachusgrotte sowie den ausgedehnten Park.
Von der Straße kommend, betritt der Besucher das **Unterschloss** mit mehreren Gebäuden um einen fünfeckigen Hof. Dort sind Teile der Sammlungen des Erzherzogs, vor allem Harnische und Waffen sowie die Kunst- und Wunderkammer mit allerlei Außergewöhnlichem aus Natur, Technik, Kunst, Handwerk etc. untergebracht. Dazu zählen filigrane Drechselarbeiten aus Holz und Elfenbein, eine Automatenuhr, Korallen, ein Fangstuhl, das Arzneibuch und Kochbuch der Philippine Welser, Abbildungen eines Zwergs und eines Riesen und vieles mehr.
Mächtig ragt das **Hochschloss** als Wohnanlage auf, viergeschossig um einen rechteckigen Innenhof angelegt. Neben verschiedenen mittelalterlichen sakralen Kunstwerken, dem Bad der Philippine Welser sowie der Nikolauskapelle befinden sich dort spezielle Sammlungen sowie die Habsburgergalerie mit Fürstenporträts vom 15. bis zum 18. Jahrhundert. Ein Meisterwerk der Renaissance ist der **Spanische Saal** mit einer Holzkassetten-

Der sogenannte „Keuchengarten“

decke und Porträts verschiedener Habsburger bzw. Tiroler Landesfürsten. Dort finden immer wieder Konzerte statt, in erster Linie die Ambraser Schlosskonzerte.
Im **Keuchengarten** vor dem Spanischen Saal wurde ein typischer Renaissancegarten nachgestaltet. Die nahe Bacchusgrotte war Mittelpunkt rauschender Feste.
Die ganze Schlossanlage ist von einem unregelmäßig gestalteten **englischen Park** mit Wiesen, Bäumen, einem Ententeich und einem künstlich angelegten Wasserfall eingesäumt, ein lohnendes Ziel für Wanderungen.

ERZHERZOG FERDINAND II. UND PHILIPPINE WELSER

Der **Renaissancefürst** Erzherzog Ferdinand II., Sohn von Kaiser Ferdinand I., führte in seiner Jugend in Prag ein luxuriöses Leben nach italienischem Vorbild. Er war **streng katholisch**, förderte stark die Jesuiten und trat vehement gegen die Protestanten und Wiedertäufer auf. Wer nicht katholisch war, musste konvertieren, auswandern oder wurde schwer bestraft, oft sogar mit dem Tod. Sein Vater holte 1561 die Jesuiten zur Festigung des katholischen Glaubens nach Innsbruck. Petrus Canisius, Patron der Diözese Innsbruck, war Hofprediger in der Stadt.
In Ambras legte der Erzherzog umfangreiche **Sammlungen** von Harnischen, Porträts, Waffen, allerlei Ungewöhnlichem aus Natur und Technik etc. an. Damit schuf er dort eines der ersten Museen Europas. Leider wurden große Teile der ursprünglichen Sammlungen nach Wien übersiedelt.
Ferdinands nicht standesgemäße geheime Liebesehe 1557 mit der Augsburger Bürgerstochter **Philippine Welser** bewirkte, dass die beiden Söhne Andreas und Karl nicht erbberechtigt waren. Beide wurden jeweils nach der Geburt als Findelkinder

Turnierreiter im Museum Schloss Ambras

Erzherzog Ferdinand II.

Philippine Welser

vor die Schlosstüre gelegt und aufgenommen. Einem alten römischen Brauch zufolge erwarb derjenige, der ein ausgesetztes Neugeborenes aufnahm, die Vaterschaft über das Kind. Die Ehe wurde erst 1559 der kaiserlichen Familie und 1576 der Öffentlichkeit mitgeteilt. Für Philippine ließ er die Burg Ambras zu einem prächtigen Renaissanceschloss ausbauen. Sie durfte nicht in der Hofburg, dem offiziellen Sitz des Tiroler Landesfürsten, wohnen. Philippine Welser war beim Volk sehr beliebt. Sie half Armen, Kranken sowie Bedürftigen und wurde auch großteils vom Tiroler Adel stillschweigend akzeptiert. Besonders widmete sie sich Arzneien, legte eine Apotheke an und schrieb Kochbücher.

Zwei Jahre nach ihrem Tod heiratete der 53-jährige Ferdinand 1582 seine 16-jährige Nichte **Anna Caterina Gonzaga** aus Mantua (> 73). Sie schenkte ihm noch drei Töchter und trat nach Ferdinands Tod 1595 mit einer Tochter in den Orden der Serviten ein. Auf die Fürstin gehen zwei Frauenklöster der Serviten an der Stelle der heutigen SOWI-Fakultät und des MCI sowie das Männerkloster der Serviten in der Maria-Theresien-Straße zurück. Während der Erzherzog und Philippine Welser in der Silbernen Kapelle, einem Anbau der Hofkirche, bestattet sind, finden sich die sterblichen Überreste von Anna Caterina und einer ihrer Töchter im Kreuzgang des Servitenklosters. Zur Zeit Ferdinands war der Innsbrucker Hof bekannt für seine Festlichkeiten sowie seine kulturellen und künstlerischen Aktivitäten.

WALDWANDERUNG VON SCHLOSS AMBRAS NACH WILTEN (CA. 1 STUNDE)

- Großes Tor westlich des Schlossparks – Überquerung der Straße nach Aldrans – Waldweg („Tummelplatz – Bretterkeller“) durch den Kriegerfriedhof Tummelplatz – Überquerung Igler Straße – Gasthof Bretterkeller – Fußgängerübergang Autobahn – Sillbrücke – Unterführung Eisenbahn – Gasthof Bierstindl
- Alternative: Straßenbahn 6 von Station Tummelplatz bis Bergisel (Station gegenüber Stiftskirche Wilten)
- Von Schloss Ambras zur Innenstadt: Vom Parktor steile Straße (Tummelplatzweg) zur Talsohle, von dort Straßenbahn 3 (Station Philippine-Welser-Straße oder Pradler Friedhof) ins Stadtzentrum (Anichstraße)

VERWENDETE LITERATUR (AUSWAHL)

Beimrohr, Wilfried: Die Geschichte der Verwaltung der Stadt Innsbruck im 17. Jahrhundert, Veröffentlichungen des Innsbrucker Stadtarchivs, Neue Folge, Band 22, Innsbruck 1995

Benedikt Aurelia: Die Mirakelberichte des Gnadenortes Mariahilf in der St.-Jakobs-Kirche in Innsbruck (1662-1724), Veröffentlichungen des Innsbrucker Stadtarchivs, Neue Folge, Band 72, Innsbruck 2021

Bubestinger, Ingrid, Zeindl, Gertraud: Zur Stadtgeschichte Innsbrucks, Innsbruck 2008

Das Tiroler Landhaus: Broschüre Land Tirol, Eigenverlag des Landes Tirol, Landtagsdirektion, 3. Auflage 2009

Dehio Tirol, Wien 1980

Egg, Erich: Kunst in Tirol, Baukunst und Plastik, 2., durchgesehene Auflage, 1973

Egg, Erich: Kunst in Tirol, Malerei und Kunsthandwerk, Innsbruck 1972

Egg, Erich: Die Hofkirche in Innsbruck, Innsbruck 1974

Egger, Matthias (Hg): … aber mir steckt der Schreck noch in allen Knochen." – Innsbruck zwischen Diktatur, Krieg und Befreiung 1933–1950, Veröffentlichungen des Innsbrucker Stadtarchivs, Neue Folge, Band 71, Innsbruck 2020

Felmayer, Johanna: Das Goldene Dachl in Innsbruck, Innsbruck 1996

Forcher, Michael: Tirols Geschichte in Wort und Bild, 11., aktualisierte Auflage, Innsbruck 2009

Forcher, Michael: Die Geschichte der Stadt Innsbruck, Innsbruck-Wien 2008

Forster, Ellinor (Hg.), Stanek Ursula (Hg.), Von Schlachta Astrid (Hg.): Frauenleben in Innsbruck, Salzburg 2003

Frenzel, Monika: Innsbruck – Der Stadtführer, 6., aktualisierte Auflage, Innsbruck 2020

Gelmi, Josef: Geschichte der Kirche in Tirol, Innsbruck 2001

Hammer, Heinrich: Kunstgeschichte der Stadt Innsbruck, Innsbruck 1952

Hammer, Heinrich: Alt-Innsbrucker Studien, Innsbruck 1942

Hammer, Heinrich: Die Kunst in Tirol – Die Paläste- und Bürgerbauten Innsbrucks, Wien 1923

Haidacher, Christoph: Zur Bevölkerungsgeschichte von Innsbruck im Mittelalter und in der beginnenden Neuzeit, Veröffentlichungen des Innsbrucker Stadtarchivs, Neue Folge, Band 15, Innsbruck 1984

Harb, Rudolf, Hölzl, Sebastian, Stöger, Peter: Tirol – Texte und Bilder zur Landesgeschichte, Innsbruck 1985

Heim, Manfred: Von Ablass bis Zölibat – Kleines Lexikon der Kirchengeschichte, München 2008

Hölz, Christoph, Tragbar, Klaus, Weiss, Veronika (Hrsg./eds.): Architekturführer Innsbruck, Schriftenreihe des Archivs für Baukunst, Band 10, Innsbruck-Wien 2017

Hye, Franz-Heinz: Innsbruck, Geschichte und Stadtbild, Tiroler Heimatblätter, Nummer 2/1980, Sonderband 800 Jahre Stadt Innsbruck, Innsbruck 1980

Hye, Franz-Heinz: Wappen in Tirol – Zeugen der Geschichte, Schlern-Schriften 321, Innsbruck 2004

Hye, Franz-Heinz: Die Wappen des alten Tiroler Adels bis zum Übergang Tirols an Bayern 1805/06, Schlern-Schriften 353, Innsbruck 2010

Hye, Franz-Heinz: Österreichisches Städtebuch – Die Städte Tirols, Teil I Bundesland Tirol, Wien 1980

Hye, Franz-Heinz: Die Städte Tirols, Vorlesung am Historischen Institut der Universität Innsbruck, SS 1990

Hye, Franz-Heinz: St. Nikolaus und Mariahilf – Innsbrucks ältester Stadtteil, Innsbrucker Stadtarchiv, Band 2, Innsbruck 1986

Krapf, Michael: Die Baumeister Gumpp, Wien-München 1979

Kuster, Thomas (Hg.): Hoch zu Ross – Das Reiterstandbild Erzherzog Leopolds V., Ausstellung Schloss Ambras, 2020

Möller, Norbert: Das Mariahilf-Bild im Dom von St. Jakob in Innsbruck, Innsbruck 2000

Österreichische Kunsttopographie - Die profanen Kunstdenkmäler der Stadt Innsbruck – Altstadt - Band XXXVIII, Wien 1972

Österreichische Kunsttopographie - Die profanen Kunstdenkmäler der Stadt Innsbruck – Außerhalb der Altstadt – Band XLV, Wien 1981

Österreichische Kunsttopographie - Die Kunstdenkmäler der Stadt Innsbruck – Die Hofbauten – Band XLVII, Wien 1986

Naredi-Rainer, Paul, Lukas Madersbacher (Hrsg.): Kunst in Tirol, zwei Bände, Kunstgeschichtliche Studien – Innsbruck, Neue Folge, Band 3, Innsbruck 2007

Noflatscher, Heinz, Niederkorn, Jan Paul (Hg.): Der Innsbrucker Hof, Wien 2005

Pfaundler-Spat, Gertrud: Tirol-Lexikon, vollständig überarbeitete und ergänzte Auflage, Innsbruck 2005

Rath, Gabriele, Sommerauer, Andrea, Verdorfer, Martha (Hg.): Bozen – Innsbruck – Zeitgeschichtliche Stadtrundgänge, Wien-Bozen 2000

Schönegger, Josef: Innsbruck im historischen Kartenbild – von den Anfängen bis 1904, Veröffentlichungen des Innsbrucker Stadtarchivs, Neue Folge, Band 90, Innsbruck 2018

Schreiber, Horst: Nationalsozialismus und Faschismus in Tirol und Südtirol, Tiroler Studien zu Geschichte und Politik, Band 8, Innsbruck 2008

Schretter, Bernhard: Die Pest in Tirol 1611–1612, Veröffentlichungen des Innsbrucker Stadtarchivs, Neue Folge, Band 12/13, Innsbruck 1982

Stadtmagistrat Innsbruck (Herausgeber und Verleger): Staaten – Wappen – Dynastien, Veröffentlichungen des Innsbrucker Stadtarchivs, Neue Folge, Band 18, Innsbruck 1988

Stolz, Otto: Geschichte der Stadt Innsbruck, Innsbruck 1959

Svehla, Michael: Als in Innsbruck die Sirenen heulten – Luftangriffe 1943–1945, Innsbruck 2018

Taddei, Elena: Anna Caterina Gonzaga, Innsbruck-Wien 2021

Walder-Gottsbacher, Peter: Vom Wirtshaus zum Grand-Hotel, Innsbruck 2002

Weiß, Sabine: Claudia de' Medici – Eine italienische Prinzessin als Landesfürstin von Tirol, Innsbruck 2004

Weiß, Sabine: Kaiser Maximilian I., Innsbruck 2018

Zeindl, Gertraud: Die Maria-Theresien-Straße – Geschichte und Gegenwart, Innsbruck 2019

Zeit – Raum – Innsbruck: Verschiedene Veröffentlichungen des Stadtarchivs Innsbruck

Fachspezifische Artikel in verschiedenen Zeitschriften bzw. Infoblättern: Innsbrucker Stadtnachrichten, Tip, Tirol immer einen Urlaub wert u. a.

Peter Bernhard: Galerie – Photos schöner alter Wappen (welt-der-wappen.de) (Wappen Schurff, Prechthaus, Trautsonhaus, Palais Trapp, Deutschordenshaus, Schöpferhaus, Stadtrichter Zeller-Haus, Hofburg)

Liste der denkmalgeschützten Objekte in Innsbruck (gegliedert in A-G, H-K, L-Z)

https://austria-forum.org/af/AustriaWiki/Liste_der_denkmalgesch%C3%BCtzten_Objekte_in_Innsbruck-Innsbruck/

https://austria-forum.org/af/AustriaWiki/Liste_der_denkmalgesch%C3%BCtzten_Objekte_in_Innsbruck-Innsbruck/A%E2%80%93G

https://de.wikipedia.org/wiki/Liste_der_denkmalgesch%C3%BCtzten_Objekte_in_Innsbruck-Innsbruck/H%E2%80%93K

https://austria-forum.org/af/AustriaWiki/Liste_der_denkmalgesch%C3%BCtzten_Objekte_in_Innsbruck-Innsbruck/L%E2%80%93Z#

FOTONACHWEIS

Stadtarchiv Innsbruck: S. 37 (Bi-29), S. 98 (Bi-g-1213)
Wikimedia Commons, Public Domain: S. 8
Alle anderen Fotos stammen von Anton Prock.
Aufnahmeorte bestimmter Fotos: Gossensass Barbarakapelle, Kofler-Epitaph (17), Innsbruck Dreiheiligenkirche – Fresko mit Ansicht Innsbrucks um 1755 (19, 24, 31, 63, 66, 120, 134), Innsbruck Hofkirche (20, 142, 177), KHM-Museumsverband (21 oben und rechts unten, 22, 165, 203), Stiftsarchiv Fiecht (23, 98), Innsbruck Tirol-Panorama Bergisel (33, 199), Schloss Tratzberg (44, 48, 56, 58, 65), Stiftskirche Stams (46), Innsbruck Schloss Ambras (55, 202), Innsbruck Basilika Wilten (56), Wien Kaiserliche Schatzkammer (79), Brixen Domkreuzgang (106), Schwaz Burg Freundsberg (122), Innsbruck Stift Wilten (123, 161, 183), Innsbruck Jesuitenkirche (69, 146) Innsbruck Altes Landhaus (172), Innsbruck Servitenkloster (180), Rattenberg Hoferkapelle im Augustinermuseum (72), Schloss Rodenegg (149), Pfarrkirche Kitzbühel (154), Burg Mariastein (150)

Nachhaltige Produktion ist uns ein Anliegen; wir möchten die Belastung unserer Mitwelt so gering wie möglich halten. Über unsere Druckereien garantieren wir ein hohes Maß an Umweltverträglichkeit: Wir lassen ausschließlich auf FSC®-Papieren aus verantwortungsvollen Quellen drucken, verwenden Farben auf Pflanzenölbasis und Klebestoffe ohne Lösungsmittel. Wir produzieren in Österreich und im nahen europäischen Ausland, auf Produktionen in Fernost verzichten wir ganz.

MIX
Papier aus verantwortungsvollen Quellen
FSC® C021956

2022

Umschlaggestaltung: Tyrolia-Verlag
Layout und digitale Gestaltung: Studio HM, Hall in Tirol
Druck und Bindung: Alcione, Lavis (I)
ISBN 978-3-7022-4026-4
E-Mail: buchverlag@tyrolia.at
Internet: www.tyrolia-verlag.at